Lilian Schwerdtner

Sprechen und Schweigen über sexualisierte Gewalt

Ein Plädoyer für Kollektivität und Selbstbestimmung

edition assemblage

Lilian Schwerdtner hat Philosophie und Soziologie studiert und lebt in Berlin. Als Teil des Kollektivs ‚Actions against Rape Culture' engagiert sie sich gegen sexualisierte Gewalt und produziert den Podcast ‚Not your Opfer'.

Lilian Schwerdtner
Sprechen und Schweigen über sexualisierte Gewalt
Ein Plädoyer für Kollektivität und Selbstbestimmung

Bibliographische Information der Deutschen Bibliothek
Die Deutsche Bibliothek verzeichnet diese Publikation in der Deutschen Nationalbibliographie, detaillierte bibliographische Daten sind im Internet über http://dnd.ddb.de abrufbar.

1. Auflage, 2021 | 2. Auflage 2022
ISBN 978-3-96042-103-0

Postfach 2746 / D-48014 Münster
Mitglied der Kooperation book:fair
info@edition-assemblage.de | www.edition-assemblage.de

Lektorat: Gudrun Altfeld
Titelgestaltung: Carina Büker
Satz: H.C. Rosenblatt
Druck: Interpress Budapest | Printed in Hungary 2022

Lilian Schwerdtner

Sprechen und Schweigen über sexualisierte Gewalt

Ein Plädoyer für Kollektivität und Selbstbestimmung

INHALT

Einleitung: Was läuft schief beim Sprechen über sexualisierte Gewalt?

Dieser Text beginnt aus guten Gründen nicht mit einer Triggerwarnung. Eine Triggerwarnung ist eine Ankündigung, die einem Text, einem Film oder etwas Ähnlichem vorangestellt ist, um vor erschütternden oder verstörenden Inhalten zu warnen – vor allem an die Personen gerichtet, die bereits etwas Ähnliches erlebt haben und daher von entsprechenden Inhalten *angetriggert* sein könnten, was zum Beispiel zu einem Flashback führen kann. Meiner Meinung nach sind Triggerwarnungen symptomatisch für das, was grundsätzlich und nach wie vor gehörig schiefläuft beim Sprechen über sexualisierte Gewalt.[1]

Sicher habt ihr, da ihr dieses Buch in die Hand genommen und aufgeschlagen habt, den Titel bereits zur Kenntnis genommen: Es wird um sexualisierte und sprachliche Gewalt gehen. Diejenigen von euch, die bereits selbst sexualisierte Gewalt erlebt haben oder Menschen kennen, denen dies passiert ist, wissen besser als andere, was das bedeutet. Ich gebe mein Bestes, das Thema sexualisierte Gewalt im Folgenden so sensibel wie möglich zu verhandeln – schließlich weiß ich um die verletzende Macht von Worten; dies ist ein Hauptthema dieses Buches. Es liegt daher in meiner Verantwortung, über sexualisierte Gewalt und die sie oft begleitende bzw. ihr nachfolgende sprachliche Gewalt auf eine möglichst *gute* Weise zu schreiben. Damit meine ich eine Weise, die gerade auch für Betroffene nicht nur irgendwie *aushaltbar*, sondern bestenfalls ermächtigend ist.

Triggerwarnungen haben ihren Ursprung in Selbsthilfeforen traumabetroffener Menschen und sind somit im Kontext von Selbstorganisation und Selbstermächtigung entstanden. Seitdem hat sich ihre Verwendungsweise jedoch verändert und sie haben sich zudem beinahe inflationär ausgebreitet[2] – bis hin zu der Absurdität, dass eigentlich unbeteiligte Menschen eigene Betroffenheiten konstruieren und die Verwendung von Triggerwarnungen einfordern, um sich vor der tatsächlich gewaltvollen Lebensrealität anderer Menschen zu ‚schützen'.[3] Diese neuen Verwendungsweisen lassen sich unter anderem in der Popkultur und in sozialen Netzwerken wie Twitter und Instagram finden. Die Arten, wie Triggerwarnungen derzeit häufig verwendet werden, laufen ihrer

1 Dieser Einstieg ist von Mithu Sanyals ironischer sogenannter ‚Triggerwarnung' in ihrem Buch *Vergewaltigung* inspiriert, der mich dazu gebracht hat, das Thema weiterzudenken. Sanyal 2016.
2 Rönicke 2012.
3 Antmann 2019.

ursprünglichen Intention eher zuwider. Gewalt muss besprochen und darf nicht in diskursive Randgebiete abgeschoben werden. Ich sehe sie zudem als ein Zeichen dafür, dass die Übernahme von Verantwortung gegenüber Betroffenen beim Thematisieren potenziell retraumatisierender Inhalte keine Selbstverständlichkeit ist, und dies aus zwei Gründen: Erstens gibt es einige Belege dafür, dass Triggerwarnungen ihren Zweck nicht erfüllen (mehr dazu in Kapitel vier), und zweitens – und viel wichtiger – *entbindet* das Aussprechen einer Triggerwarnungen Autor*innen nicht von der Verantwortung, aufwühlende Themen wie sexualisierte Gewalt auf eine Weise zu behandeln, die andere Menschen möglichst nicht (weiter) verletzt. Triggerwarnungen haben jedoch allzu oft die Funktion eines Feigenblattes: Sie suggerieren Rücksichtnahme auf Betroffene, ohne dass dieser Anspruch tatsächlich immer eingelöst wird. Sie könnten entbehrlich sein, wenn Sprechen über sexualisierte Gewalt insgesamt weniger gewaltvoll wäre. Damit meine ich zum Beispiel die Reproduktion von Vergewaltigungsmythen und Klischees in Bezug auf Betroffene bis hin zu Schuldumkehr, bagatellisierende oder auch sensationalistische Darstellungen sexualisierter Gewalt oder die unnötige Beschreibung von Details, die die Intimsphäre der Betroffenen verletzt und andere Betroffene tatsächlich antriggert. All dies wird im Folgenden noch genauer erläutert.

Dieses Buch ist aus einer zusammengesetzten Position heraus geschrieben. Die unterschiedlichen Rollen, die darin eingeflossen sind, sind die Theoretikerin, die ich bin, da ich meine philosophische Masterarbeit zu diesem Thema verfasst habe, die Aktivistin beim Kollektiv *Actions against Rape Culture* und beim Podcast *Not your Opfer* und zugleich die Betroffene von sexualisierter Gewalt. Das ist interessant für mich, und an verschiedenen Stellen im Buch kommen diese Rollen unterschiedlich zum Tragen. Man hört manchmal, dass Expert*innen auf dem Gebiet sexualisierter Gewalt nicht mehr ernst genommen werden, sobald sie sich selbst als Betroffene positionieren. Ich kann nicht genau sagen, ob es sich dabei lediglich um eine Befürchtung handelt – aber definitiv ist beobachtbar, dass dieses Themenfeld in der überwiegenden Mehrheit von nicht betroffenen bzw. nicht als Betroffene geouteten Expert*innen bespielt wird. Sexualisierte Gewalt erscheint damit als etwas, das womöglich nur von Nichtbetroffenen mit Abstand objektiv besprochen werden kann, während Betroffene vermeintlich zu tief involviert, eben zu *betroffen* sind, um sich an wissenschaftlichen oder politischen Debatten beteiligen zu können. Letztlich führt dieses *Sprechen über* aber zu einer Entmündigung Betroffener. Ich hoffe, ich kann (nicht nur) mit diesem Buch ein Beispiel dafür geben, wie sich Betroffene selbstbewusst in diese Expert*innendiskurse einmischen können.

Obwohl ich verallgemeinerbare Aussagen treffen möchte, ist der kulturelle und persönliche Hintergrund, vor dem ich schreibe, natürlich nicht neutral. Ich bin überwiegend in Deutschland aufgewachsen, einem überwiegend christlich und *weiß* (und damit – neben allem anderen – eben auch rassistisch, antisemitisch etc.) geprägten Land, und bin selbst *weiß*,[4] cis weiblich[5] und ableisiert[6]. Obwohl ich mir große Mühe gebe, die Leerstellen aufzuspüren, die sich durch meine Sozialisation und Positionierung ergeben, bin ich letztlich darauf angewiesen, dass andere mich darauf hinweisen, wenn ich etwas nicht auf dem Schirm habe – danke dafür. Ich habe mich dafür entschieden, mich mit sexualisierter Gewalt und dem Sprechen und Schweigen darüber in den Formen zu beschäftigen, wie sie zum Beispiel in Deutschland oder Österreich vorkommen; also in Gesellschaften, die ich gut kenne und gewissermaßen als *Eigenes* betrachte. Natürlich ist mir klar, dass in anderen Regionen der Welt andere und vielleicht massivere Formen sexualisierter Gewalt sowie von deren Tabuisierung und Normalisierung ausgeübt werden. Aber es kommt mir falsch vor, unter Verweis auf dieses *Andere* die sexualisierte Gewalt im *Eigenen* (und alle damit verknüpften Probleme) herunterzuspielen oder dafür zu argumentieren, dass man sich damit, angesichts all der anderen Probleme der anderen Menschen an anderen Orten, ja wohl zuletzt auseinandersetzen könne (mehr dazu in Kapitel vier). Glücklicherweise gibt es überall Aktivist*innen gegen sexualisierte Gewalt, die bewundernswerte Arbeit leisten und denen meine Solidarität gilt.

Dies ist ein überwiegend theoretisches Werk. Meine Arbeit wurde auch manchmal als phänomenologisch bezeichnet, was insofern sicher stimmt, als ich in der Reflexion von der Erfahrungswelt ausgehe (auch

4 ‚*Weiß*‘ wird im Folgenden kursiv und ‚Schwarz‘ groß geschrieben, um darauf hinzuweisen, dass damit nicht die Hautfarben von Menschen gemeint sind, sondern soziale Konstruktionen. Diese Zuschreibungen gehen nicht auf ‚reale‘ bzw. biologische Eigenschaften zurück. ‚*Weiß*‘ verdeutlicht die dominante Position derer, die von Rassismus profitieren. ‚Schwarz‘ markiert eine von Rassismus betroffene gesellschaftliche Position. ‚Schwarz‘ ist auch eine emanzipatorische Selbstbezeichnung.

5 Cisgeschlechtlich bedeutet, dass sich eine Person mit dem Geschlecht identifiziert, das ihr bei der Geburt zugewiesen wurde – in meinem Fall also das weibliche Geschlecht. Ich schreibe ‚cis weiblich‘ auseinander, um klarzustellen, dass ‚cis‘ eine weitere Bestimmung von ‚weiblich‘ ist. Der Begriff wurde als Gegenstück zu transgeschlechtlich geprägt. Die Übereinstimmung von Geschlechtsidentität und zugewiesenem Geschlecht gilt in unserer Gesellschaft als ‚normal‘ und wird strukturell bevorzugt.

6 Ableism/Ableismus beschreibt die Beurteilung von Menschen anhand ihrer Fähigkeiten, wodurch das strukturelle Diskriminierungsverhältnis entsteht, das Menschen in be_hindert bzw. nicht be_hindert unterscheidet. Be_hindertenfeindlichkeit als Diskriminierungsform ist eine direkte Folge von Ableismus. Ich bin ableisiert, das heißt, ich werde nicht be_hindert bzw. als be_hindert gelesen oder diskriminiert. ‚Be_hindert’ wird mit Unterstrich geschrieben, um darauf hinzuweisen, dass diese Menschen nicht ‚behindert sind‘, sondern erst durch die Gesellschaft und ihr Umfeld be_hindert werden.

wenn ich mich nicht auf Klassiker*innen der Phänomenologie beziehe). Ich habe also nicht empirisch gearbeitet und die verwendeten Beispiele haben überwiegend illustrativen Charakter. ‚Theoretisch' bedeutet jedoch nicht lebensfern. In die Analyse sind neben meinen eigenen auch die Erfahrungen zahlreicher anderer Aktivist*innen und Betroffener von sexualisierter Gewalt eingeflossen, mit denen ich über das Thema gesprochen habe. Viele Menschen (natürlich nicht alle) haben mir erzählt, dass sie die Reaktionen ihres Umfeldes bzw. die Behandlung durch Institutionen, von denen sie Unterstützung erwartet hatten, als beinahe ebenso schlimm oder sogar schlimmer empfanden als die sexualisierte Gewalt selbst. In meinen Reflexionen hallen also die Erfahrungen zahlreicher Menschen wider, auch wenn es sich dabei um Philosophie handelt und nicht um eine empirische, Fakten präsentierende Studie.

Ich verwende die sogenannte Sprechakttheorie, um zu zeigen, dass sprachliche Gewalt Betroffene von sexualisierter Gewalt zum Schweigen bringt. Daher komme ich um die Verwendung entsprechender Fachtermini nicht herum. Es ist mir wichtig, die *Entstimmlichung* Betroffener nicht nur anekdotisch zu belegen, sondern die strukturelle Dimension dieses Problems und die absolute Angemessenheit der Bezeichnung ‚sprachliche Gewalt' präzise herauszuarbeiten. Im Zweifel können diese recht abstrakten Abschnitte aber auch übersprungen werden. Ich hoffe, dass sowohl die Leser*innen, die sich für die Gültigkeit von Argumenten interessieren, als auch diejenigen, die nach Worten für ihre Erfahrungen suchen, das Buch mit einem Erkenntnisgewinn lesen werden.

Sprechen über sexualisierte Gewalt ist ein besonderes Sprechen. Wer sich selbst als verletzt offenbart und eine Gewalterfahrung öffentlich macht, benennt dadurch zunächst einmal einen Fakt, stellt also in aller Regel eine Tatsachenbehauptung auf. Doch dabei bleibt es nicht. Das Sprechen über sexualisierte Gewalt ist meist eine Offenbarung und zugleich eine Anklage: die Offenbarung einer erlittenen Verletzung, eine Anklage der Person(en), die die jeweilige Gewalt ausgeübt bzw. verantwortet hat oder haben. Außerdem ist es – direkt oder indirekt – eine Anklage gerichtet an das soziale Umfeld (eine Familie, ein Unternehmen, eine Nachbar*innenschaft) bzw. die Gesellschaft, die es zugelassen hat, dass in ihrer Mitte eine solche Gewalttat verübt werden konnte. Betroffene zielen im Sprechen über ihre Erfahrungen auf Anerkennung, Gerechtigkeit und Hilfe. Das Sprechen (oder Schweigen) von Betroffenen lässt sich, ebenso wie die ursprünglichen Gewalterfahrungen, nicht auf einzelne Sprechakte und deren Wirkungen reduzieren. Es ist in bereits bestehenden, umfassenderen Vergewaltigungsdiskursen verortet, knüpft daran an und verändert sie möglicherweise. Sprechen über sexualisierte Gewalt, sofern es öffentlich ist, verfügt damit über das Potenzial, politisches Sprechen zu sein, denn es verbleibt nicht bei der Anklage oder der Offenbarung, sondern impliziert den Ruf nach Veränderung. Das Ziel dieses Sprechens ist Selbstbestimmung im doppelten Sinne: zunächst das selbstbestimmte Sprechen der Betroffenen, aber letztlich zielt der Kampf gegen sexualisierte Gewalt auf die körperliche und sexuelle Selbstbestimmung aller Menschen.

Die Frage nach der genauen Unterscheidung zwischen öffentlichem und privatem Sprechen ist – gerade im Fall sexualisierter Gewalt – nicht einfach zu beantworten. Ein großer Teil dieser Unwägbarkeit geht auf die Tendenz zurück, sexualisierte Gewalt als Privatsache zu verstehen und damit unsichtbar zu machen. Gleichzeitig sind private Gespräche vom öffentlichen Diskurs beeinflusst und geformt. Soziale Medien wie Instagram oder Facebook können sowohl privat als auch öffentlich verwendet werden, was letztlich nur eine Frage der Reichweite der Beiträge ist. Beratungsstellen, feministische Kollektive oder Gruppen, in denen sich Betroffene politisch selbst organisieren, bilden Schnittstellen, um sexualisierte Gewalt als strukturelles Problem öffentlich sichtbar machen. Die Unterscheidung bleibt daher bewusst etwas im Vagen. Grundsätzlich hat privates Sprechen das primäre Potenzial zu *heilen*, während öffentliches Sprechen zuvorderst das Potenzial *politischer Veränderung* birgt. Unter öffentlichem Sprechen verstehe ich zum Beispiel Beiträge in Medien wie Zeitungsartikel, Bücher und Filme, Kunst und Performances, Flashmobs, öffentliche Diskussionsveranstaltungen, Demonstrationen, Beiträge in sozialen Medien, Rechtsprechung und Gesetzestexte, Sexualkundeunterricht (bzw. Materialien dazu) etc. Unter privatem Sprechen verstehe ich Gespräche bzw. Kommunikation in der Familie und im Freund*innenkreis, in Therapien und Selbsthilfegruppen etc.

Sexualisierte Gewalterfahrungen sind nie nur das Problem von Einzelpersonen, sondern das Problem der sozialen Gemeinschaft, innerhalb derer sie stattfinden.[7] In der feministischen Theorie und Bewegung wird bereits seit Längerem auf die Notwendigkeit aufmerksam gemacht, sexualisierte Gewalt zu benennen, um ihre Existenz und ihre Allgegenwart bekannt und verstehbar und damit wiederum das Erfordernis von Gegenmaßnahmen und Prävention deutlich zu machen. Seit den 1970er Jahren werden Vergewaltigungen verstärkt thematisiert. Die Etablierung von

7 Emcke 2013, S. 23; Hänel 2018, S. 230.

Frauenrechten[8] als Menschenrechte durch deren Aufnahme in die UN-Menschenrechtskonvention 1993, die Aufnahme des Straftatbestandes ‚Vergewaltigung in der Ehe' in das deutsche Strafrecht 1997 wie auch die Reform des Sexualstrafrechts zur Implementierung des Prinzips ‚Nein heißt Nein' 2016 sind nur drei Beispiele für die Erfolge der feministischen Bewegung in dieser Hinsicht. Doch trotz der nachweislichen Fortschritte im Kampf um Frauenrechte und gegen sexualisierte Gewalt kommt es nach wie vor zu sexualisierter Gewalt. Vergewaltigung ist außerdem eines der Verbrechen mit der größten Dunkelziffer. Die groß angelegte deutsche Studie *Lebenssituation, Sicherheit und Gesundheit von Frauen in Deutschland* aus dem Jahr 2004 zeigte auf, dass 13 Prozent aller befragten Frauen bereits strafrechtlich relevante Formen sexualisierter Gewalt erlebt haben, was mir als erheblich zu gering erscheint.[9] Nur in acht Prozent der Fälle kam es dabei zu einer Anzeige bei der Polizei, drei bis vier Prozent der Fälle mündeten in ein Gerichtsverfahren.[10] Über die Häufigkeit erfolgter Verurteilungen macht die Studie keine Aussagen, es wird jedoch von einer „großen Enttäuschung über die Erfahrungen vor Gericht"[11] berichtet. Sexualisierte Gewalt kann daher auch kritisch als „risikoloses Verbrechen"[12] bezeichnet werden.

Es gibt Gründe dafür, warum die Tatbestände, auf deren Basis sexualisierte Gewalt verurteilt werden kann,[13] nach wie vor vorwiegend im Dunkelfeld des Rechts verbleiben und Betroffene häufig davor zurückschrecken, sich Unterstützung im persönlichen Umfeld oder aber staatliche oder institutionelle Hilfe zu suchen, ihre Gewalterfahrungen einer größeren Öffentlichkeit bekannt zu machen und Gerechtigkeit einzufordern. Nicht umsonst werden diese Erfahrungen auch häufig als ‚unaussprechlich' bzw. ‚das Unaussprechliche' bezeichnet – ein deutlicher Hinweis auf problematische Diskurse über sexualisierte Gewalt.[14] Carolin Emcke schreibt dazu:

---

8 Ich nutze die sich bietende Gelegenheit, um meine Verwendungsweise von Begriffen wie ‚Frauen' oder ‚Männer' zu erläutern. Ich versehe sie nicht mit einem Sternchen, um darauf hinzuweisen, dass es sich dabei um konstruierte Kategorien handelt, denn das sollte mittlerweile eigentlich klar sein. Wenn ich von ‚Frauen' spreche, sind alle Menschen gemeint, die sich als Frauen verstehen, also egal ob cis oder trans. Wenn ich mal nur cis Frauen meinen sollte, schreibe ich das dazu. Generell versuche ich möglichst präzise auszudrücken, von wem ich gerade sprechen möchte. Gedankengänge anderer Menschen oder historische Entwicklungen kann ich aber auch nur referieren. Zum Zusammenhang zwischen Geschlecht und sexualisierter Gewalt wird in Kapitel eins mehr gesagt.

9 Müller und Schröttle 2005, S. 7. In der Studie wurden, soweit ich erkennen kann, lediglich cis Frauen befragt. Zum Thema sexualisierte Gewalt und Geschlecht folgt mehr im ersten Kapitel.

10 Müller und Schröttle 2005, S. 17.

11 Müller und Schröttle 2005, S. 17.

12 Rommelspacher 1996, S. 26.

13 In Deutschland sind das insbesondere §§ 174–185 StGB.

14 Zum Beispiel Herman 1993, S. 19; Brison 2004, S. 11; Brownmiller 1994, S. 307; Emcke 2013, S. 76f.

> *Das Schweigen als unveränderlich zu behaupten, Opfer von extremer Gewalt als reduziert auf das ‚nackte Leben' zu bezeichnen, bestimmte Ereignisse als ‚unbeschreibliche' zu deklarieren mag der wohlmeinenden Perspektive geschuldet sein, die Schwere der Traumatisierung der Opfer anzuerkennen. Aber die Position lenkt von der Frage ab, ob es nicht eventuell auch soziale, gesellschaftliche Faktoren sind, die das Schweigen befördern und das Erzählen behindern.*[15]

Gründe für das Schweigen der Betroffenen, die im Laufe dieser Arbeit noch genauer analysiert werden, sind etwa Scham, die Angst der Betroffenen vor Retraumatisierung oder vor Pathologisierung aufgrund ihrer Gewalterfahrung, Angst vor den Folgen im privaten Umfeld, Angst vor Sanktionen aufgrund des Tabubruchs sowie der virulente Opfer*diskurs.[16] Es gilt hier, zwischen Gründen für Nicht-sprechen-*Können* und solchen für Nicht-sprechen-*Wollen* zu unterscheiden. Ich glaube nicht, dass jedes Sprechen über sexualisierte Gewalt seinerseits sprachlicher Gewalt unterworfen ist. Ebenso wenig gehe ich davon aus, dass jedes Schweigen eines*r Betroffenen aus einem repressiven Regime des Schweigens resultiert (mehr dazu im zweiten Kapitel).

Es ist jedoch nicht zeitgemäß, als Reaktion auf das Dunkelfeld und das festgestellte Schweigen über sexualisierte Gewalt immer weiter die Betroffenen dazu aufzufordern, ihr Schweigen zu brechen – und zwar nicht nur deswegen, weil Betroffene in der Regel nicht profitieren, sondern Nachteile erfahren oder sogar leiden, wenn sie den Mund aufmachen. Mittlerweile lässt sich wahrlich nicht mehr behaupten, dass sexualisierte Gewalt und Alltagssexismus medial oder privat kein Thema mehr seien. Sie werden erforscht, diskutiert, in den Medien und der Kunst verhandelt, es gibt Präventionsprogramme und Selbsthilfegruppen. Seit #MeToo hat sich das Sprechen über sexualisierte Gewalt noch potenziert. Die Pädagogin Hanna Kiper vertrat daher schon in den 1990er Jahren die These, dass es verkehrt sei, in Bezug auf sexualisierte Gewalt von einem Tabu zu sprechen,[17] auch wenn man dies nach wie vor oft hört.

---

15 Emcke 2013, S. 76f.

16 Als Opfer*diskurs bezeichne ich all die impliziten und expliziten Normen und Erwartungen, die an Betroffene von sexualisierter Gewalt gestellt werden, und damit verknüpft auch die Stereotype bezüglich des Ablaufs der Gewalt sowie scheinbar besonders relevanter Täter*innen- und Betroffenengruppen und Tatsituationen. Das Sternchen am Wort ‚Opfer*' hat in diesem Fall nichts mit geschlechtergerechter Schreibweise zu tun, sondern dient einem anderen Zweck: Wenn ich den Begriff ‚Opfer*' (mit Sternchen) verwende, meine ich damit die eindimensionale soziale Konstruktion von Betroffenheit. Dazu wird insbesondere in Kapitel eins und vier noch mehr gesagt.

17 Kiper 1994, S. 15.

Ich stimme Kiper weitgehend zu, möchte aber hinzufügen, dass Vergewaltigungsdiskurse nichtsdestotrotz stark reglementiert und von Auslassungen und Verfälschungen gekennzeichnet sind. Sanktioniert werden diejenigen, die es wagen, das Selbstbild einer sozialen Gemeinschaft infrage zu stellen, die sich in (vermeintlich) ausreichendem Maße gegen sexualisierte Gewalt einsetzt. Dies sind in der Regel Betroffene. Dadurch kann das Nichtwissen der Gesellschaft über das tatsächliche Ausmaß der Gewalt aufrechterhalten werden.[18] Mit Nancy Tuana lässt sich dies als *bewusstes Nichtwissen* bezeichnen, ein *Nicht-wissen-Wollen*, mit dessen Auswirkungen diejenigen konfrontiert werden, die das entsprechende gesellschaftliche Tabu brechen.[19] Dieses Tabu bezieht sich nicht auf das Sprechen über sexualisierte Gewalt per se, sondern auf das Infragestellen des idealisierten gesellschaftlichen Selbstbilds als ‚ausreichend' antisexistisch und gegen sexualisierte Gewalt engagiert. Sprechen über sexualisierte Gewalt ist also nicht grundsätzlich verboten, aber eingeschränkt.

Auffällig und problematisch ist daran, dass die entsprechenden Sanktionen wiederum vor allem Betroffene von sexualisierter Gewalt betreffen. Denn sie benennen und besprechen sexualisierte Gewalt in der Regel nicht abstrakt, sondern konkret. Es ist vergleichsweise einfach, sexualisierte Gewalt auf einer allgemeinen Ebene zu verurteilen – aber Betroffenen mit realen, traumatisierenden, möglicherweise uneindeutigen Erlebnissen und leugnenden Täter*innen tatsächlich beizustehen, sie zu unterstützen und ihre Erfahrungen bedingungslos anzuerkennen, ist etwas ganz anderes. Jede*r einzelne Betroffene, die*der sexualisierte Gewalt benennt, zeigt auf, dass die beruhigende Selbstvergewisserung eine Täuschung ist und die soziale Gemeinschaft ihrer kollektiven Verantwortung nicht gerecht wird, ihre Mitglieder vor sexualisierter Gewalt zu schützen. Sie rütteln damit an den Grundüberzeugungen, die das Zusammenleben betreffen. Das gilt für Expert*innen, sofern sie das Thema allgemein und nicht konkret besprechen, nicht im gleichen Maße.[20] Am sehnlichsten warte ich jedoch auf die #MeToo-Kampagne von Täter*innen und Mitwisser*innen, die endlich ihr Schweigen brechen: Ja, auch ich war übergriffig. Ja, auch ich habe gewusst und geschwiegen.

Daraus ergeben sich mehrere Thesen. Meine Hauptthese lautet: Nicht nur sexualisierte Gewalt ist Gewalt, sondern auch das Sprechen und Schweigen darüber ist von Gewalt durchzogen. Es handelt sich dabei

18 Herman 1993, S. 10, S. 20.

19 Tuana 2006, S. 11.

20 Sobald es um die Nennung konkreter Täter*innen geht, haben aber auch Expert*innen mit immensen Widerständen zu kämpfen. Das zeigen etwa die Bemühungen der katholischen Kirche, ein selbst in Auftrag gegebenes Gutachten zur Aufarbeitung sexualisierter Gewalt zurückzuhalten. Drobinski 2020.

um Formen sprachlicher Gewalt, die nicht restriktiv sämtliches Sprechen über sexualisierte Gewalt verhindern. Vielmehr prägen sie die Diskurse auf eine spezifische Art und besitzen damit zugleich eine formative Seite. Mit Judith Butler lassen sich diese Formen sprachlicher Gewalt als ‚Zensurinstrumente' verstehen.[21] Meine zweite These ist, dass sich die sprachliche Gewalt, die das Sprechen über sexualisierte Gewalt einschränkt, besonders auf Betroffene und nicht im gleichen Maße auf Expert*innendiskurse bezieht. Drittens denke ich, dass die Tabuisierung sexualisierter Gewalt gerade da besonders stark ist, wo sie dem Selbstbild einer Gruppe bzw. Organisation am eklatantesten widerspricht, wie zum Beispiel in kirchlichen Kontexten oder auch in linksalternativen oder feministischen Szenen. Besonders trifft dies auch auf sexualisierte Gewalt innerhalb von Familien zu, denn heterosexuelle Kleinfamilien werden in patriarchalen Gesellschaften wie der deutschen zum idealen Ort des Zusammenlebens verklärt – auch wenn sich der staatliche Schutz von Ehe und Familie nicht gleichermaßen auf den Schutz von Ehepartner*innen und Kindern vor cis männlicher Gewalt erstreckt.[22] Wo die eigenen moralischen und ideologischen Selbstansprüche hoch sind, sind die entstehenden Widersprüche außerordentlich stark und wird sexualisierte Gewalt besonders tabuisiert.[23] Viertens meine ich, dass es gerade für Betroffene im Gegensatz zu Nichtbetroffenen besonders schlimm ist, wenn sie zum Schweigen gebracht und entstimmlicht werden, da sie bereits verletzt wurden und ihr Status als mündige, selbstbestimmte Subjekte ohnehin gefährdet ist.

Die diskursive Position der Betroffenen ist also eine besondere: Sie verfügen über eine besondere Motivation, gegen sexualisierte Gewalt anzugehen und sie anzuprangern. Ihr Körper und ihre Psyche sind die Orte der Gewalt und widerlegen damit die Selbstvergewisserung einer Gesellschaft, sexualisierte Gewalt in ausreichendem Maße zu bekämpfen. Als bereits Angegriffene sind sie durch sprachliche Gewalt als zweite Gewalterfahrung besonders verletzbar; ihr Schutz sollte daher für die soziale Gemeinschaft, die bereits versagt hat, oberste Priorität haben. Bei der zweiten Gewalterfahrung durch sprachliche Gewalt handelt es sich um ein Phänomen, von dem viele Betroffene von sexualisierter Gewalt zusätzlich betroffen sind, und das erklärt, warum Jahrzehnte der Forderungen nach einem *Brechen des Schweigens* immer noch nicht zu einem befreiten Sprechen über das Thema geführt haben.[24]

21 Butler 2006, S. 208f.
22 Notz 2015, S. 13, S. 129.
23 Langfeld 2019, S. 316.
24 Manche Themen, die im Zusammenhang mit sexualisierter Gewalt sonst häufig behandelt werden, werden aufgrund dieser Fokussierung ausgeblendet. Insbesondere mit Falschbeschuldigungen werde

Die Verantwortung für gelingendes Sprechen liegt nicht primär bei den Betroffenen, sondern bei den *anderen*, den vermeintlich Unbeteiligten, die die entsprechenden Diskurse bahnen und mitgestalten. Betroffene können für ihre Selbstbestimmung kämpfen, aber letztlich bedarf es dafür der Anerkennung von anderen. Gelingendes Sprechen hängt im Kern von den Zuhörer*innen ab. Es genügt daher nicht, die bloße *Quantität* des Sprechens über sexualisierte Gewalt oder Alltagssexismus zu erhöhen und sich der eigenen, politisch korrekten Einstellungen diesbezüglich zu vergewissern.[25] Vordergründig scheint dieser Konsens bereits zu bestehen – er wird jedoch nicht eingehalten. Es ist demzufolge nötig, diese Themen generell anders zu verhandeln.

Diese Thesen werde ich anhand von Rae Langtons Aufsatz *Sprechakte und unsprechbare Akte* explizieren. Nach einem Grundlagenkapitel, in dem zentrale Begriffe und Theorien eingeführt werden (Kapitel eins), folgt eine Analyse der Formen sprachlicher Gewalt, in denen sich Sprechen und Schweigen über sexualisierte Gewalt abspielt. Das Thema in Kapitel zwei ist Schweigen in dem Sinne, dass Betroffene nicht sprechen wollen oder können. In Kapitel drei geht es um Sprechen, das nicht angehört wird. In Kapitel vier beschäftige ich mich der Instrumentalisierung des Sprechens Betroffener. Abschließend werden die gewonnenen Erkenntnisse positiv gewendet und eine ganze Reihe von Bedingungen skizziert, um die analysierten Gewaltformen zu unterlaufen und gelingend(er)es, selbstbestimmtes Sprechen über sexualisierte Gewalt zu ermöglichen (Kapitel fünf). Diese Überlegungen führen in Richtung einer *Politisierung des Zuhörens* im Sinne von Christina Thürmer-Rohr.[26] Die zentrale Bedingung für selbstbestimmtes Sprechen Betroffener besteht darin, dass sie sich zusammenschließen und sexualisierte Gewalt nicht alleine, sondern gemeinsam, also im Kollektiv anprangern.

---

ich mich kaum auseinandersetzen, und dies aus zwei Gründen: Erstens ergibt die Auseinandersetzung mit Falschbeschuldigungen aus einer Betroffenenperspektive wenig Sinn, denn die *tatsächliche* und nicht nur vorgetäuschte Betroffenheit gehört bereits der Definition nach zu dieser Sprecher*innenposition. Zweitens ist der Reflex, auf die Offenlegung sexualisierter Gewalt mit dem Erwägen einer Falschbeschuldigung zu reagieren, Teil ihrer Verharmlosung. Falschbeschuldigungen sind faktisch ziemlich selten und stehen in keinem zahlenmäßigen Verhältnis zu all jenen Taten sexualisierter Gewalt, die überhaupt nicht benannt oder angezeigt werden Die Erwägung einer Falschbeschuldigung stellt ihrerseits einen Mechanismus zur Stimmenthebung Betroffener dar. Solnit 2017, S. 91ff.

25 Heberle 1996, S. 64.

26 Thürmer-Rohr 1994; Hark und Villa 2017, S. 115.

1. Kapitel: Sexualisierte Gewalt und sprachliche Gewalt – eine Annäherung

Die Basis meiner Auseinandersetzung mit der sprachlichen Gewalt, die die Diskurse über sexualisierte Gewalt durchzieht, ist zunächst einmal eine sorgfältige Klärung der Begriffe und Grundgedanken, mit denen ich arbeite. Meine Definition sexualisierter Gewalt ist sehr weit – und bevor ich diese Definition einführe, ist es mir zunächst wichtig zu begründen, *warum* sie es ist. Mit sexualisierter Gewalt sind viele starre Vorstellungen verknüpft, die den Blick auf diesen Themenkomplex verzerren und damit ein grundlegendes Problem allein schon für die Identifikation der relevanten Phänomene darstellen. Das bezieht sich nicht nur auf den Ablauf und die Umstände der jeweiligen Taten, sondern auch auf die beteiligten Personen und deren sonstiges Verhalten. Zudem ist es mir wichtig klarzustellen, warum ich Täter*innenschaft und Betroffenheit nicht eindeutig geschlechtlich zuordne. Zu guter Letzt werde ich in diesem Grundlagenkapitel die beiden Theorien sprachlicher Gewalt einführen, auf denen meine Argumentation beruht. Durch das Zusammenführen dieser Theorien wird klar, warum die sprachliche Gewalt in Diskursen über sexualisierte Gewalt gerade für Betroffene so gravierende Auswirkungen hat.

Vergewaltigung und sexualisierte Gewalt

Ich arbeite mit einer weiten Definition sexualisierter Gewalt, die ein breites Spektrum an Erfahrungen und Verhaltensweisen umfasst. Nur durch die Verwendung einer weiten Definition kann sichergestellt werden, dass möglichst viele Erfahrungen mit sexualisierter Gewalt tatsächlich eingefangen werden.[27] Enge Definitionen missachten erfahrungsgemäß viele Vorkommnisse sexualisierter Gewalt und werden so durch eine falsche Problemdefinition zu ihrem eigenen Verhängnis. Wie etwa

27 Der Fokus dieser Untersuchung liegt auf der diskursiven Metaebene und *muss* daher gar nicht präzise zwischen verschiedenen Formen sexualisierter Gewalt unterscheiden – auch wenn das in anderen Kontexten anders gehandhabt werden sollte, etwa im Strafrecht oder in Erhebungen zur Häufigkeit bestimmter Formen sexualisierter Gewalt. Ein Beispiel: Um Täter*innen aufgrund sexualisierter Gewalt (in Deutschland auf Grundlage der §§ 174–185 StGB) verurteilen zu können, bedarf es präziser Rechtsnormen. Das bedeutet aber nicht, dass diese nicht beständig hinterfragt werden müssten. Die an sich begrüßenswerte und längst überfällige Reform des Sexualstrafrechts in Deutschland 2016 durch die Einführung des Prinzips ‚Nein heißt Nein' wurde zum Beispiel für eine Verschärfung des Asyl- und Aufenthaltsrechts instrumentalisiert. Ich werde dazu in Kapitel vier noch mehr sagen.

Hilkje Hänel zeigt, wird bei alltäglich vorgenommenen Einschätzungen, ob es sich bei einem Vorkommnis um sexualisierte Gewalt bzw. eine Vergewaltigung handelt, eine sehr strenge Alles-oder-nichts-Herangehensweise gewählt: Entweder wird eine Tat *definitiv* als Vergewaltigung aufgefasst – oder *definitiv* nicht[28]. Diese Urteile sind allerdings nicht neutral, sondern durch Vergewaltigungsmythen verzerrt:

> *Obwohl körperlich schwere Vergewaltigung [das heißt Vergewaltigung, die durch (Androhung von) körperliche(r) Gewalt erzwungen wird und/oder (schwere) körperliche Verletzungen hervorruft] durch einen Fremden mit Abstand am unwahrscheinlichsten ist, wird ein solcher Fall von den Leuten sofort als Vergewaltigung erkannt, während andere, minder schwere Fälle Zweifel wecken.*[29]

Hänel nennt die verbreitete und verzerrte Art und Weise, wie der Begriff ‚Vergewaltigung' alltäglich verwendet wird, das „dominant operative concept"[30] von ‚Vergewaltigung', also deren ‚vorherrschend wirksamen Begriff'. Dieser umfasst einen penetrativen Akt durch einen massive Gewalt ausübenden, cis männlichen Fremden.[31] Damit verknüpft ist also eine recht konkrete geteilte Vorstellung davon, wie, also unter welchen Umständen, mit welchen Beteiligten etc., Vergewaltigungen (vermeintlich!) in der Regel ablaufen. Mit Rachel Hall oder auch Sharon Marcus lässt sich dies auch als „rape script"[32] bezeichnen, also als eine Art Drehbuch oder ein soziales Skript einer Vergewaltigung. Dieses dominierende imaginäre Drehbuch ist gleich auf mehreren Ebenen problematisch und verkürzend. Durch den Fokus auf die körperliche Verletzung werden zum Beispiel ganz bestimmte, heteronormativ geprägte Bilder dazu aufgerufen, wer wen auf welche Art penetriert. Ich werde diese Konstruktion im Folgenden ‚stereotypes Vergewaltigungsskript' nennen, um zu verdeutlichen, dass es sich um eine im Alltagswissen präsente, verallgemeinernde, unbewegliche und völlig verkürzte Vorstellung von sexualisierter Gewalt handelt.

Der aktuelle Gesetzestext des § 177 StGB in Deutschland sieht zur Erfüllung der Straftatbestände ‚sexueller Übergriff' bzw. ‚sexuelle

---

28 Hänel 2018, S. 11.

29 „[E]ven though the physically aggravated stranger rape is by far the least likely to occur, it is this case that people identify quickly as an instance of rape, while other less aggravated cases give rise to doubts." Hänel 2018, S. 43; Übersetzung Gabriel Mehmel, Gudrun Altfeld und Lilian Schwerdtner.

30 Hänel 2018, S. 35.

31 Auffällig finde ich daher, dass auch aktuelle, von den Kritiken gefeierte Serien wie *Unbelievable* und *I May Destroy You,* die zentral um das Thema sexualisierte Gewalt aus Betroffenensicht kreisen, an diesem Bild vom gewalttätigen Fremdtäter* überwiegend festhalten.

32 Hall 2004, S. 5; Marcus 1992, S. 391.

Nötigung' Penetration gar nicht vor. ,Vergewaltigung' ist von diesen beiden durch die Bestimmung ,Eindringen in den Körper' unterschieden. Damit ist aber weder festgelegt, um welche Körperteile es sich dabei handelt, noch, mit welchem Gegenstand oder Körperteil penetriert wird. Es sind demnach viele Konstellationen denkbar, die weder einen Penis noch eine Vagina erfordern. Die formale, juristische Definition ist also trotz der in diesem Feld geltenden Anforderung maximaler Präzision sogar offener als die verbreitete alltagssprachliche Definition. In Gesprächen höre ich von Betroffenen immer wieder, dass ihnen von anderen aufgrund bestimmter Details ihrer Geschichte gesagt wird, ihre Erfahrungen seien ja ,nicht so schlimm' oder keine ,echte' Vergewaltigung gewesen. Ihnen wird dabei aufgrund eines zu engen, verzerrten Begriffs von Vergewaltigung ihre Betroffenheit abgesprochen.

Sogenannte ,Vergewaltigungsmythen' haben auf die Konstruktion des stereotypen Vergewaltigungsskripts einen großen Einfluss. Mit ihnen sind unzutreffende gesellschaftliche Vorstellungen und Projektionen in Bezug auf sexualisierte Gewalt gemeint, die sexualisierte Gewalt verharmlosen, Schuldumkehr befördern und stereotype Täter*- und Opfer*bilder reproduzieren.[33] Sie beziehen sich insbesondere auf das Verhalten des Opfers* vor, während und nach der Tat und tragen dazu bei, dass sexualisierte Gewalt als Einzelfall erzählt werden kann (mehr dazu in den Kapiteln drei und vier). Gemäß den Vergewaltigungsmythen bringt sich ein ,echtes' Opfer* vor der Tat nicht selbst in Gefahr, und wenn doch, spricht dies für Mitschuld. Wenn es vom (unbekannten) Täter* überwältigt wird, wehrt es sich nach Kräften und trägt aufgrund seines Widerstandes sichtbare körperliche Verletzungen davon. Nach der Tat geht das ,echte' Opfer* trotz Schamgefühlen und der traumatisierenden Erfahrung sofort zur Polizei.[34] Weicht das Verhalten einer*s Betroffenen von diesen nicht umsonst als ,mythisch' bezeichneten Vorstellungen ab, wird die Person als verdächtig, unglaubwürdig oder potenziell mitschuldig betrachtet.

Die mediale Repräsentation sexualisierter Gewalt – sofern sie stattfindet – bedient häufig stereotype Betroffenen- und Täter*innenbilder, die eben nicht die realen Erfahrungen der meisten Betroffenen widerspiegeln. Das hat Gründe: Die Medienwissenschaftlerin Marian Meyers arbeitet in ihrer Studie zur Medienberichterstattung über Gewalt gegen Frauen heraus, dass das zentrale Selektionskriterium dafür, ob über ein

33 Analog zur Verwendung des Sternchens beim Begriff ,Opfer*', das auf die eindimensionale soziale Konstruktion von Betroffenheit hinweisen soll, ist auch seine Funktion beim Begriff ,Täter*'. Wenn ich diesen mit Sternchen versehe, ist nicht ein*e konkrete Täter*in gemeint, sondern die diskursive Konstruktion des männlichen gewalttätigen Fremdtäters*.

34 LARA, Krisen- und Beratungszentrum für vergewaltigte und sexuell belästigte Frauen o. J.

Ereignis berichtet und davon ausgegangen wird, dass es die Menschen interessiert, seine *Ungewöhnlichkeit* ist.[35] Das bedeutet einerseits, dass – in Anführungsstrichen – ‚ganz gewöhnliche', alltäglich stattfindende sexualisierte Gewalt als zu ‚normal' und unwichtig betrachtet wird, um darüber zu berichten. Es bedeutet andererseits aber auch, dass diese besonders brutalen und ungewöhnlichen Ereignisse sexualisierter Gewalt, die tatsächlich medial abgedeckt werden, das Verständnis der Rezipient*innen dahingehend formen, was überhaupt eine Vergewaltigung bzw. sexualisierte Gewalt ist und was nicht.[36] So wird die Ausnahme zum Standard, und das, was eigentlich ‚normal' im Sinne von ‚weit verbreitet' ist, gilt als ungewöhnlich oder sogar verdächtig.

Die Hinweise auf die unterschiedlichen Verwendungsweisen des Begriffs ‚Vergewaltigung' und die an ein ‚echtes' Opfer* gestellten Erwartungen sind keine Spitzfindigkeiten. Vielmehr können sie dazu führen, dass Betroffene in ihrer Betroffenheit nicht verstanden werden – weder von Freund*innen noch von den Beamt*innen, denen Betroffene bei Behörden begegnen, die in die Strafverfolgung involviert sind, wie Polizei und Staatsanwaltschaft. Denn nur weil Gesetzestexte geändert werden oder sich Polizeibehörden progressive Leitlinien zum Umgang mit Betroffenen von sexualisierter Gewalt geben, heißt das nicht, dass die für die Umsetzung verantwortlichen Personen in ihrem Urteil nicht dennoch von den tradierten Vergewaltigungsmythen beeinflusst sind. Die Folgen können fehlende Unterstützung oder das Verwehren (juristischer) Gerechtigkeit sein.[37]

Durch die Fokussierung auf die *körperliche* Verletzung der betroffenen Person gerät zudem die *psychische* Dimension aus dem Blick. Es wird letztlich eine Hierarchie und Trennung zwischen den unterschiedlichen Gewaltformen suggeriert, statt sie als ein Spektrum zu begreifen.[38] All diese (impliziten) begrifflichen oder ideologischen Vorfestlegungen, die den Blick verengen und wesentliche Teile sexualisierter Gewalt ausblenden, möchte ich vermeiden.

Der Begriff ‚sexualisierte Gewalt' wird daher im Folgenden in dem Sinne verwendet, wie er vom Kollektiv *RESPONS* definiert wird.[39] Als solcher ist er weiter und zugleich offener zu verstehen als ‚Vergewaltigung':

---

35 Das können etwa ungewöhnliche Orte sein (die dann in der Regel draußen sind und eben nicht das Zuhause der Betroffenen oder Täter*innen), ungewöhnliche Brutalität oder wenn es sich um eine*n Serientäter*in handelt. Meyers 1997, S. 85ff.

36 Meyers 1997, S. 117.

37 Hänel 2018, S. 30.

38 RESPONS 2018, S. 34.

39 RESPONS ist eine Gruppe von Theoretiker*innen und Aktivist*innen, die sich mit dem Thema Transformative Täter*innenarbeit beschäftigt.

> *Ganz allgemein verstehen wir unter sexualisierter Gewalt all diejenigen Formen eines sowohl physischen als auch psychischen sexualisierten Kontakts, die nicht auf einem konsensualen Einvernehmen beruhen. So können z.B. je nach Kontext und Situation eine sexualisierte Sprache sowie sexualisierte Bilder und Gesten als sexualisierte Gewalt erlebt werden. Sexualisierte [Gewalt] wird dabei oft von anderen Formen der Gewalt begleitet, wie z.B. von verbaler, psychologischer, finanzieller und weiteren Formen physischer Gewalt. Hieraus kann sich ein Muster der wiederholten Gewalt ergeben, gerade in intimen Partner*innenbeziehungen – in romantischen Beziehungen, in Familien oder gegenüber Kindern.*[40]

In diesem weiten Verständnis von sexualisierter Gewalt wird neben der gemäß der alltäglichen Definition primär erwarteten Ausübung physischer Gewalt auch unmittelbar auf deren nichtkörperliche Dimensionen aufmerksam gemacht. Dies geschieht gleich auf mehrfache Weise:

Erstens zeigt die Definition, dass körperliche sexualisierte Grenzüberschreitungen nur ein Teilbereich sexualisierter Gewalt sind – wenn auch derjenige, auf dem in der öffentlichen Wahrnehmung der größte Fokus liegt. Auch verbale oder visuelle Belästigung sowie weitere Formen übergriffigen Verhaltens, die keine Berührung oder, im Falle von digitaler sexualisierter Gewalt, noch nicht einmal Anwesenheit voraussetzen, sind Formen sexualisierter Gewalt.

Zweitens muss sexualisierte Gewalt, entgegen landläufiger Meinung, *nicht* mit anderen Formen körperlicher Gewalt einhergehen – Manipulation und Psychospielchen, Machtmissbrauch und Abhängigkeitsverhältnisse können effizientere Mittel zur Überwältigung bzw. zur Ausübung von Zwang sein.

Drittens werden hier die psychischen Folgen sexualisierter Gewalt explizit benannt, die Betroffene häufig noch weit länger beschäftigen als ihre körperlichen Wunden (wobei zum Beispiel bei psychosomatischen Beschwerden der Körper ebenfalls eine zentrale Rolle spielt). Die Verletzung der Psyche kann sich in einem Trauma manifestieren und/oder negative Gefühle wie Scham oder Selbstbeschuldigung hervorrufen (siehe Kapitel zwei).

In feministischen Texten wie auch allgemein ist die Verwendung von ‚sexualisierter' statt ‚sexueller' Gewalt mittlerweile gängig. Dadurch wird aufgezeigt, dass diese Art der Demütigung nicht die Ausübung

40 RESPONS 2018, S. 33. Nicht erwähnt wird in dieser Definition sexualisierte Gewalt in kriegerischen Auseinandersetzungen, was ich angemessen finde, wenn es um sexualisierte Gewalt geht, wie sie zum Beispiel in Deutschland vorkommt. Dieses Thema wird im vierten Kapitel im Kontext von Othering noch einmal berührt.

(gewaltvoller) *Sexualität* bedeutet.[41] Sexualisierte Gewalt ist vielmehr wesentlich durch das Ausüben bzw. den Missbrauch von *Macht* motiviert. Die sexualisierten Handlungen sind dabei nicht der Ursprung der Gewalt, sondern lediglich Mittel zum Zweck.[42] Sie werden zur Demütigung und Unterdrückung Betroffener verwendet, denn sexualisierte Gewalt basiert auf gesellschaftlichen Machtstrukturen, wird durch diese begünstigt und (re-)produziert sie gleichzeitig.[43]

Häufig wird *Konsens* als Unterscheidungskriterium zwischen Sexualität und sexualisierter Gewalt genannt – so auch in der Definition, die ich angeführt habe. Derart sauber und einfach lassen sich die beiden Bereiche jedoch nicht immer differenzieren. Auch das Aushandeln von Konsens ist in bestehende gesellschaftliche Machtstrukturen eingebettet, die manchen Menschen weniger Handlungsmöglichkeiten bieten als anderen. Auch ist Konsens nicht zwangsläufig der Ausdruck von sexuellem Begehren – es gibt zahlreiche Gründe, warum Menschen ihre Einwilligung zu Sex geben, und dazu gehören auch die Vermeidung von Gewalt, Uneinigkeit und Streit oder des Verlusts wichtiger Beziehungen.[44] Die Feststellung, dass konsensuelle Sexualität überaus komplex und manchmal uneindeutig ist und dazu mehr gehört, als einmal ‚Ja' oder ‚Nein' zu sagen, rechtfertigt nicht das Leugnen sexualisierter Gewalt mit Verweis auf vermeintliche ‚Graubereiche'. In den allermeisten Fällen ist sexualisierte Gewalt sehr wohl eindeutig feststellbar und lässt sich nicht durch angebliche ‚Missverständnisse' wegerklären. Die Ambivalenz, die sich hier zeigt, verweist auf die Komplexität von Konsensualität. Ich denke, mit dieser Uneindeutigkeit muss man bis zu einem gewissen Grad leben, auch wenn dies im Drang nach eindeutigen Definitionen möglicherweise unbefriedigend wirkt. (Ich komme darauf in den Kapiteln drei und fünf zurück.)

Die hier verwendete Definition sexualisierter Gewalt umfasst durch die Diversifizierung der enthaltenen Elemente eine größere Bandbreite verschiedener Situationen und Konstellationen als das stereotype

---

41 Gerade in BDSM-Kontexten, wo Gewalt und Schmerzen durchaus eine Rolle in der Sexualität spielen, ist der jederzeit widerrufbare Konsens aller Beteiligten essenziell. Das bedeutet natürlich nicht, dass es in der BDSM-Szene keine sexualisierte Gewalt gibt. Um dieses Thema dreht sich zum Beispiel die dritte Folge der Miniserie *In the No* des Podcasts *Radiolab*. (BDSM bezeichnet eine Gruppe von Sexualpräferenzen, die um Dominanz, Unterwerfung, Lustschmerz und Fesselspiele kreisen.)

42 Re.ACTion 2010, S. 17.

43 Insbesondere in Bezug auf sexualisierte Gewalt gegen Kinder ist häufig von ‚sexuellem Missbrauch' die Rede. Dies ist zwar, wie bereits vielfach kritisiert wurde, aufgrund der Assoziation von Missbrauch mit *Gebrauch* problematisch und verharmlosend. Sexuellen ‚Gebrauch' von Kindern kann es nicht geben. Die Wendung birgt aber im Sinne von ‚sexualisiertem *Macht*missbrauch' einen wahren Kern. Wer am Begriff ‚Missbrauch' festhalten möchte, müsste daher aus meiner Sicht korrekterweise stets explizit von sexualisiertem Machtmissbrauch sprechen und die Tat zusätzlich konkret benennen.

44 Alcoff 2018, S. 77; Torenz 2019.

Vergewaltigungsskript. Die verschiedenen Formen sexualisierter Gewalt werden dabei durch eine wesentliche Bestimmung zusammengehalten: Die ausgeübte Gewalt unterläuft auf einer grundlegenden Ebene das körperliche bzw. sexuelle Selbstbestimmungsrecht der betroffenen Person, greift also in ihre *Autonomie* ein. Es handelt sich somit um einen Angriff auf die personale Integrität und damit um eine Infragestellung des eigenen Status als *Subjekt*, als mündiges, selbstbestimmtes Wesen. Wer sexualisierte Gewalt ausübt, *objektifiziert* die andere Person, das bedeutet, der*die Täter*in behandelt die andere Person als Objekt. Mit Ann Cahill lässt sich sagen, dass sexualisierte Gewalt gerade darauf basiert, dass der*die Täter*in einem Subjekt seinen*ihren Willen aufzwingt. Die Subjektivität der Betroffenen stellt dabei die *Voraussetzung* für deren Objektifizierung dar:

> *Sie [die Betroffene] ist eine eingeschränkte, geschädigte, verletzte Person; eine, deren ontologisch notwendige Verletzlichkeit von einer gewaltvollen anderen Person ausgenutzt wurde. Sie wird dadurch aber nicht ihrer Seele oder ihrer Menschlichkeit beraubt. In der Tat, ihre Subjektivität wird davon (zeitweise) überschattet, doch in gewisser Weise ist genau das der springende Punkt: Sie muss über eine Intersubjektivität verfügen, die überschattet werden kann, sie muss die Rolle einer ‚Person' oder eines ‚Subjekts' besetzen, damit ihr Angreifer den Nervenkitzel der Gewalt spüren kann.*[45]

Diese Bestimmung finde ich aus mehreren Gründen sowohl relevant als auch aufschlussreich: Erstens erschließt sich daraus, warum sexualisierte Gewalt *prinzipiell* moralisch falsch ist, was eine kantisch geprägte Feststellung ist.[46] Damit richte ich mich gegen Auffassungen, die besagen, dass sexualisierte Gewalttaten desto schlimmer sind, je gravierender die erlittenen körperlichen Verletzungen oder das psychische Leiden *in der Folge* sind. Die Bemessungsgrundlage ist dabei nämlich auf beobachtetes Verhalten fokussiert und von Erwartungen geprägt,

45 „She is a limited, harmed, injured person, one whose ontologically necessary vulnerability has been exploited by a harmful other, but she does not become inanimate or nonhuman. Yes, her subjectivity is (temporarily) eclipsed, but in some way that is the point: she must have an intersubjectivity that can be eclipsed, she must occupy the role of 'person' or 'subject' in order for her assailant to feel the thrill of violence." Cahill 2009, S. 26; Übersetzung G. M., G. A. und L. S.

46 Kurz zur Erläuterung: Es gibt mehrere Fassungen des kategorischen Imperativs, von denen die bekannteste die sogenannte Universalisierungsformel ist. Ich beziehe mich hier hingegen auf die sogenannte Selbstzweckformel, die lautet: „Handle so, daß du die Menschheit, sowohl in deiner Person als in der Person eines jeden anderen, jederzeit zugleich als Zweck, niemals bloß als Mittel brauchest." Kant, AA IV, S. 429. Daraus geht hervor, dass ein Mensch einen anderen Menschen niemals ausschließlich als Objekt behandeln darf. Genau dies geschieht aber im Falle von sexualisierter Gewalt, selbst wenn, wie Ann Cahill gezeigt hat, die Subjektivität der*s Betroffenen von dem*r Täter*in vorausgesetzt wird.

wie ‚echte' Opfer* angeblich reagieren. Infolgedessen kann Betroffenen aufgrund willkürlicher bzw. von außen bestimmter Kriterien implizit oder explizit ihre Betroffenheit abgesprochen werden (mehr dazu im vierten Kapitel).

Zweitens ist mir an der Bestimmung von sexualisierter Gewalt als Objektifizierung wichtig, dass eine Person, die als ein Objekt *behandelt* wird, dadurch nicht gleichzeitig tatsächlich zum Objekt *wird.* Durch sexualisierte Gewalt wird eine Person nicht grundsätzlich ihrer Handlungsmacht beraubt, zumindest nicht zwangsläufig oder längerfristig. Die Einsicht, in einer spezifischen Situation bzw. während eines länger andauernden Abhängigkeits- und Ausbeutungsverhältnisses nicht handlungsfähig (gewesen) zu sein, kann für Betroffene entlastend sein. Dies gilt etwa für Betroffene, die – aus welchen Gründen auch immer – zu Widerstand nicht in der Lage waren. Es ist jedoch falsch, Betroffene deswegen langfristig auf eine passive Opfer*rolle festzulegen. Dadurch werden Betroffene *erneut* objektifiziert, was letztlich die Gewalt und Entmachtung durch die Täter*innen widerspiegelt und fortsetzt. Daher ist die Feststellung wichtig: Nicht die*der Betroffene ist *an sich* ohnmächtig, sondern sie*er befindet sich in einer ohnmächtigen Situation.[47]

Drittens wird durch die Bestimmung sexualisierter Gewalt als Angriff auf den Subjektstatus bereits deutlich, warum sprachliche Gewalt gerade in Vergewaltigungsdiskursen so fatal ist: Diese stellt einen *erneuten* Angriff auf den ohnehin bereits infrage gestellten Subjektstatus der Betroffenen dar und unterscheidet sich damit von anderen Formen sprachlicher Gewalt, die verletzend wirken können, ohne der betroffenen Person gleichzeitig auch ihre Subjektivität abzuerkennen. Wie das genau gemeint ist, erläutere ich im Laufe dieses Kapitels.

Ich habe auf den vergangenen Seiten die Ansicht vertreten, dass es sich beim stereotypen Vergewaltigungsskript und damit verknüpften Vergewaltigungsmythen um Konstruktionen handelt. Konstruktionen besitzen soziale Realität und lösen sich nicht in Luft auf, wenn sie als solche benannt werden. Der Glaube an das stereotype Vergewaltigungsskript und die weiteren Vergewaltigungsmythen[48] ist eine soziale Tatsache. So werden Übergriffe durch einen gewalttätigen, cis männlichen Fremden von Außenstehenden (und wahrscheinlich auch von den Betroffenen selbst) viel schneller und häufiger als sexualisierte Gewalt verstanden und anerkannt als all die Formen, die realiter viel öfter

47 Daher benenne ich Betroffene von sexualisierter Gewalt stets als ‚Betroffene' und nicht als ‚Opfer', um diese Implikationen (Passivität, Ohnmacht, Schwäche, Handlungsunfähigkeit etc.) nicht mit aufzurufen. Ich werde im vierten Kapitel noch mehr zum Thema Opfer*diskurs sagen.

48 Vergewaltigungsmythen, die sich nicht auf das stereotype Skript des Ablaufs einer Vergewaltigung beziehen, betreffen zum Beispiel die Häufigkeit von Falschbeschuldigungen oder Traumatisierungen.

vorkommen: Übergriffe durch Personen aus dem nahen sozialen Umfeld, die keine oder kaum körperliche Gewalt anwenden. Gerade diese *eigentlich* typischen Formen sexualisierter Gewalt werden tendenziell eher angezweifelt, was zum Beispiel die Organisation *End Violence Against Women International* als ,tragische Ironie' bezeichnet.[49] In einer Wechselwirkung damit steht, dass (von den wenigen Fällen sexualisierter Gewalt, auf die das überhaupt zutrifft) diejenigen, die dem stereotypen Vergewaltigungsskript eher entsprechen, relativ gesehen häufiger bei der Polizei angezeigt werden, da die Betroffenen (mit Recht) davon ausgehen, dass ihnen von den Strafverfolgungsbehörden in solchen Fällen eher geglaubt wird. Solche Fälle werden dann aufgrund ihrer vermeintlich höheren Glaubwürdigkeit tatsächlich auch gründlicher untersucht und verfolgt, was wiederum die Chance einer Verurteilung des*r Täter*in vergrößert: ein sich selbst verstärkender Prozess. Entsprechende Statistiken geben also ein durch mehrere Faktoren verzerrtes Bild wieder.[50] All dies trägt wiederum zur Festigung der Konstruktion des stereotypen Vergewaltigungsskripts bei.

Sexualisierte Gewalt als (nicht) gegendertes Verbrechen

Ich habe mich bewusst dafür entschieden, die Begriffe ,Täter*in' und ,Betroffene*r' zu gendern und ihnen damit nicht von vorneherein ein bestimmtes Geschlecht zuzuweisen.[51] Dies tue ich, obwohl sexualisierte Gewalt ihrerseits statistisch gesehen ein Verbrechen mit eindeutiger geschlechtlicher Zuordnung ist. Die Verknüpfung von Maskulinität und Gewalt ist, wie Linda Martín Alcoff es ausdrückt, ein signifikantes globales Phänomen, das sich durch verschiedene Regionen, Religionen und Kulturen zieht[52] sowie, wie ich ergänzen möchte, auch durch verschiedene Epochen. Die anerzogene Angst vor sexualisierter Gewalt und das Bewusstsein der eigenen Vulnerabilität gehören zu weiblichen und queeren Lebensrealitäten, aber nicht oder weit weniger zur cis männlichen. Die den reinen Zahlen folgende, eindeutig gegenderte Redeweise

49 Lonsway und Archambault 2019, S. 43.

50 Lonsway und Archambault 2019, S. 18.

51 Dabei wird aber etwa der Begriff ,Täter' in Zitaten und Gedankengängen anderer Menschen nicht angepasst oder verändert. Daher kommt es im Text immer wieder zu möglicherweise irritierenden Stellen, an denen ich nur über Frauen als Betroffene oder männliche Täter sprechen kann: Das liegt dann daran, dass die Quellen oder Studien, auf die ich mich beziehe, keine weitergehenden Schlüsse zulassen oder ich deren Thesen nicht verfälschen möchte.

52 Alcoff 2018, S. 152.

von (cis) männlichen Tätern* und (cis) weiblichen Betroffenen erzeugt jedoch Leerstellen in der Analyse sexualisierter Gewalt, da damit von vorneherein von einer bestimmten Konstellation und einem bestimmten Ablauf, dem ‚rape script', ausgegangen wird. Dieses bedient nicht nur (hetero)sexistische, sondern auch rassistische und andere Vorurteile. Der imaginierte cis männliche Täter* ist häufig Schwarz, ein Fremder und wahrscheinlich gewalttätig, und das imaginierte cis weibliche Opfer* ist *weiß*, ableisiert[53] und ‚unschuldig'.[54] ‚Unschuld' wird dabei im Sinne moralisch ‚guten' und auch konventionell erwarteten Handelns verstanden; also auch in dem Sinne, keine freizügige Kleidung zu tragen oder nicht gerne bzw. nicht viel Sex zu haben. Denn diese Verhaltensweisen implizieren gemäß den Vergewaltigungsmythen bereits die Zustimmung zu sexuellen Handlungen, was der Person Mitschuld an der erlebten Gewalt zuschreibt.

Diese Klischees verstellen den Blick auf FLINTA[55] als Täter*innen und blenden gleichzeitig große Gruppen von Betroffenen aus, insbesondere cis Jungen, cis Männer und nichtbinäre Personen, inter* und trans* Personen, aber auch be_hinderte Menschen, Women of Colour,[56] Geflüchtete, Sexarbeiter*innen, Gefängnisinsass*innen, Obdachlose etc.

Überdies ist es essenzialisierend und biologistisch, alle cis Männer als potenzielle Vergewaltiger* oder, mit den kritischen Worten von Joanna Bourke, als „darauf gepolt, zu vergewaltigen"[57] zu betrachten. Letztlich lassen sich solche Verweise sogar als versteckte *Entschuldigung* von Tätern* lesen, die aufgrund ihrer unkontrollierbaren Triebe vermeintlich nicht anders können, als sexualisierte Gewalt auszuüben.[58]

Um dies genauer zu beleuchten, halte ich die Unterscheidung der beiden Potenziale Verletzungsoffenheit und Verletzungsmacht des Soziologen Heinrich Popitz für hilfreich.[59] Jede Person verfügt grundsätzlich über beide, vielleicht in unterschiedlichem Maße. Das bedeutet, niemand ist (weder anthropologisch noch physiologisch oder biographisch) auf eine gewaltausübende oder eine ohnmächtige Position festgelegt. Tendenziell

53 Ableisiert sind Menschen, die in einer Gesellschaft nicht be_hindert (not disabled) sind oder werden.
54 Hänel 2018, S. 43; Hall 2004, S. 5; Davis 1982, S. 168f.
55 Die Abkürzung FLINTA steht für Frauen, Lesben, inter*, nichtbinäre, trans* und agender Personen, die in patriarchalen Verhältnissen benachteiligt oder diskriminiert werden – im Gegensatz zu cis Männern, die tendenziell profitieren. Dazu wird im Folgenden noch mehr gesagt.
56 Women bzw. People of Colour ist eine Selbstbezeichnung von Menschen, die in einer rassistischen Gesellschaft bzw. im globalen Kontext als ‚nicht *weiß*' gelten.
57 „primed to rape": Bourke 2007, S. 7; Übersetzung G. M., G. A. und L. S.
58 Nebenbei bemerkt: Die Rechtfertigungen von Gewalt gegen Frauen bzw. von Feminiziden aus ‚Leidenschaft' oder ‚Ehre' in unterschiedlichen kulturellen Kontexten folgen der gleichen, die Täter*innen entlastenden Logik – mehr dazu in Kapitel drei. Alcoff 2018, S. 153.
59 Popitz 2009, S. 31 et passim.

herrscht diesbezüglich allerdings eine binäre Sichtweise vor, die die Verletzungsoffenheit von FLINTA und die Verletzungsmacht von cis Männern betont und damit traditionelle Geschlechterrollen in extremer Weise fortschreibt.[60] (Sexualisierte) Gewalt ist jedoch ein ‚Werkzeug', das grundsätzlich von *jeder* Person verwendet werden kann. Jede*r ist verletzungsmächtig, auch wenn manche Personengruppen diese Macht wesentlich öfter ausüben als andere.[61] Genauso ist *jede* Person verletzbar, allein dadurch, dass Menschen als soziale Wesen unhintergehbar von anderen abhängig und damit öffentlich verfügbar und berührbar sind.[62]

Sharon Marcus stellt im Zusammenhang mit Verletzungsmacht und dem ‚rape script' die These auf, dass Vergewaltigungen auch deshalb ‚funktionieren', weil sowohl der*die Täter*in als auch die angegriffene Person an die (physische) Übermacht primär von cis Männern *glauben*, und nicht etwa, weil diese physische Stärke tatsächlich immer gegeben ist.[63] Das zeigt: Sexualisierte Gewalt ist an gesellschaftliche Machtverhältnisse angebunden und erhält sie gleichzeitig (mit) aufrecht. Wer ohnehin mächtig ist, dem wird Verletzungsmacht zugeschrieben, wodurch diese sich in manchen Situationen vielleicht erst realisieren kann.

Sexualisierte Gewalt wird häufig auf das Patriarchat bzw. Rape Culture[64] zurückgeführt. Damit ist eine sexualisierte Gewalt ermöglichende, verharmlosende und legitimierende Kultur gemeint, die sich nicht in Alltagssexismus und sexualisierter Belästigung erschöpft. Ein Teil dieser patriarchalen Tradition ist der Anspruch auf die Verfügbarkeit weiblich gelesener Körper für cis männlichen Zugriff.[65] Wenn zum Beispiel ein Getränkehersteller ein Produkt mit dem Slogan „Abgefüllt & mitgenommen" bewirbt, dann ist dies nicht ‚nur' sexistisch. Vielmehr wird dadurch sexualisierte Gewalt verharmlost und legitimiert und damit Rape Culture reproduziert.[66]

---

60 Bourke 2007, S. 6f.

61 RESPONS 2018, S. 35.

62 Butler 2009, S. 41. Das bedeutet eben auch, dass cis Männer nicht qua Geschlecht vor sexualisierter Gewalt gefeit sind.

63 Marcus 1992, S. 390.

64 Ich belasse ‚Rape Culture' als feststehenden Begriff hier im englischen Original und gleiche ihn nur der deutschen Schreibweise an, da ich den konkreten Bezug auf ‚Vergewaltigung' in der direkten Übersetzung ‚Vergewaltigungskultur' aus den oben genannten Gründen nicht günstig finde. Bei ‚Rape Culture' geht es um die Ermöglichung, Verharmlosung und Legitimierung von sexualisierter Gewalt allgemein, nicht nur um Vergewaltigung. Das englische ‚rape culture' lässt mehr gedankliche Freiheiten, den Begriff entsprechend zu füllen. An sich fände ich es um der Präzision und Verständlichkeit willen besser, einen entsprechenden Begriff im Deutschen neu zu schöpfen, aber bislang ist mir noch kein gutes Wort dafür eingefallen oder begegnet.

65 Jaffe 2018, S. 83.

66 Lücker 2019.

Rape Culture wird durch Sozialisationsprozesse weitergegeben: Mädchen lernen, (sexualisierte) Grenzüberschreitungen anderer in einem gewissen Ausmaß zu dulden, während Übergriffe durch Jungen bagatellisiert und normalisiert werden.[67] Aufgrund von Rape Culture ist Gewalt gegen FLINTA durch cis Männer ein strukturelles Problem, während dies auf Gewalt gegen cis Männer durch FLINTA nicht zutrifft.

An Rape Culture zeigt sich, dass sexualisierte Gewalt nie nur das Problem von Einzelpersonen ist, die sie ausüben oder erleiden, sondern ihre Ermöglichungsbedingungen gesellschaftlich angelegt und tief verankert sind. Jens Brachmann, der gemeinsam mit Kollegen die Täter*innensysteme an der Odenwaldschule wissenschaftlich untersucht hat (wo die Betroffenen wohlgemerkt zum Großteil Jungen waren), fasst dies in Anlehnung an den Film *Spotlight* folgendermaßen zusammen: „Wenn es ein Dorf braucht, um ein Kind großzuziehen, so braucht es auch ein Dorf, um eines zu misshandeln."[68] Hilkje Hänel leitet daraus eine kollektive Verantwortung für die Prävention sexualisierter Gewalt ab.[69]

Es genügt jedoch nicht, sexualisierte Gewalt ausschließlich als Machtinstrument zur Aufrechterhaltung des unterdrückerischen (binären) Geschlechterverhältnisses zu analysieren. Nur eine intersektionale[70] Perspektive vermag aufzuzeigen, dass durch sexualisierte Gewalt auch andere Formen der Unterdrückung reproduziert werden als patriarchale. Das bedeutet, dass durch sexualisierte Gewalt als Form der Demütigung und Verletzung auch andere Diskriminierungsformen stabilisiert werden als nur Sexismus. Auch Heterosexismus, Klassismus, Rassismus, Ableismus, Adultismus, Antisemitismus und Lookismus können dabei eine Rolle spielen,[71] insofern sexualisierte Gewalt in ganz unterschiedlichen Kontexten zur (zusätzlichen) Demütigung und Unterdrückung der Betroffenen eingesetzt werden kann.

Um verständlich zu machen, wie das gemeint ist, möchte ich ein paar Beispiele geben: Sexualisierte Gewalt gegen LGBTIQ*[72] ist nicht (nur)

---

67 Holst 2017, S. 205; Heiliger 1996, S. 203.

68 „If it takes a village to raise a child, it takes a village to abuse one." Brachmann 2019b, S. 29; Übersetzung G. M., G. A. und L. S.

69 Hänel 2018, S. 230. Dazu wird in Kapitel fünf noch mehr gesagt.

70 Intersektionalität ist die Überschneidung mehrerer Diskriminierungsformen, zum Beispiel Transmisogynie und Klassismus.

71 Heterosexismus ist die Diskriminierung von nichtheterosexuellem Begehren sowie von Beziehungen oder Geschlechtsidentitäten, die nicht in das heterosexuelle, binäre System passen. Klassismus ist die Diskriminierung aufgrund der (zugeschriebenen) Zugehörigkeit zu einer bestimmten sozialen Klasse oder Schicht. Ableismus resultiert die be_hindertenfeindliche Diskriminierung aufgrund des (zugeschriebenen) Fehlens bestimmter Fähigkeiten. Adultismus oder Altersdiskriminierung ist die Diskriminierung von Menschen aufgrund ihres (besonders jungen oder alten) Lebensalters. Lookismus ist die Diskriminierung oder Stereotypisierung von Menschen aufgrund ihres Aussehens.

72 LGBTIQ* ist die Abkürzung für Lesbian, Gay, Bisexual, Trans*, Inter* und Queer*, also die – natürlich etwas arbiträre – Zusammenfassung von Personengruppen, die aufgrund ihres sexuellen Begehrens oder ihrer Geschlechtsidentität diskriminiert werden.

sexistisch, sondern auch *hetero*sexistisch, da diese Menschen offensichtlich *auch* aufgrund von Homo- oder Trans*feindlichkeit attackiert und gedemütigt werden.[73] Bei sexualisierter Gewalt an Jüd*innen, die es etwa während der NS-Zeit sowohl in Konzentrationslagern als auch in Verstecken durch Helfer*innen gab, kreuzen sich Antisemitismus und Sexismus.[74] Sexualisierte Gewalt gegen dicke_fette Menschen ist *auch* lookistisch, sexualisierte Gewalt gegen Kinder ist *auch* adultistisch, da das Machtgefälle zwischen Kindern und Erwachsenen ausgenutzt wird … etc.

Grundsätzlich verfügen Menschen über zusammengesetzte Identitäten, die sie in mancher Hinsicht privilegieren und in anderer Hinsicht zu Diskriminierung führen, je nach Kontext (Zeit, Ort, soziales Umfeld …). Eher benachteiligte Gruppen sind etwa LGBTIQ*, People of Colour, Kinder, be_hinderte oder materiell arme Menschen. Eine enorm privilegierte Gruppe, wie auch häufig betont wird, sind die *weißen*, alten, heterosexuellen cis Männer. Obwohl all diese Personengruppen *theoretisch* gesehen sowohl über Verletzungsoffenheit als auch über Verletzungsmacht verfügen, sind *empirisch* gesehen ohnehin machtvolle Personen häufiger Täter*innen und marginalisierte Personen häufiger Betroffene von sexualisierter Gewalt. Das bedeutet, dass eine Veränderung des gesellschaftlichen Machtgefüges und die Verminderung oder Abschaffung von Abhängigkeiten (etwa finanzieller Art) wahrscheinlich auch dazu führen werden, dass weniger sexualisierte Gewalt ausgeübt wird.[75]

Sexualisierte Gewalt resultiert nicht zwangsläufig aus Sexismus, sondern kann als Instrument der Demütigung und Unterdrückung grundsätzlich auch andere Diskriminierungsformen verstärken und stabilisieren. Der Ursprung sexualisierter Gewalt ist jedenfalls nicht das Geschlecht oder die Sexualität der involvierten Personen. Der Fokus nur auf cis Männer als Täter* und nur auf cis Frauen als Betroffene erzeugt Leerstellen in der Analyse sexualisierter Gewalt. Daher ist es mir wichtig, geschlechtsneutral von Täter*innen und Betroffenen zu sprechen, obwohl sexualisierte Gewalt zahlenmäßig natürlich ein massiv gegendertes Verbrechen ist und die Angst davor Sozialisationsprozesse und dadurch Vergeschlechtlichung prägt. Mit dieser Vorgehensweise stehe ich nicht nur im Gegensatz zum alltäglichen Sprachgebrauch, sondern auch

73 Frizelle 2009.
74 Amesberger et al. 2004; Dippel 2020.
75 Ich danke Judith für unsere Diskussionen zu diesem Thema.

im Gegensatz zu einem großen Teil der feministischen Literatur zum Thema sexualisierte Gewalt, in der es häufig als politisches Statement betrachtet wird, männliche Täter* und weibliche Betroffene sprachlich besonders zu markieren. Mit meiner Entscheidung verschiebe ich gleichzeitig den Fokus und denke neben Sexismus auch andere Unterdrückungsstrukturen mit, die sexualisierte Gewalt begünstigen.

Die Gewaltförmigkeit von Sprache

Ich möchte aufzeigen, wie Betroffene von sexualisierter Gewalt in Vergewaltigungsdiskursen systematisch verletzt und mundtot gemacht werden, also sprachliche Gewalt erfahren. Sprachliche Gewalt in der Art, wie sie in diesem Buch hauptsächlich verhandelt wird, ist als solche durch ihre *Auswirkungen* bestimmt: dadurch, Betroffene systematisch zum Schweigen zu bringen, zu entstimmlichen oder von bestimmten Debatten auszuschließen. Die fundamentale Verletzlichkeit durch sprachliche Gewalt gehört zu unserem Dasein als soziale Wesen dazu und kann als solche nicht überwunden werden. Verletzungen durch sprachliche Gewalt können die Betroffenen aber als Subjekte dekonstituieren und damit die Struktur sexualisierter Gewalt wiederholen. Wie sich zeigen wird, sind die ‚Werkzeuge' der Gewalt selbst sprachlich bzw. diskursiv, erschöpfen sich aber nicht in klassischen gewaltvollen Sprechakten wie Drohungen oder Demütigungen.

Mir ist wichtig, das systematische Zum-Schweigen-Bringen Betroffener nicht nur zu behaupten und anekdotisch zu belegen, sondern sie auf Basis einer theoretischen Grundlage zu erklären. Entsprechende Theorien sprachlicher Gewalt sind vielfältig.[76] In meiner Untersuchung stütze ich mich insbesondere auf zwei Theorien sprachlicher Gewalt, die zwar ihrem Ansatz nach sehr unterschiedlich sind, von mir aber dennoch als miteinander verschränkt gedacht werden. Die erste Form der Gewaltförmigkeit von Sprache wird auch als „anthropologische Konstante"[77] bezeichnet und geht auf die konstruktivistische Theorie der Subjektwerdung von Judith Butler zurück. Diese Form sprachlicher bzw. diskursiver Gewalt *ermöglicht das Sprechen von Subjekten* und wirkt folglich produktiv. Subjekte erhalten dadurch ihre Stimme. Da Subjektivität von der Anerkennung durch andere abhängig und damit fragil ist und bleibt, eröffnet sich gleichzeitig ein Raum fundamentaler Verletzlichkeit durch andere.

76 Herrmann et al. 2007; Krämer und Koch 2010; Villa 2011.
77 Deines 2007, S. 286.

Die zweite hier relevante Gewaltförmigkeit von Sprache zielt in eine andere Richtung, nämlich dahin, ihre Adressat*innen zum *Schweigen* zu bringen. Diese Form sprachlicher Gewalt wirkt also nicht produktiv, sondern destruktiv.[78] Den Subjekten wird ihre Stimme genommen. Eine basale Art gewaltförmiger Sprache in diesem Sinne sind Demütigungen und Kränkungen. Rae Langton denkt sprachliche Gewalt jedoch umfassender und schließt auch andere Formen des Zum-Schweigen-Bringens mit ein.[79] Zurückgekoppelt an die Überlegungen Judith Butlers wird erst die wahre Gefährdung deutlich, die dadurch entsteht: Menschen, denen durch sprachliche Gewalt ihre Stimme genommen wird, sind damit gleichzeitig in ihrem Subjektstatus bedroht.

Diskursive Subjektivation und diskursive Verletzlichkeit bei Judith Butler

Das Verhältnis von Diskurs und Macht ist ein zentrales Thema der Queer-Theoretikerin und Sozialkonstruktivistin Judith Butler. Sie legt einen Schwerpunkt auf die diskursive Produktion von Subjekten wie auch ihrer Geschlechtsidentität, vergisst aber nicht die Materialität von Körpern:[80] Butler zufolge gibt es außerhalb des Sprachlichen keine Subjekte,[81] auch wenn Sprechen selbst natürlich eine körperliche Handlung ist.[82] In kritischer Auseinandersetzung mit Michel Foucault geht sie davon aus, dass sowohl die Sprache, die wir verwenden, als auch das gesellschaftliche Gefüge, in dem wir uns bewegen, von Machtstrukturen durchzogen sind. Diese Machtstrukturen schreiben sich aber auch (etwa als performierte Geschlechtsidentität) in die Körper ein.[83] Denken, Sprechen und Handeln werden durch diskursive Normen bestimmt, wenn auch nicht determiniert. Unser Körper ist also ein sowohl physisch-leiblich als auch sozial-symbolisch konstituierter Körper.[84]

Butlers Theorie der Subjektivation erzeugt ein Spannungsfeld zwischen der notwendigen *Unterwerfung* unter gesellschaftliche Normen, um sich im Horizont möglichen Denkens, Handelns und Sprechens

78 Delhom 2007, S. 243.

79 Langton 2007.

80 Butler 1997; 2006, S. 208f.

81 Villa 2011, S. 56.

82 Butler 2006, S. 22.

83 Das bedeutet, dass der Schein einer stabilen geschlechtlichen Identität durch Performanz, also das ständige Wiederholen, Zitieren und Inszenieren der Geschlechternormen, erst konstruiert wird. Dieses ‚doing gender' ist habitualisiert und nach außen hin sichtbar.

84 Krämer 2007, S. 36.

überhaupt bewegen zu können, und der dadurch erst entstehenden *Handlungsmacht* der Subjekte.[85]

Oft vergessen wird, dass Butlers Theorie der Subjektivation bzw. der Entstehung der Psyche wesentlich psychoanalytisch geprägt ist:[86] Bei der Subjektivation handelt es sich nicht um eine schlichte Abbildung sozialer Normen im Inneren, denn es ist ja das Selbst (das noch kein Subjekt ist), das diese zunächst einmal nach innen ‚wenden' und für sich annehmen muss.[87] In Anlehnung an Foucault betont Butler, dass Macht nicht statisch ist, sondern etwas, das sich permanent vollzieht. Der Prozess der Subjektwerdung ist daher niemals abgeschlossen und der eigene Status als Subjekt daher immer prekär und/oder offen.

Der Subjektivationsprozess als solcher ist unvorhersehbar und nicht determiniert: Die Psyche ist nicht identisch mit den gesellschaftlichen Normen, durch die sie konstituiert wird – etwas liegt ‚quer' und sperrt sich gegen die restlose Unterwerfung.[88] Da es sich bei Subjektivation als permanenter Zitation gesellschaftlicher Normen um einen konstanten Prozess handelt, der immer wieder neu vollzogen und bestätigt werden muss, bilden sich Lücken, Brüche und Unwägbarkeiten. Der Vollzug dieser Normen kann daher (unwillkürlich) *scheitern*, möglich ist aber auch ihre (absichtliche) *Subversion*.

Intelligible, also geistig erfassbare und verständliche und somit anerkennbare Subjekte bewegen sich innerhalb des diskursiv vorgegebenen Rasters. Menschen, die von diesen Normen in irgendeiner Form abweichen, laufen Gefahr, dass ihnen ihr Subjektstatus aberkannt wird, sie nicht verstanden, ausgeschlossen und/oder pathologisiert werden.[89] Eine Konsequenz daraus ist zum Beispiel die Furcht davor, aufgrund bestimmter Äußerungen oder Handlungen nicht mehr als ernst zu nehmendes, sprechendes Subjekt mit vernünftiger Meinung und verständlichem Verhalten anerkannt zu werden.[90] Als Subjekte sind wir nämlich fundamental *abhängig* davon, dass andere uns als solche (als Gleiche) anerkennen und behandeln. Durch das mögliche Scheitern der Subjektwerdung bzw. die daraus resultierende Option, einem Menschen den

85 Butler 2006, S. 49.

86 Eine Ausnahme bildet Eva von Redeckers Einführungswerk in Butlers Denken. Redecker 2011.

87 Butler 2015, S. 183. ‚Muss' ist aber eben auch in dem Sinne gemeint, dass sich – sofern man eben am sozialen Leben teilhaben, handeln und sprechen will – keine echte Wahl stellt.

88 Redecker 2011, S. 88.

89 Dies gilt, je nach historischem oder geographischem Kontext, etwa für geflüchtete Personen, LGBTIQ*, obdachlose oder be_hinderte Menschen oder Menschen mit bestimmten Krankheiten wie Schizophrenie, Lepra, HIV etc. Es ist also unerheblich, ob Menschen aufgrund bestimmter Eigenschaften oder aufgrund bestimmter Handlungen ausgeschlossen werden, bzw. ob sie sich unter das Diktat der ‚Normalität' nicht unterwerfen *können* oder nicht unterwerfen *wollen*. Der Punkt ist, dass sie von anderen nicht als legitime Akteur*innen anerkannt werden. Gefängnisse und Psychiatrien sind Institutionen, die dafür da sind, mit ausgeschlossenen und verworfenen Menschen umzugehen.

90 Butler 2005, S. 15.

Subjektstatus abzuerkennen und so seiner (gesellschaftlich wirksamen) Handlungsmacht zu berauben, entsteht ein Raum der Verletzlichkeit. Diese (diskursive) Verletzlichkeit durch andere ist in den sozialen Beziehungen grundsätzlich angelegt und damit unhintergehbar.[91] Das bedeutet, Subjekte können nicht (zumindest nicht in einem starken Sinne) autonom sein. Gewalt bzw. das Ausgeliefertsein an den Willen einer anderen Person stellt eine Ausbeutung dieser grundlegenden Abhängigkeit dar, in der die Verletzlichkeit durch andere erschreckend sichtbar wird.[92]

Die diskursive Verletzlichkeit durch und fundamentale Abhängigkeit von andere(n) wurde oben als ‚anthropologische Konstante' bezeichnet. Die sozialen und politischen Voraussetzungen für verschiedene Menschen sind hier aber sehr unterschiedlich und die Verletzlichkeit mancher Menschen immens gesteigert.[93] Menschen, denen der Subjektstatus aberkannt oder nie zuerkannt wurde, können zwar ihr nacktes Leben fristen, sind aber nicht in einem politischen Sinne handlungsfähig.

Theorien sprachlicher Gewalt wie die von Rae Langton, die sich auf die Verletzung von Menschen durch sprachliche Gewalt fokussieren, beziehen sich auf diese Verletzlichkeit als anthropologische Konstante. Die Unvorhersehbarkeit und Zitathaftigkeit der Subjektivation ist allerdings, wie oben angedeutet, auch die Grundlage für die Möglichkeit zum Widerstand gegen die gesellschaftlichen Normen, denen sich das Subjekt unterworfen hat, um am gesellschaftlichen Sein teilzuhaben. Jedes ‚Zitat' lässt sich durch eine unkonventionelle Aneignung aus seinem Kontext herausreißen und anders verwenden als zuvor. Durch das potenzielle Scheitern der Normenaneignung eröffnet sich zugleich ein Möglichkeitsraum für die (spielerische, subversive) Infragestellung und Veränderung dieser Normen und bestehender Formen diskursiver Autorität.[94]

Handlungsmacht entsteht, wie bereits gesagt, laut Butler zunächst durch die *Unterwerfung* unter die gesellschaftlichen Normen, die diese Handlungen ermöglichen. Allerdings ist diese Unterwerfung niemals absolut. Es besteht immer ein Unterschied/ein Bruch zwischen dem Ideal, also der Norm, der man folgt, und dem jeweiligen Zitat, das heißt der konkreten Ausführung.[95] Man könnte sagen, dass hier gewissermaßen ein zweistufiger Begriff von Handlungsmacht eine Rolle spielt:

91 Butler 2006, S. 54; 2009, S. 10f.
92 Butler 2005, S. 45.
93 Butler 2005, S. 45f.
94 Butler 1993, S. 45; Butler 2006, S. 247.
95 Redecker 2011, S. 81.

Die Fähigkeit, ein kritisches Verhältnis zu diesen Normen zu entwickeln, setzt in der Tat eine Distanz zu ihnen voraus, eine Befähigung, das Bedürfnis nach ihnen aufzuheben oder aufzuschieben, selbst wenn es ein Bedürfnis nach Normen gibt, die einen vielleicht leben lassen. Das kritische Verhältnis hängt auch von der ausnahmslos kollektiven Fähigkeit ab, eine alternative Minderheitenversion für die Aufrechterhaltung von Normen und Idealen zu artikulieren, die mich handlungsfähig machen.[96]

Personen, die aus unterschiedlichen Gründen (zum Beispiel, weil sie eine von der Norm abweichende Geschlechtsidentität haben) diese ohnehin nie ganz vollständige Unterwerfung nicht leisten können oder wollen, erhalten dadurch die Ressourcen oder auch nur das Los zum Widerstand.[97] Sie entwickeln eine Distanz zum Gegebenen, überschreiten die bestehenden Handlungsoptionen und entwickeln, im besten Falle *gemeinsam*, eine *alternative Minderheitenversion anderer Normen*. Das sind zum Beispiel widerständige Diskurse, die innerhalb von Kollektiven entwickelt und nach außen getragen werden können. Daher ist es mir so wichtig, den Zusammenschluss von Betroffenen von sexualisierter Gewalt zu Kollektiven herauszustellen. Innerhalb dieser Kollektive kann eine andere Form des Umgangs, eine andere Sprache und eine Version einer gewaltfreieren Normalität entwickelt werden, die daraufhin in den Mehrheitsdiskurs drängen können.

Durch Butlers Theorie wird also, ganz allgemein gesprochen, Veränderung von Sprache oder von Machtstrukturen erklärbar, ein wichtiges und häufig unterschätztes Element in Theorien des Sozialen. Dadurch eröffnet sich zugleich die Möglichkeit der absichtlichen, subversiven Veränderung sozialer Normen, also die Möglichkeit, den bestehenden Horizont zu überschreiten, ohne die jegliches politische oder feministische Engagement sinnlos erscheint. Es deutet sich zudem bereits an, warum Gleichgesinnte so wichtig sind, um die zum herrschenden Diskurs quer liegenden Erfahrungen zu teilen, zu verstehen und eine Sprache dafür zu finden, die auch der Allgemeinheit verständlich gemacht werden kann.

Butlers Theorie des Subjekts erlaubt es zu beschreiben, warum Menschen nicht nur körperlich durch physische Gewalt, sondern auch durch sprachliche Gewalt verletzbar sind und warum solche Angriffe ihren Status als Subjekt bedrohen können. Dies ist die grundsätzliche

96 Butler 2009, S. 12.
97 Redecker 2011, S. 105.

Parallele zwischen sexualisierter und sprachlicher Gewalt: *Beide stellen einen Angriff auf den Subjektstatus der Betroffenen dar*. Das erklärt sich aus der Doppelnatur der Körper und der Prekarität des Subjektstatus, der von der Bestätigung durch andere abhängt und dessen Verweigerung katastrophale Auswirkungen haben kann.[98] Körperliche Verletzungen haben zudem einen Einfluss auf die Psyche, genauso wie sich psychische Verletzungen in den Körper einschreiben.[99]

Die demütigende Objektifizierung durch sexualisierte Gewalt stellt, wie ich bereits beschrieben habe, einen Angriff auf die personale Integrität dar. Der*die Angreifer*in erkennt die*den Betroffene*n nicht als (gleichwertiges) Subjekt mit Wünschen, Bedürfnissen und einem schützenswerten Raum der Intimsphäre an. Sexualisierte Gewalt ist eine Erfahrung der Objektifizierung und (des Versuchs) der gewaltsamen Aberkennung des Subjektstatus. Aus diesem *Angriff* folgt jedoch nicht notwendigerweise, dass Betroffene in der Folge sozial *tatsächlich* nicht mehr als Subjekte gelten – auch wenn das in bestimmten Konstellationen durchaus der Fall sein kann.

Merkwürdigerweise tendieren Mitwisser*innen und Zuhörer*innen dazu, diese Missachtung oder Geringschätzung zu wiederholen, statt Betroffene zu stärken. Die Furcht vor dem Verlust des Subjektstatus ist daher eine mögliche Erklärung dafür, warum Betroffene sich häufig scheuen, ihre objektifizierenden Gewalterfahrungen zu offenbaren und sich in ihrer Verletzlichkeit bzw. Verletztheit zu exponieren (siehe Kapitel zwei).

Mit Butler betrachtet zeigt sich besonders deutlich, wie Vergewaltigungsdiskurse gleichzeitig einschränkend und ermöglichend wirken: Die Möglichkeiten der Benennung sexualisierter Gewalt sind durch Vergewaltigungsmythen, die Konstruktion des stereotypen Vergewaltigungsskripts und die impliziten und expliziten Normen des Opfer*diskurses vorgeformt (siehe Kapitel vier). Dass das Sprechen über sexualisierte Gewalt, wie bereits in der Einleitung beschrieben, eingeschränkt und sanktioniert wird, trägt zur Aufrechterhaltung dieser gewaltvollen Verhältnisse bei. Sprachliche Gewalt, wie sie im Folgenden erörtert wird, dient in diesem Sinne als Zensurinstrument.[100] Zensur als „produktive Form der Macht“[101] ist dabei nicht ausschließlich als restriktiv oder ‚privativ‘ zu verstehen, in dem Sinne, dass (öffentlich) *keine Worte* geäußert werden dürfen oder die Person ihrer Stimme gänzlich

98 Krämer 2007, S. 37.
99 Butler 2006, S. 249.
100 Butler 2006, S. 208f.
101 Butler 2006, S. 208.

beraubt wird (Kapitel zwei). Zensur besitzt zugleich eine formative, gestalterische Seite, die den Raum des Sagbaren konstituiert und reguliert. *Legitimes* Sprechen über sexualisierte Gewalt bewegt sich jedoch in einem sehr engen Rahmen (Kapitel vier). Der Widerstand, der Betroffenen oder Aktivist*innen entgegenschlägt, wenn sie sexualisierte Gewalt öffentlich thematisieren, politische und soziale Veränderungen einfordern, ist Teil dieser Regulation von Vergewaltigungsdiskursen. Betroffene verfügen damit im öffentlichen und privaten Raum über die folgenden Möglichkeiten: erstens zu schweigen, um Sanktionen zu entgehen, sich zweitens der Gefahr der Entstimmlichung durch sprachliche Gewalt auszusetzen oder drittens die legitime diskursive Position des Opfers* einzunehmen. Ich möchte in Kapitel fünf dieses Buches eine weitere Möglichkeit erörtern: wie diese Formen sprachlicher Gewalt mit dem unterlaufen werden können, was ich als gelingendes Sprechen bezeichne.

Zum-Schweigen-Bringen, Entstimmlichung und Delegitimierung als Formen sprachlicher Gewalt bei Rae Langton

Um der Untersuchung des Schweigens und der systematischen Entstimmlichung Betroffener von sexualisierter Gewalt einen strukturierenden Rahmen zu verleihen, beziehe ich mich auf den Aufsatz *Sprechakte und unsprechbare Akte* der australisch-britischen Philosophin Rae Langton.[102] Darin stellt Langton die These auf, dass es eine Form sprachlicher Gewalt ist, Menschen zum Verstummen zu bringen bzw. mundtot zu machen. Schweigen tritt in ihrer Erörterung sowohl in der konkreten Bedeutung von ‚nicht reden, nicht antworten, kein Wort hervorbringen' auf als auch in der eher metaphorischen Bedeutung von ‚nicht gehört werden' oder ‚verbergen'. Auch das (absichtliche oder unabsichtliche) Missverstehen und die Instrumentalisierung bestimmter Sprechakte werden dadurch als sprachliche Gewalt erkennbar.[103]

102 Vor allem im angloamerikanischen Raum gibt es eine rege und teilweise aufgeheizte Debatte in Anschluss an die Position von Catherine MacKinnon, dass Pornographie Frauen in einer Art zum Schweigen bringe, die Auswirkungen auf das gesetzlich geschützte Recht auf Meinungsfreiheit hat. Der Aufsatz *Sprechakte und unsprechbare Akte* von Rae Langton ist in diesem Kontext entstanden. Ohne an dieser Stelle gesondert dafür argumentieren zu wollen, möchte ich darauf hinweisen, dass ich MacKinnons und Langtons Annahmen zum Zusammenhang von Pornographie und Vergewaltigungen sowie von Pornographie und sprachlicher Gewalt explizit nicht teile. Dies stellt meines Erachtens jedoch keinen Hinderungsgrund dafür dar, Langtons an sich sehr aufschlussreiche und grundsätzliche Überlegungen über Zum-Schweigen-Bringen und sprachliche Gewalt aus ihrem Entstehungskontext und den konkreten Beispielen, die sie zur Unterfütterung ihrer Argumentation verwendet, herauszulösen und für die Zwecke dieser Arbeit fruchtbar zu machen. MacKinnon 1987; Davies 2014; Butler 2006.

103 Judith Butler selbst legt in *Haß spricht* eine Kritik der Theorie Langtons vor, der ich allerdings

Zur Entwicklung ihres Arguments stützt sich Langton maßgeblich auf die Sprechakttheorie von John L. Austin und dessen fundamentale Einsicht, dass man handeln kann, indem man spricht. Genauso wie nichtsprachliche Handlungen können auch Sprechakte scheitern oder verhindert werden. Austin unterscheidet analytisch zwischen drei verschiedenen Ebenen eines Sprechaktes, die in der Regel gleichzeitig ablaufen. Die Aufteilung findet also lediglich auf der logischen Ebene statt. Die sprechakttheoretische Trennung von eigentlich Zusammengehörigem erscheint vielleicht zunächst etwas kontraintuitiv, dadurch wird aber eine differenziertere Betrachtung von Sprechakten und damit letztlich auch von sprachlicher Gewalt ermöglicht. Ich nenne die drei Ebenen hier nur kurz – was es damit genau auf sich hat, erschließt sich im Verlauf der folgenden Kapitel, wenn die Theorie auf Vergewaltigungsdiskurse angewendet wird.

Die erste Ebene ist der lokutionäre Sprechakt, das *Hervorbringen* einer verständlichen Äußerung und damit die Voraussetzung für Kommunikation als solche. Die zweite Ebene ist der illokutionäre Sprechakt, der Vollzug einer konventionellen Sprech*handlung* wie zum Beispiel einer Bitte, einer Drohung oder einer Empfehlung, *indem* man etwas sagt/kommuniziert. Die Lokution und die Illokution fallen zeitlich zusammen. Die dritte Komponente ist der perlokutionäre Sprechakt, der sich auf die Konsequenzen des Sprechens bezieht: In ihm enthalten ist zum einen die *Absicht*, eine bestimmte Wirkung zu erzielen, und zum anderen der tatsächliche *Effekt*, der der Intention des*r Sprechers*in nicht unbedingt entspricht. Ein Beispiel für das Auseinanderfallen von perlokutionärer Absicht und perlokutionärem Effekt ist eine Angeberei, die das Gesprächsgegenüber jedoch nicht beeindruckt oder zu Komplimenten motiviert, sondern peinlich berührt oder sogar abstößt. Ein perlokutionärer Effekt kann auch noch lange nach einer Äußerung eintreten oder anhalten, zum Beispiel, wenn man erst nach langer Zeit

nicht folge. Sie kritisiert, dass Langton eine allzu normative Konzeption der*s politischen Sprechers*in vertrete, die*der ihre*seine Absichten in einem Sprechakt nicht nur repräsentieren, sondern gleichzeitig auch zur Wirkung bringen könne. Die Unterstellung ist, dass Langton fordert, dass alle Sprechakte *unmittelbar* gelingen bzw. umgesetzt werden müssten. Butler insistiert in ihrer Kritik hingegen auf der Kluft zwischen Äußerung und Bedeutung/Wirkung. Diese Kluft kann zwar einerseits (wie beschrieben) die Grundlage der Verletzung von Sprecher*innen sein, Butler schätzt aber andererseits das entstehende politische Potenzial der *Enteignung* bzw. ‚Wiedereinschreibung' von Äußerungen hoch. Enteignung bedeutet in diesem Zusammenhang, dass die entsprechenden Begriffe oder Äußerungen aus ihrem (verletzenden) Kontext gerissen und umgedeutet werden (darauf wird am Ende von Kapitel vier und in Kapitel fünf noch genauer eingegangen). Ich interpretiere Langton allerdings schwächer als Butler und vielmehr so, dass Langton nicht annimmt, jede geäußerte Absicht könne oder solle stets entsprechende (materielle) Folgen zeigen. Ich denke, dass sie vielmehr darauf abzielt, die *strukturelle Entmachtung* bestimmter Sprecher*innen sichtbar und damit kritisierbar zu machen. Ich halte es daher trotz der explizit geäußerten Kritik für möglich und sogar bereichernd, die Theorien sprachlicher Gewalt von Butler und Langton aufeinander zu beziehen. Butler 2006, S. 135ff., S. 147.

die tatsächliche Relevanz der Äußerung begreift. *Performative* Sprechakte sind besonders interessant, denn sie vollziehen zugleich das, was ausgesagt wird – wie zum Beispiel bei einer Taufe („Ich taufe dich auf den Namen …") oder dem Geben eines Versprechens („Ich verspreche dir …").

An das sprechakttheoretische Schema anschließend differenziert Langton verschiedene Arten, Menschen zum Schweigen zu bringen, die sie als sprachliche Gewalt bezeichnet. Ich führe sie an dieser Stelle ebenfalls nur überblicksweise ein und erläutere sie in den folgenden Kapiteln jeweils noch genauer:

Erstens: Menschen werden daran gehindert, überhaupt zu sprechen, indem man sie entweder physisch daran hindert bzw. bedroht oder dadurch, dass ihnen die Überzeugung vermittelt wird, dass ihnen sowieso niemand zuhören oder glauben wird. Diese grundlegende Form des Zum-Schweigen-Bringens bezieht sich auf die Verhinderung des *lokutionären* Aktes; sie bewirkt, dass überhaupt keine Worte geäußert werden.[104] Das Resultat dieser Form sprachlicher Gewalt ist herkömmliches Schweigen.

Zweitens: Man lässt Menschen sprechen bzw. die entsprechenden Worte äußern, verhindert aber, dass „dieses Sprechen als Handlung gilt".[105] Die Worte laufen dadurch gleichsam ins Leere und finden ihre*n Adressat*in nicht. Das Sprechen scheitert durch die Verhinderung des illokutionären Aktes, ob aus Achtlosigkeit oder aus Kalkül. Die Sprechakte werden ‚unsprechbar',[106] *obwohl* die entsprechenden Worte geäußert werden. Egal, wie sehr man sich bemüht – es gibt keine Formulierung, um den entsprechenden Sprechakt zu vollziehen. Diese theoretisch sehr komplexe Form des Zum-Schweigen-Bringens nennt Langton auch ‚illokutionäre Entmachtung'.[107] Eines von Langtons eigenen Beispielen dafür ist die mögliche Unsprechbarkeit von ‚Nein' zum Sex: Wenn die Wahrnehmung etwa durch Pornographie so verzerrt ist, dass ein ‚Nein' nicht als ‚Nein', sondern als ‚Ja' gehört und verstanden wird, dann wird die*der Sprecher*in auf der illokutionären Ebene entmachtet.[108]

Drittens: Wenn Menschen sprechen, aber daran scheitern, die von ihnen beabsichtigten Effekte zu erzielen, misslingt der *perlokutionäre* Akt. In der Tat ist es eine häufige Alltagserfahrung, mit einem Sprechakt nicht die erwünschten Ziele zu erreichen. Die bereits genannte misslingende Selbstdarstellung, die als Angeberei aufgefasst wird, ist ein

104 Langton 2007, S. 129.
105 Langton 2007, S. 113.
106 Langton 2007, S. 113.
107 Langton 2007, S. 129.
108 Langton 2007, S. 134ff.

Beispiel dafür. Auch an andere Menschen gerichtete Bitten und Wünsche werden nicht in jedem Fall erfüllt – und es ist grundsätzlich auch gut, dass es nur in wenigen Teilbereichen der Gesellschaft möglich oder üblich ist, sich gegenseitig bindende Befehle zu erteilen. Wenn aber „die erreichten Wirkungen davon abhängen, zu welcher gesellschaftlichen Gruppe der / die SprecherIn gehört",[109] dann besitzt dieses Misslingen eine politische Dimension.[110]

Ich finde Rae Langtons Theorie sprachlicher Gewalt sehr fruchtbar. Dadurch kann erstens in den Blick genommen werden, dass es auch andere Arten gibt, zum Schweigen gebracht zu werden, als lediglich auf der lokutionären Ebene keine Laute von sich geben zu können oder zu dürfen. Es gibt Formen sprachlicher Gewalt, die keines Knebels, keiner Drohung oder Einschüchterung bedürfen und damit von außen noch schlechter erkennbar sind. Dies spiegelt die Erfahrungen vieler Betroffener von sexualisierter Gewalt wider, nicht *angehört* oder nicht verstanden zu werden, wenn sie ihre Erfahrungen anprangern und Veränderungen, Gerechtigkeit und Hilfe einfordern. Zweitens wird dadurch beschreibbar, dass es sich bei diesen ignoranten Reaktionen in vielen Fällen nicht um Zufälle oder Versehen handelt, sondern um die systematische Ausübung sprachlicher Gewalt. Die Anwendung von Langtons Theorie auf das konkrete Feld von Sprechen und Schweigen über sexualisierte Gewalt stellt daher das Grundgerüst für die Argumentation bereit, dass Betroffene von sexualisierter Gewalt tatsächlich häufig sprachliche Gewalt erfahren. Diese Gewalt betrifft nicht nur die wenigen, die es wagen, sich öffentlich zu äußern, sondern auch all die vielen anderen, die als stille Beobachter*innen mitbekommen, welcher Widerstand anderen Betroffenen entgegenschlägt. Langtons drei grundlegende Formen des Zum-Schweigen-Bringens werden in den folgenden drei Kapiteln auf das Sprechen Betroffener über sexualisierte Gewalt bezogen.

Meine Argumentation geht aber noch weiter. Ich vertrete die These, dass die sprachliche Gewalt, die Betroffene von sexualisierter Gewalt erfahren, eine *erneute Infragestellung ihres Subjektstatus* bedeutet und damit die Struktur sexualisierter Gewalt wiederholt. Statt dass also die bereits gedemütigten und verletzten Betroffenen geschützt und unterstützt werden, sind sie einer erneuten und fundamentalen Gewalterfahrung ausgesetzt.

109 Langton 2007, S. 129.
110 Langton 2007, S. 129.

Bringt man Langtons Analyse der Formen sprachlicher Gewalt mit Judith Butlers These zusammen, dass Subjekte stets diskursiv, das heißt sprachlich konstituiert werden, wird deutlich, wie massiv sich Entstimmlichung auswirken kann. Wer nicht sprechen kann oder darf, wessen Geschichten oder Anklagen nicht angehört werden, folgenlos bleiben oder nicht die intendierte Wirkung entfalten, die*der wird nicht als vollwertiger Mensch anerkannt. Betroffene von sexualisierter Gewalt werden durch diese Formen sprachlicher Gewalt einer *zweiten* Gewalterfahrung ausgesetzt, die, wie bereits die erste Gewalterfahrung, auf die Aberkennung ihres Status als sozial anerkannte und handlungsfähige Subjekte zielt (oder sich zumindest so auswirken kann). Dies passt zum Empfinden mancher Betroffener, die die Reaktionen ihres Umfeldes auf ihre Offenbarung als noch schlimmer, bestürzender, beschämender empfinden als die sexualisierte Gewalterfahrung selbst.

2. Kapitel: Keine Worte: Nicht sprechen können oder nicht sprechen wollen

Beginnen werde ich die detaillierte Darstellung der verschiedenen Formen sprachlicher Gewalt mit den *lokutionären* Sprechakten, also der lautlichen Ebene. Die Fragen, die sich stellen, lauten: Wird überhaupt gesprochen oder nicht – und wenn ja oder nein, warum (nicht)? Es gibt viele gute oder zumindest individuell nachvollziehbare Gründe, warum Betroffene über sexualisierte Gewalt schweigen. Plumpe und offensichtliche sprachliche Gewalt, also zum Beispiel Drohungen oder Einschüchterungen durch Täter*innen, ist nur ein Teil der Erklärung. Ebenfalls eine große Rolle spielt die Stigmatisierung, die für Betroffene von sexualisierter Gewalt nach wie vor mit einem Outing einhergeht und die negative Reaktionen der Zuhörer*innen auslösen kann. Im Grunde genügt bereits die *Erwartung* einer solchen negativen Reaktion, um Betroffene schweigen zu lassen. Ich beschäftige mich in diesem Kapitel hauptsächlich mit den beiden Themenbereichen Trauma und Scham. Es wird sich zeigen, dass das Verhältnis dieser Themen zu sprachlicher Gewalt durchaus ambivalent ist: Einerseits stellen Trauma und Scham Betroffenen ein Repertoire überaus verständlicher Gründe bereit, ihre sexualisierten Gewalterfahrungen jeweils für sich zu behalten und nicht an die große Glocke zu hängen. Andererseits bilden diese vielen nachvollziehbaren Einzelentscheidungen ein problematisches Muster. Offensichtlich werden die unbefangene öffentliche Sichtbarkeit der Betroffenen und ihre Möglichkeiten, sich aktiv für politische Veränderungen einzusetzen, dadurch gehemmt.

Lokutionäre Sprechakte und sprachliche Gewalt

Die *Lokution* ist der Teil eines Sprechakts, der darin besteht, dass eine phonetisch, grammatisch und semantisch korrekte[111] Äußerung vollzogen wird. Die Basis gelingender Kommunikation besteht darin, dass erstens überhaupt kommuniziert, das heißt gesprochen/geschrieben/gezeichnet/gebärdet (etc.) wird, und dass zweitens die dabei entstehende Äußerung auf phonetischer, grammatischer und semantischer Ebene

111 ‚Korrekt' ist hier nicht in dem spitzfindigen Sinn gemeint, dass etwa sämtliche Grammatikregeln bis ins Kleinste beherrscht werden müssen – vielmehr geht es um die Verständlichkeit des jeweiligen Inhalts.

einigermaßen korrekt oder zumindest verständlich ist. Sinnlose Laut- oder Wortfolgen stellen in der Regel keine Lokution in diesem Sinne dar (auch wenn es durchaus möglich ist, vermeintlich sinnlosen Wortfolgen eine Bedeutung beizulegen). Ein Satz wie „Mein Tisch streichelt den Mond“ ist wiederum grammatikalisch korrekt, ergibt aber auf semantischer Ebene, also seine Bedeutung betreffend, keinen Sinn. In der Poesie allerdings kann mit semantischer Unbestimmtheit gespielt werden.

Ich werde im Folgenden die korrekte und verständliche Grammatik und Semantik einer Lokution als gegeben voraussetzen und mich bei der Analyse sprachlicher Gewalt darauf fokussieren, ob ein Sprechakt lautlich/textlich/gestisch zustande kommt oder nicht.

Kurz zusammengefasst geht es in diesem Kapitel also um ‚herkömmliches‘ Schweigen, wenn (öffentlich) *keinerlei* (offenbarende, anklagende …) Worte geäußert werden. Sprachliche Gewalt auf der lautlichen Ebene ist wohl die am besten nachvollziehbare Form bzw. die, an die man bei ‚Schweigen‘ über sexualisierte Gewalt als erstes denkt. Rae Langton bezeichnet sprachliche Gewalt auf dieser Ebene daher auch als deren *einfachste* Form.[112] Das bedeutet jedoch nicht, dass (erzwungenes) Schweigen einfach zu identifizieren wäre, lässt es doch nur wenige Spuren zurück. Dass es möglich ist, belegen aber bereits Metaphern wie die vom ‚dröhnenden Schweigen‘, die eine Lücke, ein Fehlen beschreiben und in diesem Fall die ausbleibenden Reaktionen auf ein Ereignis kritisieren.

Bei der Betrachtung von Schweigen über sexualisierte Gewalt (wie auch Schweigen im Allgemeinen) stellt sich zunächst die Frage, ob dieses Schweigen eigentlich freiwillig oder erzwungen ist (oder ob sich das aufgrund der Komplexität der dahinterliegenden Entscheidungsprozesse gar nicht so genau bestimmten lässt). Die Behauptung, dass es sich bei jeder Stille, jeder nicht gemachten Mitteilung, jeder Verweigerung einer Antwort oder jedem Rückzug aus der Öffentlichkeit stets um das Resultat sprachlicher Gewalt statt um eine möglicherweise selbstbestimmt getroffene Entscheidung handelt, wäre paternalistisch und würde zu weit gehen. Es gibt viele nachvollziehbare Gründe, über sexualisierte Gewalterfahrungen zu schweigen – und Betroffene gegen ihren Willen dazu zu bringen, über ihre Gewalterfahrungen zu sprechen oder sie zum Beispiel zu einer Anzeige bei der Polizei zu überreden, ist seinerseits massiv grenzüberschreitend.

Allerdings geht es hier um *strukturelle* Formen sprachlicher Gewalt, und viele einzelne, gut begründete Entscheidungen ergeben dennoch ein

112 Langton 2007, S. 129.

Muster, anhand dessen Rückschlüsse auf ungleiche gesellschaftliche Machtverhältnisse und internalisierte destruktive Normen gezogen werden können. Nicht sprechen *können* und nicht sprechen *wollen* werden in diesem Kapitel gemeinsam behandelt, da Scham, Selbstschutz, der Schutz anderer (inklusive von Täter*innen) und sprachliche Gewalt einerseits miteinander Hand in Hand gehen und andererseits anhand ihres *Ergebnisses,* der nicht geäußerten Worte, nicht verlässlich unterschieden werden können.

Die Essayistin Rebecca Solnit macht die in diesem Zusammenhang aufschlussreiche Unterscheidung zwischen (erzwungenem) Schweigen einerseits und *Ruhe* andererseits: Schweigen ist das, was auferlegt wird, und Ruhe das, was gesucht wird. Beide führen zwar zum gleichen Resultat, unterscheiden sich aber sowohl psychisch als auch physisch.[113] Ruhe braucht, wer nicht über die nötigen inneren Ressourcen verfügt, um sich mit dem Erlebten oder auch mit den Konsequenzen einer Offenbarung auseinanderzusetzen, oder wem der Zugriff auf das Erlittene (noch) fehlt,[114] wenn die Erinnerungen also im Unbewussten vergraben sind. Ich verstehe diese Ruhe als Möglichkeit, sich innerlich zu sammeln, Kraft zu tanken und zu sich zu kommen; also möglicherweise auch als Vorbereitung zum Sprechen. Erzwungenes Schweigen hingegen stellt ein Resultat sprachlicher Gewalt auf der Ebene lokutionärer Sprechakte dar. Die sprachliche Gewalt ist dabei das Resultat bestimmter sozialer Konstellationen, die Betroffenen das Gefühl oder sogar die Gewissheit vermitteln, dass es entweder sinnlos ist oder sogar negative Konsequenzen hat, wenn sie die erlebte sexualisierte Gewalt benennen. Erzwungenes Schweigen geht mit Ohnmacht oder dem Fehlen gangbarer Alternativen einher. Was das im Einzelnen bedeutet, ist Gegenstand dieses Kapitels.

Das Schweigen, um das es hier geht, ist jedoch nicht absolut. Nur eine Minderheit der Betroffenen spricht tatsächlich mit *niemandem* über das Erlebte. Aus einer US-amerikanischen Studie aus dem Jahr 2006 geht hervor, dass beinahe zwei Drittel aller Betroffenen sich mindestens einer Person anvertrauen.[115] Es stellt sich aber die zusätzliche Frage, warum sie sich danach nicht weiter öffnen – was in der Studie hauptsächlich durch die negativen Reaktionen erklärt wird, mit denen die Betroffenen fürchten, konfrontiert zu werden.

Schweigen aus Selbstschutz bzw. um andere zu schützen ist gerade deshalb ein relevanter Faktor, weil sexualisierte Gewalt ganz

113 Solnit 2017, S. 17.
114 Emcke 2013, S. 82f.
115 Ahrens 2006, S. 263.

überwiegend im sozialen Nahbereich stattfindet: Die bereits in der Einleitung genannte Studie aus dem Jahr 2004 ergab, dass etwa der Hälfte aller betroffenen Frauen die erlebte Gewalt durch Partner*innen oder Expartner*innen zugefügt wurde. Es ist davon auszugehen, dass dies auf Betroffene anderer Geschlechter, also queere, trans*, inter* und nichtbinäre Personen sowie cis männliche Betroffene, ebenso zutrifft, auch wenn dies aus der Studie nicht hervorgeht.[116] Bei häuslicher Gewalt ist gerade der Moment, in dem die Betroffenen die Situation und damit ihr Schweigen verlassen, der *gefährlichste* Moment.[117] Schweigen und das Ertragen von Gewalt können also Formen von Selbstschutz sein. Vielleicht schützen Betroffene durch ihr Schweigen auch den*die Täter*in, zu dem*r eine emotionale Beziehung besteht, oder ihr soziales Umfeld, möglicherweise ihre Kinder oder Geschwister.

Traumatisierung, Retraumatisierung und Pathologisierung

Sexualisierte Gewalt umfasst, das wurde bereits betont, eine ganze Bandbreite möglicher Erfahrungen. Genauso unterschiedlich ist auch der Umgang Betroffener mit dem Erlebten – sowohl die unmittelbare Reaktion, etwa ob die*der Betroffene schreit, sich wehrt oder in Schockstarre verfällt, als auch die spätere Reaktion, also ob die Gewalttat eine Traumatisierung, Scham oder Zorn auslöst, ob sie überhaupt benannt, angezeigt und ob ein Prozess zur Durchsetzung von Gerechtigkeit angestrengt und durchlaufen wird. Dabei ist unerheblich, was genau vorgefallen ist und als wie schwerwiegend es von außen wahrgenommen wird.

Für etliche Betroffene von sexualisierter Gewalt ist das Erlebte so irritierend oder belastend, dass sie zunächst nicht (oder vielleicht nie) darüber sprechen wollen. Sie suchen also, um mit Solnit zu sprechen, die *Ruhe*. Die Gründe dafür sind vielfältig. Manche schämen sich zu sehr, manche wollen ihre Erinnerung möglichst tief vergraben, um sie nicht erneut durchleben zu müssen, und wiederum andere benötigen einfach Zeit, um sich zu sortieren und die Gewalterfahrungen als solche benennen zu können. Nicht immer sind dies bewusste Prozesse.

116 Müller und Schröttle 2005, S. 12.
117 Solnit 2017, S. 33.

Retraumatisierung

Häufig liegen die Ursachen des Schweigens jedoch woanders. Manche Betroffenen wollen vielleicht ihr Umfeld nicht belasten. Manche wollen nicht, dass sich in der Folge ihr ganzes Leben ändert, was zum Beispiel der Fall sein kann, wenn sexualisierte Gewalt innerhalb der eigenen Familie angeprangert wird.[118] Manche haben vielleicht bereits versucht, mit ihrem Umfeld darüber zu sprechen oder sogar Anzeige zu erstatten, dabei negative Erfahrungen gemacht und scheuen daher eine Wiederholung.[119] Wiederum andere fürchten die Festlegung auf eine Opfer*identität oder die Stigmatisierung aufgrund der Verletzung oder der Symptome des eventuell daraus resultierenden Traumas. Diese Sorgen sind – leider – durchaus berechtigt: Viele Betroffene erleben die Reaktionen ihres Umfeldes, mediale Berichterstattung oder das Verhalten medizinischen und psychotherapeutischen Personals sowie staatlicher Instanzen wie Polizei oder Rechtssystem als schmerzvoll und (re-)traumatisierend, teilweise sogar als schlimmer als die sexualisierte Gewalterfahrung selbst.[120] Lee Madigan und Nancy C. Gamble widmen dem Phänomen der (Re-)Traumatisierung durch Personal in Polizei, Rechtssystem, Medizin und Therapie sogar ein ganzes Buch, *The Second Rape*.[121]

Ich denke, dass alle Formen sprachlicher Gewalt, die ich in den folgenden Kapiteln beschreibe, potenziell traumatisierend wirken können. Schweigen kann Betroffene also vor einer (Re-)Traumatisierung schützen. Wenn man gerade bezüglich so eines heiklen Punktes wie erlittener Gewalterfahrungen durch die Reaktionen von Menschen enttäuscht wird, denen man eigentlich vertraut und von denen man sich Hilfe erhofft, verstärkt dies die eigene Hilflosigkeit und dies kann einer*m den

118 Es ist, nebenbei bemerkt, grundsätzlich problematisch, wenn sich nach einer Offenbarung das Leben von Betroffenen und eben *nicht* von Täter*innen tiefgreifend ändert, etwa wenn die Betroffenen in ein Frauenhaus gehen. Hagemann-White 1992, 12. Es gibt Bestrebungen, dies zu ändern, etwa durch das 2002 in Kraft getretene juristische Instrument der Wegweisung. Das bedeutet, dass etwa nach häuslicher Gewalt der*die Täter*in eine gemeinsame Wohnung nicht mehr betreten darf. Ich habe aber keine Informationen darüber gefunden, wie häufig und wie effektiv Wegweisungen tatsächlich sind.

119 Vier Arten solcher negativer Erfahrungen, die Betroffene daraufhin zum Schweigen bringen, sind Schuldumkehr, unsensible oder harsche Reaktionen, Folgenlosigkeit oder nicht die angemessene Unterstützung zu erhalten. Ahrens 2006, S. 269.

120 Janoff-Bulman und Frieze 1983, S. 12.

121 Madigan und Gamble 1991. Ihre Intuitionen sind dabei denen ähnlich, die auch hier den Ausgangspunkt darstellen: Betroffene von sexualisierter Gewalt werden strukturell vernachlässigt und zum Schweigen gebracht, wenn sie sich auf der Suche nach Unterstützung oder Gerechtigkeit an ihr Umfeld oder die genannten Institutionen wenden. Ihr Vorgehen ist allerdings analytisch eher unscharf und versammelt sehr unterschiedliche Phänomene, die sich durch sexualisierte Gewalt ergeben oder darauf folgen können, wie etwa die Unterfinanzierung entsprechender Hilfsangebote oder auch die Gefahr durch die Infektion mit HIV durch eine Vergewaltigung. Die Bezeichnung ‚second rape' motiviert sich weniger aus der Sache als vermutlich daraus, dass die Autorinnen eine möglichst spektakuläre Bezeichnung für die beschriebenen Probleme finden wollten. Aber natürlich ist es immer wichtig, die Aufmerksamkeit auf den nachlässigen Umgang mit von sexualisierter Gewalt Betroffenen zu richten.

Boden unter den Füßen wegziehen. Eine Entscheidung zu schweigen kann also individuell gut begründet und nachvollziehbar sein, auch und gerade wenn es sich aus einer Metaperspektive betrachtet dabei um eine Auswirkung sprachlicher Gewalt handelt.

Traumatisierung

Sexualisierte Gewalt besitzt definitiv traumatisierendes Potenzial. Ein Trauma zeigt die Überforderung der eigenen Ressourcen an, mit einem schockierenden Ereignis umzugehen und es zu verarbeiten. Traumata als Gründe für das Schweigen über sexualisierte Gewalt werden im Folgenden primär im Kontext posttraumatischer Belastungsstörungen (PTBS) thematisiert, die die bekannteste und wohl am häufigsten verbreitete Traumafolgestörung ist – auch wenn natürlich nicht jedes Trauma zu einer PTBS führt.[122]

Einerseits handelt es sich bei einer posttraumatischen Belastungsstörung um eine psychiatrische Diagnose, deren Ursachen und Symptome in standardisierter Form in internationalen Klassifikationssystemen gesundheitlicher Probleme wie ICD-10 oder DSM-5 festgelegt sind.[123] Andererseits haben sich der gesellschaftliche Blick auf und der gesellschaftliche Umgang mit Traumata bzw. PTBS bis zu einem gewissen Grad unabhängig von psychologischen Fachdiskursen entwickelt – auch und vor allem dann, wenn es sich dabei um eine Folge sexualisierter Gewalt handelt. Mit Traumata infolge sexualisierter Gewalt ist ein Überschuss gesellschaftlicher Zuschreibungen verknüpft. Sharon Lamb zeigt zum Beispiel, dass die Körper von Betroffenen als durch die Gewalterfahrung ‚beschädigt' angesehen werden, was durch die Zuschreibung einer vermeintlich zwangsläufigen psychischen Störung auf anderer Ebene weitergeführt wird.[124]

Nur ein gewisser Anteil der Personen, die sexualisierte Gewalt erlebt haben, ist im Anschluss traumatisiert: Rund 55 Prozent entwickeln eine PTBS.[125] Verallgemeinerungen hinsichtlich des Leidens Betroffener und des Ausmaßes mutmaßlicher Traumatisierung geben eher Aufschluss

122 Andere mögliche Störungen infolge eines Traumas bzw. einer extremen (andauernden) Belastung wären etwa eine Anpassungsstörung, eine komplexe posttraumatische Belastungsstörung (KPTBS) oder auch ganz andere, weniger spezifische Reaktionen, wie etwa Depressionen, Phobien oder andere Angststörungen.

123 Dabei handelt es sich um Leitfäden, an denen sich unter anderem Therapeut*innen und Krankenkassen orientieren und die etwa die Angemessenheit (und damit auch Abrechenbarkeit) von Therapien bestimmen. In diesen Leitfäden erhalten alle Störungen bzw. Diagnosen einen eigenen Code. In Deutschland kommt derzeit die ICD-10 zum Einsatz.

124 Lamb 1999, S. 112.

125 LARA, Krisen- und Beratungszentrum für vergewaltigte und sexuell belästigte Frauen o. J.

darüber, wie sexualisierte Gewalt gesellschaftlich verhandelt wird, als über die Betroffenen selbst. Dies liegt unter anderem daran, dass oft über Betroffene gesprochen wird statt *mit* ihnen. Linda Martín Alcoff weist darauf hin, dass neben dem ‚rape script', also dem ‚Drehbuch', wie eine Vergewaltigung typischerweise abläuft, auch ein solches Skript für langfristige Wirkungen existiert:[126] Betroffene werden als am Boden zerstörte und für ihr Leben gezeichnete Opfer* imaginiert, die entweder in einer vermeintlich ‚normalen' Reaktion auf das Erlebte früher oder später zusammenbrechen oder – falls sie das nicht tun – sich (noch) in einer Phase des Verdrängens befinden.[127] Hilflosigkeit *während* eines Angriffs bedeutet jedoch nicht, dass die Betroffenen auch im Anschluss daran hilflos *bleiben*: eine relevante, häufig unterlassene Unterscheidung.[128]

Besonders an traumatischen Erfahrungen durch sexualisierte Gewalt ist, dass diese neben der persönlichen Dimension, also dem individuellen Leiden und den jeweiligen spezifischen Symptomen, außerdem eine politische Dimension umfassen: Sexualisierte Gewalt wird, im Gegensatz zu Unfällen oder (Umwelt-)Katastrophen, von *anderen Menschen willentlich* zugefügt und ist, wie bereits erläutert wurde, mit gesellschaftlichen Machtverhältnissen verknüpft. Vergewaltigungsmythen und das Verbot, das gesellschaftliche Selbstbild als gegen sexualisierte Gewalt engagiert infrage zu stellen, unterscheiden ein solches Trauma zusätzlich von anderen menschengemachten Katastrophen wie Raub oder Entführung.[129] Dies wird durch die Nebeneinanderstellung von sexualisierter Gewalt und etwa Naturkatastrophen als Ursachen von Traumata verschleiert, wie es zum Beispiel im in Deutschland derzeit verwendeten Leitfaden ICD-10 geschieht. Ariane Brenssell kritisiert dies als Entnennung, Verharmlosung und Naturalisierung der sozialen Dimensionen von sexualisierter Gewalt.[130] Durch die Parallelisierung wird also unterschlagen, dass sexualisierte Gewalt kein unbeeinflussbares Unglück, sondern menschengemacht und in ganz bestimmte soziale Verhältnisse eingebettet ist. So kann sowohl die individuelle als auch die kollektive Verantwortung für sexualisierte Gewalt unsichtbar gemacht werden.

---

126 Alcoff 2018, S. 66.

127 Veselka 2006, S. 56f., S. 61; Mallt 2017, S. 161. Dies korrespondiert mit der noch zu problematisierenden Ansicht, bei sexualisierter Gewalt und weiteren traumatisierenden Gewalterfahrungen handele es sich um *Unsprechbares*: Dieses kann, so die Logik, auch nicht aufgearbeitet werden und prägt die Betroffenen demnach ihr Leben lang.

128 Janoff-Bulman und Frieze 1983, S. 13.

129 Brenssell 2014, S. 124.

130 Brenssell 2014, S. 129. Erfahrungen mit Folter oder auch im Krieg (vor allem im Zusammenhang mit dem Töten von Menschen) sind in ähnlichem Maße tabuisiert wie sexualisierte Gewalt.

Ich möchte zwei Beispiele für die mediale Darstellung der Traumata von Betroffenen von sexualisierter Gewalt geben, die aus meiner Sicht häufig überzogen, dramatisierend und eindimensional ist. Da ich selbst davor zurückschrecke, voyeuristisch in den tatsächlichen Leidensgeschichten Betroffener herumzustochern, handelt es sich bei beiden Beispielen um fiktive Charaktere. Die Krimireihe *Tatort* der ARD handelt quasi von nichts anderem als von Verbrechen und Mord und wird oft für ihre Wiedergabe von Klischees kritisiert – hier problematische Darstellungen gleich welcher Bevölkerungsgruppe zu finden, ist also denkbar einfach. Einen neuen Tiefpunkt in Bezug auf sexualisierte Gewalt stellt der am 10.5.2020 erstausgestrahlte Fall *Borowski und der Fluch der weißen Möwe* dar.[131] Der dargestellte Rachefeldzug einiger Polizeischüler geht auf die bereits ein paar Jahre zurückliegende Vergewaltigung der jugendlichen Jule zurück. Jule tritt jedoch nicht selbst als handelndes Subjekt in Erscheinung, sondern nimmt sich bereits zu Beginn des Films das Leben, was als logisches Resultat der erlebten Gewalt und des daraus resultierenden Traumas dargestellt wird. Die Figur der Jule personifiziert also die plumpe (und falsche) Gleichung Vergewaltigung = Trauma = Zusammenbruch. Die Passivität der Betroffenen sowie ihrer Freundin wird noch dadurch betont, dass die im Film dargestellte Rache schlussendlich nicht von der Betroffenen selbst, sondern stattdessen von handlungsmächtigen cis Männern verübt wird.

Mein zweites Beispiel ist ambivalenter. Es handelt sich dabei um die Figur Jude aus dem 2015 erschienenen, von den Kritiken gefeierten Roman *A Little Life* von Hanya Yanagihara.[132] Der Roman begleitet seine Hauptfiguren über mehrere Jahrzehnte und kreist primär um das Trauma, an dem Jude sein Leben lang aufgrund eines Martyriums körperlicher und sexualisierter Gewalt in seiner Kindheit und Jugend leidet. Jude ist deutlich gezeichnet von seinen körperlichen Verletzungen, Flashbacks und der absoluten Unfähigkeit, über sein Trauma zu sprechen. An seiner Geschichte lässt sich ablesen, wie ein Trauma zu Schweigen über das Erlebte führt. Obwohl er im materiellen Sinne überaus erfolgreich ist und darüber hinaus über ein stabiles und fürsorgliches soziales Umfeld verfügt, führt sein Trauma letztlich zu seinem Zusammenbruch – so begeht auch Jude am Ende Suizid. Jude ist als Figur im Vergleich zur Tatort-Jule vielschichtiger und, zumindest gemessen an gesellschaftlichen Erwartungen, nachvollziehbarer gezeichnet. Yanagihara bedient jedoch in überaus dramatischer Weise das Klischee eines traumatisierten Opfers*, das sein Leid, das Gefühl der eigenen Wertlosigkeit und die

131 Tabak 2020.
132 Yanagihara 2015.

internalisierte Schuldumkehr nie hinter sich lassen kann. Zwar rückt die Autorin sexualisierte Gewalt gegen Kinder in das Licht der Öffentlichkeit, findet aber meiner Meinung nach dennoch keinen guten Sprechmodus über sexualisierte Gewalt und ihre Auswirkungen. Insgesamt bedient sie so hauptsächlich den Voyeurismus und die Vorurteile ihrer Leser*innenschaft bezüglich endlos leidender Opfer*. Dass sie nach eigener Aussage *keine* Recherchen über die tatsächlichen Auswirkungen von Traumatisierungen angestellt hat, finde ich daher gleichzeitig empörend und wenig überraschend.[133]

Ich möchte das Thema Traumata infolge sexualisierter Gewalt nun genauer beleuchten, Differenzierungen einführen und damit dazu beitragen, die bestehende diskursive Festschreibung Betroffener auf lebenslanges Leiden aufzubrechen. Die Beschäftigung mit Traumata ist grundsätzlich eher im Fachgebiet der Psychologie zu verorten als in der Philosophie. Trotzdem lassen sich auch aus feministischer und sozialphilosophischer Perspektive Überlegungen zur Bedeutung dieser psychiatrischen Diagnose und zum gesellschaftlichen Umgang damit beitragen. Die Philosophin Susan Brison beschreibt ein Trauma im Anschluss an psychologische Forschungsliteratur wie folgt:

> *Ein traumatisches Ereignis ist ein Geschehen, während dessen sich ein Individuum angesichts einer Kraft, die als lebensbedrohend wahrgenommen wird, vollkommen hilflos fühlt. Die unmittelbare psychologische Reaktion auf ein solches Trauma besteht unter anderem in Entsetzen, dem Verlust der Selbstbeherrschung und einer intensiven Angst vor Auslöschung. Zu den langfristigen Folgen gehören physiologische Reaktionen wie übermäßige Wachsamkeit, erhöhte Schreckhaftigkeit sowie Schlafstörungen und mehr psychologische, jedoch nicht dem Willen unterliegende Reaktionen wie Depressionen, Konzentrationsstörungen, fehlendes Interesse an Aktivitäten, die dem Leben vorher einen Sinn gegeben haben, und das Gefühl einer verkürzten Zukunft.*[134]

Eine Traumafolgestörung kann langfristige und schwerwiegende Auswirkungen auf das Leben der Betroffenen haben, welche die Alltagsbewältigung, Körperwahrnehmung sowie den Umgang mit dem sozialen Umfeld und Partner*innen massiv negativ beeinflussen. Die beiden Psycholog*innen Ronnie Janoff-Bulman und Irene Hanson Frieze

133 Kavanagh 2015.
134 Brison 2004, S. 56.

beschreiben die Auswirkungen eines Traumas als ‚shattered assumptions', genauer als Zerbrechen grundlegendster Annahmen, die ein Individuum bisher über sich selbst und seine Welt gebildet hatte.

> *Betroffene müssen nicht nur mit den körperlichen Verletzungen fertigwerden, die sie von dem [traumatischen] Erlebnis davontragen, sondern auch mit dem enormen psychischen Tribut, den solche Extremereignisse fordern. Ein großer Teil dieses psychischen Tributs wird damit gezahlt, dass die grundlegendsten Annahmen der Betroffenen über sich selbst und ihre Welt zerschlagen werden. Ihre Wahrnehmungen sind ab diesem Zeitpunkt von Bedrohung, Gefahr, Unsicherheit und Selbstzweifeln geprägt.*[135]

Es wird bei der Feststellung dieses Zerbrechens jedoch *nicht* auf die personale Identität oder gar die Seele abgestellt, auch wenn bestimmte Metaphern und Redeweisen in der Literatur über sexualisierte Gewalt dies nahelegen.[136] Vielmehr geht es um die Widerlegung grundsätzlicher Annahmen über sich selbst, die (soziale) Umwelt und das eigene Selbst-Welt-Verhältnis: erstens die Annahme der eigenen Unverletzlichkeit, zweitens die Annahme, die Welt sei sinnvoll und verständlich strukturiert, und drittens die positive Sichtweise auf sich selbst, also die Zuschreibung eines Selbstwerts. Diese Annahmen sind wichtig, um ein gelingendes Leben zu führen und an die Umsetzbarkeit der eigenen Vorhaben zu glauben. Durch ein traumatisches Ereignis werden diese grundsätzlichen Annahmen erschüttert, was erheblichen Stress, eine Destabilisierung und einen erlebten Sicherheitsverlust auslöst.[137] Ein traumatisches Ereignis wird als völlig entkoppelt von den eigenen Erwartungen an sich und die Welt erlebt,[138] was Betroffene, wie zum Beispiel Jude aus *A Little Life*, buchstäblich wort- und hilflos machen kann.

Die feministische Literatur zum Thema Traumatisierungen infolge sexualisierter Gewalt oszilliert zwischen dem ermächtigenden und dem pathologisierenden Aspekt der Diagnose PTBS und der Traumadiskurse.[139]

---

135 „Victims must deal not only with any physical injury resulting from their experience, but also with the tremendous psychological toll exacted by these extreme events. Much of the psychological toll derives from the shattering of very basic assumptions that victims have held about themselves and their world. Their perceptions are now marked by threat, danger, insecurity, and self-questioning." Janoff-Bulman und Frieze 1983, S. 3; Übersetzung G. M., G. A. und L. S.

136 Zur Problematik von Redeweisen wie „Es ist ein Teil von mir gestorben" oder der Gleichsetzung von Vergewaltigung mit „sozialem Tod" oder „Seelenmord" siehe Kapitel vier.

137 Janoff-Bulman und Frieze 1983, S. 3.

138 Emcke 2013, S. 14f.

139 Alcoff und Gray 1993; Athanasiou und Butler 2014; Brenssell 2014; Gavey 1999; Lamb 1999; Mallt 2017; Mardorossian 2002; Veselka 2006; Wiesental 2016.

Zunächst einmal eröffnet die psychiatrische Diagnose Betroffenen den oft dringend benötigten Zugang zu Therapien und weiteren Mitteln des Gesundheitssystems, um mit den häufig schwerwiegenden Folgen sexualisierter Gewalt umzugehen – ohne Diagnose eine kostspielige Form der Entlastung.[140] Noch viel wichtiger ist, dass die Diagnose PTBS häufig so verstanden wird, dass es *normal* respektive *angemessen* ist, nach einer solchen Gewalterfahrung die genannten Symptome zu entwickeln und daher (therapeutische) Hilfe in Anspruch zu nehmen. Wie die Psychiaterin Judith Herman betont:

> *Traumatische Ereignisse sind nicht deshalb außergewöhnlich, weil sie selten sind, sondern weil sie die normalen Anpassungsstrategien des Menschen überfordern. […] Durch traumatische Ereignisse ist der Mensch in extremer Weise Hilflosigkeit und Angst ausgesetzt und reagiert in der bei einer Katastrophe üblichen Weise.*[141]

Es kann daher eine große Erleichterung sein, die ungewöhnlichen psychischen und psychosozialen Reaktionen und das bleibend große Angstgefühl nach einer Gewalterfahrung aufzuklären und zu kontextualisieren, da sie sonst „schwer verstehbar, ‚unnormal', seltsam, übertrieben oder unangemessen"[142] wirken können.

Eine Therapie bietet einen geschützten Raum, in dem über sexualisierte Gewalt und das daraus resultierende Trauma gesprochen werden kann. Das Thematisieren und Durcharbeiten des Traumas ist notwendig zu seiner Verarbeitung,[143] genauso wie der Wiederaufbau der zerstörten Grundannahmen über das eigene Welt- und Selbstverhältnis sowie das Wissen um die eigene Autonomie. Das traumatische Ereignis muss dabei integriert werden, was zu einer Anpassung der oben genannten Grundannahmen über das eigene Selbst-Welt-Verhältnis führt: Erstens ist man nicht völlig unverletzbar, auch wenn die personale Integrität in der Regel respektiert wird; zweitens lebt man in einer Welt, in der einer*m auch ohne eigenes Zutun oder Verschulden Schlechtes zustoßen kann und die

140 Frauen*notrufe und Beratungsstellen für Betroffene von sexualisierter Gewalt bieten kostenfreie Unterstützung und Therapie ohne die Notwendigkeit einer Diagnose. Doch leider sind diese Stellen (zumindest in Deutschland) chronisch unterfinanziert und vor allem in strukturschwachen Gegenden nicht allen Betroffenen zugänglich. Daher ist der Weg zu einer Therapie über eine Diagnose üblicher. Madigan und Gamble gehen sogar so weit, diese Unterfinanzierung der Programme und die damit einhergehende strukturelle Vernachlässigung der Betroffenen unter ihr Konzept von ‚second rape' zu fassen. Brenssell 2014, S. 127; Madigan und Gamble 1991, S. 113.

141 Herman 1993, S. 53f.

142 Brenssell 2014, S. 126.

143 In diesem Sinne tragen auch Flashbacks und Grübeln, die zu den Symptomen von PTBS gehören, gleichzeitig zu deren Bewältigung bei, da das traumatische Ereignis dadurch immer wieder durchgeund früher oder später verarbeitet wird. Janoff-Bulman und Frieze 1983, S. 7.

nicht völlig durchschau- und vorhersehbar ist; drittens ist man nach wie vor wertvoll, stark und autonom, auch wenn man Schreckliches erlebt hat.[144] Durch einen selbstbestimmten therapeutischen Prozess kann die Ohnmachtssituation der sexualisierten Gewalt möglichst weit zurückgelassen werden.[145]

Ein bei der Therapie Betroffener auftretendes Dilemma ist, dass es insbesondere im Hinblick auf die zweite Annahme (den Glauben an eine sinnvoll strukturierte soziale Welt) scheinbar folgerichtig ist, *sich selbst* die Schuld für das traumatische Ereignis zu geben, um Gefühle der Sinnhaftigkeit und Ordnung wiederherzustellen.[146] Selbstbeschuldigungen sind nicht nur für Außenstehende, sondern auch für betroffene Personen selbst eine zwar äußerst problematische, aber vergleichsweise mühelose Art, geschehene Gewalttaten in eine bestehende (Werte-)Ordnung zu integrieren und damit zu einem funktionalen Selbst-Welt-Verhältnis zurückzukehren. Selbstbeschuldigungen können sich außer in Scham etwa auch in Form von Wut über die eigene, vermeintlich inadäquate oder unzureichende Reaktion auf einen Angriff äußern.

Neben Therapien können auch Kollektive und Selbsthilfegruppen therapeutisch wirken, da dadurch die Gefühle von Vereinzelung, Abweichung, Scham sowie der eigenen Schuld am Erlebten gemindert werden und die strukturelle Dimension sexualisierter Gewalt in den Vordergrund rückt.[147] Auch Gespräche mit engen Freund*innen und der Familie können entlastend wirken. All diese Formen des Sprechens in der Privatsphäre oder geschützten, nichtöffentlichen Räumen haben gemeinsam, dass gelernt wird, das Geschehene in Worte zu fassen und klar zu benennen. Dadurch kann öffentliches Sprechen vorbereitet werden. Für manche Menschen bleibt die Therapie jedoch der einzige Ort, an dem sie über ihre Erfahrungen mit sexualisierter Gewalt sprechen können oder wollen, da sie von ihrem Umfeld, der Familie oder dem Freund*innenkreis keine Unterstützung oder sogar Abwehr erfahren und dadurch auf der lokutionären Ebene zum Schweigen gebracht werden.

Pathologisierung

Für traumatisierte Betroffene, die mit den Nachwirkungen sexualisierter Gewalt umgehen müssen, stellt die Feststellung eine Entlastung dar, dass es *normal* ist, auf eine solche, die eigenen Kapazitäten übersteigende

144 Janoff-Bulman und Frieze 1983, S. 7.

145 Brenssell 2014, S. 137.

146 Janoff-Bulman und Frieze 1983, S. 9. Dieser Aspekt der Selbstbeschuldigung, der zum Themenkomplex Schuldumkehr gehört, wird im folgenden Unterkapitel noch genauer erläutert.

147 Janoff-Bulman und Frieze 1983, S. 12.

und das eigene Welt- und Selbstvertrauen infrage stellende Erfahrung mit den genannten Symptomen zu reagieren. Gleichzeitig wird an PTBS als *psychiatrischer Diagnose* (nicht nur) von Betroffenen von sexualisierter Gewalt Kritik geübt, die sich insbesondere auf zwei Punkte konzentriert:

Erstens, so die Kritiker*innen, werden Betroffene durch die Annahme pathologisiert und entmündigt, dass sie durch ihre Betroffenheit quasi automatisch traumatisiert und damit krank seien bzw. eine ‚Störung' entwickelten. Dadurch werden stigmatisierende Annahmen gefestigt, etwa dass Betroffene hysterisch, nicht (mehr) normal, psychisch anfällig, übersensibel oder eben ‚beschädigt' seien. Diese Annahmen spiegeln sich auch in den beiden Beispielen der medialen Darstellung traumatisierter Betroffener wider, die ich weiter oben angeführt habe.

Nicht alle Betroffenen sind so tief gezeichnet vom Erlebten, dass sie (langfristig) die genannten Symptome aufweisen und Hilfe benötigen. Die Betonung der Tragweite der Auswirkungen auf das Leben Betroffener stellt zwar heraus, dass es sich bei sexualisierter Gewalt nicht um vermeintliche ‚Kavaliersdelikte' handelt, sondern um schwere Gewalttaten. Gleichzeitig wird dabei aber möglicherweise aus dem Blick verloren, dass Betroffene nicht ein Leben lang auf die Rolle der Traumatisierten oder Hilfsbedürftigen festgelegt sind, sondern sich die Symptome nach zwei Monaten oder vielleicht zwei Jahren legen können.[148] Wie Wendy Brown anmerkt, wird das eigene Trauma durch das (permanente) Sprechen darüber möglicherweise nicht verarbeitet, sondern festgeschrieben und erhalten.[149] Zudem kann die Fokussierung auf Traumata dazu führen, dass andere die Größe des Unrechts am Leiden der Betroffenen bemessen und nicht an ethischen Kategorien.[150]

Zweitens, so wird argumentiert, werden die Gewalttaten durch den Fokus auf ihre (psychischen) Folgen für Individuen aus ihrem politischen und gesellschaftlichen Zusammenhang gerissen, individualisiert und entpolitisiert. Dadurch wird die erlittene Gewalt zu einem Problem, das im Inneren der Individuen lokalisiert ist und genau dort therapiert werden muss.[151] Die Verantwortung für die eigene Heilung wird damit bei den Patient*innen selbst verortet, statt Rape Culture als Ermöglichungsbedingung sexualisierter Gewalt zu benennen und zu bekämpfen. Durch diese auf das Individuum fokussierte Perspektive, die damit einhergeht, dass die gesellschaftliche Dimension und vor allem die Verantwortung der Täter*innen ausgeblendet werden, können die

148 Lamb 1999, S. 111.
149 Brown 2005, S. 94.
150 Lamb 1999, S. 110.
151 Lamb 1999, S. 112.

Gewalttaten als Einzelfälle und Ausnahmen betrachtet werden.[152] Dies ist insbesondere deshalb problematisch, da es sich bei sexualisierter Gewalt um ein strukturelles Problem handelt, dem auch strukturell begegnet werden muss. Es kann nicht gelöst werden, indem seine Auswirkungen im *Nachhinein* therapiert oder strafrechtlich verfolgt werden, statt präventiv, also im *Vorhinein*, dafür zu sorgen, dass in einem sozialen Raum keine oder zumindest weniger sexualisierte Gewalt stattfindet.[153]

Exkurs: Posttraumatisches Wachstum/Krisenbewältigung als Chance

Ich fordere also eine Abkehr von der diskursiven Festschreibung Betroffener von sexualisierter Gewalt auf die Rolle der Opfer* und der Traumatisierten. Diese Position soll aber nicht im Sinne eines anderen Extrems missverstanden werden: der *Verharmlosung* sexualisierter Gewalt oder gar des (gerade in Coronazeiten) oft gehörten Schlagwortes ‚Krisenbewältigung als Chance'. Warum nicht, möchte ich gerne erklären.

Das Phänomen des posttraumatischen Wachstums wurde von den Psychologen Richard G. Tedeschi und Lawrence G. Calhoun 1995 erstmals in einer Studie besprochen und wie folgt definiert: „Posttraumatisches Wachstum ist die Erfahrung positiver Veränderung infolge des Ringens mit hochgradig herausfordernden Lebenskrisen."[154] Es handelt sich dabei also um positive Effekte, die aus dem Umgang mit einer Krise oder auch mit einem Trauma resultieren. Posttraumatisches Wachstum gehört zu einem semantischen Kontext, der darüber hinaus maßgeblich von ‚Resilienz' und eben von ‚Krisenbewältigung als Chance' bestimmt ist. Dies sind ursprünglich psychologische bzw. therapeutische Begrifflichkeiten, die im Laufe der Zeit in Alltagsdiskurse übernommen wurden und dadurch zum Teil einen Bedeutungswandel erfuhren. Gemeinsam ist ihnen der optimistische Ansatz, *positive* Effekte mitzudenken, die durch negative, erschütternde oder traumatisierende Ereignisse bewirkt werden. Ich werde zunächst etwas über Resilienz als übergeordnetem Begriff sagen und dann zum posttraumatischen Wachstum zurückkehren.

152 Wiesental 2016.

153 Auch die Frauenrechtsorganisation *Terre des Femmes Deutschland* beispielsweise fordert auf ihrer Homepage bezüglich sexualisierter Gewalt ausschließlich Maßnahmen, die sich auf Beweismittelsicherung und Bedingungen vor Gericht beziehen – nichts davon hat mit den Ursachen sexualisierter Gewalt oder Prävention zu tun. Terre des Femmes o. J.b Die damit verknüpfte Frage, wem eigentlich wie viel Verantwortung für sexualisierte Gewalt verhinderndes Verhalten aufgebürdet wird, wird im vierten Kapitel aufgegriffen.

154 „Posttraumatic growth is the experience of positive change that occurs as a result of the struggle with highly challenging life crises." Tedeschi und Calhoun 2004, S. 1; Übersetzung G. M., G. A. und L. S.

Als psychologischer Fachbegriff ist ‚Resilienz' das Gegenstück zu ‚Vulnerabilität' und bedeutet so viel wie psychische Widerstandsfähigkeit: die Fähigkeit, Krisen zu bewältigen und sie durch Rückgriff auf persönliche und sozial vermittelte Ressourcen als Anlass für Entwicklung zu nutzen. Im Rahmen etwa von Selbsthilfeliteratur wird der Begriff ‚Resilienz' jedoch anders verwendet, worauf einschlägige Buchtitel wie dieser hinweisen: *Resilienz ist erlernbar: Wie Sie durch den Aufbau der inneren Stärke Stress bewältigen, widerstandsfähiger werden und Depressionen vorbeugen.*[155] Resilienz, eigentlich etwas, das sich erst im Angesicht der Krise erweist, wird zunehmend als eine Fähigkeit umgedeutet, die *präventiv erlernt* werden kann.

An Resilienz als neuem Modewort wird schon seit geraumer Zeit Kritik geübt.[156] Durch die Betonung der *Erlernbarkeit* von Resilienz wird die individuelle Verantwortung erzeugt, mit Schocks und Krisen produktiv umzugehen und sich ‚nicht unterkriegen' zu lassen. Wenn Resilienz erlernt werden kann, scheint es nicht mehr legitim zu sein, durch Schicksalsschläge getroffen zu werden und darunter zu leiden, zumindest nicht langfristig. Es entsteht die Erwartung, dass jeder Schlag abgewehrt und in etwas Positives transformiert werden kann und auch soll. Resilienz folgt letztlich dem neoliberalen Imperativ der Selbstoptimierung. Zudem wird Resilienz mehr und mehr als Strategie zur Bewältigung von Stress bzw. von belastenden oder ausbeuterischen Lebensverhältnissen verstanden und damit von einzelnen Krisenereignissen abgelöst. Resilienz meint dann vielmehr die Fähigkeit, sich mit diesen Verhältnissen abzufinden und die Verantwortung für den Umgang mit negativen Emotionen und Effekten auf das eigene Leben selbst zu tragen. So verstanden trägt das Antrainieren von bzw. die Forderung nach Resilienz dazu bei, dass der Impuls zum Widerstand gegen belastende Lebensverhältnisse schwindet.[157] Ein resilientes Subjekt arbeitet an sich selbst, statt die gewaltvollen (zum Beispiel sexistischen, rassistischen oder ableistischen) Verhältnisse zu hinterfragen, unter denen es leidet.

Diese Überlegungen sind auch im Kontext von Traumadiskursen bzw. sexualisierter Gewalt relevant. Ich denke zwar nicht, dass an Betroffene von sexualisierter Gewalt dieselben Anforderungen an psychische Widerstandsfähigkeit und Resilienz gerichtet werden wie etwa an Arbeiter*innen im neoliberalen kapitalistischen System. Dies widerspräche grundsätzlich dem dominierenden Opfer*diskurs, der Betroffene von

155 Eberle 2019.
156 Neocleous 2013.
157 Neocleous 2013, S. 7.

sexualisierter Gewalt als langfristig traumatisiert und gebrochen imaginiert. Aber es gibt Überschneidungen zwischen Erfahrungen mit sexualisierter Gewalt und den beschriebenen Denkmustern:

Auch manche Betroffene von sexualisierter Gewalt berichten von posttraumatischem Wachstum, also von positiven Effekten auf ihr Leben durch den Umgang mit ihrem Trauma. Das heißt konkret, dass die erlebten Gewalterfahrungen als Auslöser für wichtige Veränderungen und Entwicklungsprozesse gesehen werden, was sich etwa auf die Weiterentwicklung der eigenen Empathiefähigkeit, den höheren Stellenwert sexueller Selbstbestimmung oder das Hinterfragen gesellschaftlicher Verhältnisse (Stichwort Rape Culture) beziehen kann. In einer Studie, die sich mit den Bewältigungsprozessen nach sexualisierter Gewalt befasst, heißt es demnach: „Einige berichteten von einer intensiven Bilanzierung ihres bisherigen Lebens und einer Suche nach der Bedeutung ihres Daseins. Sie erlebten in der Reflexion bisheriger Denk- und Lebensweisen einen positiven Sinn der Traumatisierung.“[158]

Das Zuschreiben positiver Folgen für das eigene Leben kann dem traumatischen Ereignis im Nachhinein einen Sinn verleihen, gliedert es also ein in eine sinnvoll strukturierte Welt. Dies kann die Verarbeitung des Traumas zwar erleichtern, aber es verschleiert gleichzeitig die Tatsache, dass sexualisierte Gewalt nicht stattfinden darf, ganz egal, wie gut die betroffene Person die Gewalterfahrung verarbeitet. Wenn es so dargestellt wird, als habe die sexualisierte Gewalterfahrung ja irgendwie auch ihr Gutes gehabt oder als sei sie gar nicht so schlimm gewesen, entlastet das nicht nur Täter*innen, sondern auch die Gesellschaft als Ganzes von ihrer (kollektiven) Verantwortung für stattfindende Gewalt. Ich sehe daher in der Begeisterung über posttraumatisches Wachstum bzw. über die enorme Resilienz, die manche, gerade auch sehr junge Betroffene zeigen, die Gefahr der Verharmlosung sexualisierter Gewalt. Die Begeisterung über Resilienz lädt dazu ein, das ihr zugrundeliegende Leiden nicht zur Kenntnis oder keine Rücksicht auf die Betroffenen zu nehmen.[159]

Meine Forderung, die Festlegung Betroffener auf den Opfer*status aufzulösen, bedeutet also *nicht*, von ihnen zu erwarten, resiliente Subjekte zu sein respektive zu werden, an den erlebten Gewalterfahrungen zu wachsen oder diese auf irgendeine Weise im Nachhinein positiv zu framen. Eine Verschränkung von Vergewaltigungsdiskursen mit dem derzeitigen Hype um Resilienz würde die Tendenz verstärken, Einzelpersonen die Verantwortung für ihren Bewältigungsprozess selbst zuzuschreiben. Das könnte dazu führen, wiederum diejenigen zu

158 Heynen 2006, S. 133.
159 Bracke 2016, S. 62.

diskreditieren, die sich als nicht widerstandsfähig ‚genug' erweisen, um mit dem Erlebten produktiv umzugehen. Betroffene von sexualisierter Gewalt sind ohnehin schon häufig mit Schuldumkehr konfrontiert – neoliberale Selbstoptimierungsdiskurse dürfen ihnen nicht noch zusätzlich die Schuld an einer fehlenden oder mangelhaften Traumabewältigung zuschreiben. Ich sehe diese Entwicklungen zwar derzeit (noch) nicht, aber um Missverständnisse auszuräumen, ist es mir ein Anliegen, meine eigene Position davon abzugrenzen.

Verletzung und Scham

Einer der wahrscheinlich am häufigsten genannten Gründe, warum Betroffene von sexualisierter Gewalt über das Erlebte schweigen, ist Scham. Das Gefühl der Scham gilt als nachvollziehbare, gar natürliche Reaktion auf sexualisierte Gewalt. Zahllose Medienberichte werden daher mit den immer gleichen Darstellungen sich die Hände vor das Gesicht haltender Frauen und Mädchen oder gekrümmter Körper in dunklen Räumen, Treppenhäusern, Hausfluren oder unter der Dusche illustriert.[160] Durch diese Illustrationen wird gezeigt: Die beschämten, gedemütigten und verzweifelten Abgebildeten wollen sich und ihre Verletzung den Blicken der anderen entziehen und sie wollen nicht (als Betroffene) erkannt werden. Die Abbildungen zeigen: Es ist normal, sich nach einem Übergriff so zu fühlen. Sie zeigen aber auch: Es ist normal, dass Betroffene von sexualisierter Gewalt allein sind bzw. *alleingelassen werden*. Dadurch werden bei Betroffenen Gefühle wie Scham und bei anderen die Abwendung von ihnen normalisiert.

Im Folgenden werden zwei Ebenen des Schamgefühls unterschieden. Zunächst wird die innere Logik des Gefühls der Scham sowie seine Geschichte als Reaktion auf sexualisierte Gewalt kurz analysiert. Die beschämte Reaktion auf einen sexualisierten Übergriff wird dabei als internalisierte Schuldumkehr gedeutet. Daraufhin wird Scham infolge von Demütigung in den Horizont der Butlerschen Subjekttheorie eingebettet und ihre Folgen für die diskursive Anerkennung von Subjekten werden erörtert.

Scham und (internalisierte) Schuldumkehr

Hilge Landweer und Christoph Demmerling bezeichnen Scham als ein Gefühl, das entsteht, „wenn jemand gegen eine Norm verstoßen

160 Einen bedrückenden Überblick dieser Visualisierungen bietet zum Beispiel die Suche nach dem Schlagwort ‚sexuelle Gewalt' bei einer einschlägigen Stockfoto-Agentur wie *Getty Images* (‚sexualisierte Gewalt' kennt die Datenbank leider nicht).

hat, die er oder sie eigentlich anerkennt. In den meisten Fällen schämt man sich für etwas, nämlich die Übertretung oder Missachtung einer Norm."[161] Man schämt sich, wenn man gegen eine Konvention, ein Ideal oder eine (moralische) Norm verstoßen hat – allerdings nur dann, wenn man selbst diese Norm auch anerkennt. In der Regel schämt man sich vor anderen, man kann sich jedoch auch vor sich selbst schämen. Diese Schamerfahrungen vor sich selbst gehen insbesondere mit Verstößen gegen diejenigen Normen einher, die besonders nachhaltig internalisiert wurden.[162] Das zeigt, dass Scham ein hochkomplexes soziales Gefühl ist, das in seiner konkreten Ausformung anerzogen werden muss, da der entsprechende innere Kompass, wann Scham angemessen ist und wann nicht, sonst gar nicht vorhanden wäre.[163]

Mit der Scham, die man verspürt, wenn man selbst gegen eine (moralische) Norm verstößt, korrespondiert das Gefühl des Zorns. Während Scham dann auftritt, wenn man sich selbst im Unrecht sieht, wird man zornig, wenn man andere Menschen im Unrecht vermeint. Demmerling und Landweer bezeichnen Scham und Zorn zwar als einander strukturell entgegengesetzt, aber gleichwohl ineinander überführbar, etwa indem der Zorn einer anderen Person durch eigene Scham (und eine Entschuldigung) abgewehrt wird.[164] Im Kontext sexualisierter Gewalt ist es jedoch auch denkbar, dass eine betroffene Person aufgrund des Geschehenen gleichzeitig Scham und Wut auf sich selbst sowie auch auf Täter*innen empfindet. Die von Landweer und Demmerling vorgenommene analytische Trennung der beiden Gefühle Scham und Zorn spiegelt sich also in der Erfahrungswelt der Betroffenen nicht gleichermaßen präzise wider. Ich beschäftige mich im Folgenden dennoch hauptsächlich mit dem Gefühl der Scham, da dieses – im Gegensatz zur Wut – zum Horizont der Erwartungen an Betroffene von sexualisierter Gewalt gehört und ich es besonders interessant finde, den Gründen dafür nachzugehen.

Die beschämte Reaktion der Betroffenen von sexualisierter Gewalt suggeriert gemäß der inneren Logik dieses Gefühls, dass diese *selbst* gegen eine soziale oder moralische Norm verstoßen hätten. Die Billigung der Scham der Betroffenen durch das soziale Umfeld belegt dessen Zustimmung zu dieser Deutung des Übergriffs als Normverstoß vonseiten

161 Demmerling und Landweer 2007, S. 219.

162 Demmerling und Landweer 2007, S. 231.

163 Sanyal 2016, S. 76. Im Einklang damit steht die Feststellung der Rechtsmedizinerin Elisabeth Trube-Becker, dass Kinder, je jünger sie sind, desto unbefangener von Erfahrungen sexualisierter Gewalt berichten. Trube-Becker 1996, S. 327.

164 Demmerling und Landweer 2007, S. 221.

der Betroffenen. Die Ansicht, dass nicht die*der Betroffene selbst, sondern vielmehr der*die Täter*in gegen eine Norm verstoßen habe, geht indessen eher mit zornigen, aggressiven, empörten oder abwehrenden Reaktionen gegen diese Person(en) einher.[165] Da sexualisierte Gewalt eben *keinen* Verstoß der Betroffenen gegen moralische oder soziale Normen beinhalten, sondern vielmehr einen fundamentalen Angriff auf ihren Körper und ihre personale Integrität bilden, ist die einzige Person, die gemäß der inneren Logik des Gefühls Scham verspüren sollte, der*die Täter*in – und gerade nicht, wie es so oft passiert, die*der Betroffene. Zornige und empörte Reaktionen gibt es freilich auch, insbesondere – aber nicht ausschließlich – in feministischen Kontexten.

Ute Frevert nähert sich der Widersprüchlichkeit real erlebter und erwarteter Scham aus historischer Perspektive und stellt fest, dass Frauen über Generationen hinweg für ihre Ehre und ‚Unschuld' bzw. deren Erhaltung selbst verantwortlich gemacht wurden.[166] Aufgrund dieser zugeschriebenen Verantwortung für die eigene ‚Unschuld' sei es nachvollziehbar, dass Betroffene eine Mitschuld am erlebten Übergriff empfänden. Wer vergewaltigt wurde, schämte sich bereits im 19. Jahrhundert aufgrund der eigenen ‚Verführungskraft' und der vermeintlich mangelhaften Maßnahmen, die eigenen Reize zu bedecken und zu zügeln:

> *[D]ie eigene Unschuld [ist] immer prekär. […] Jeder kecke Blick, jedes lockere Wort, hieß es, konnte als Einladung an einen Mann verstanden werden, dieser Ehre zu nahe zu treten. Deshalb war es am besten, die Augen niederzuschlagen und den Blick zu senken. Wer es an solchen Gesten der Bescheidenheit und Schamhaftigkeit fehlen ließ, war im Prinzip selbst schuld, wenn ein Mann ‚zu weit' ging.*[167]

Dies ist eine internalisierte Form der Schuldumkehr, auch ‚Täter*in-Opfer*-Umkehr'[168] genannt. Dabei handelt es sich um Verschiebungen, die den eigentlich Schuldigen in die Hände spielen, da erstens deren Verantwortlichkeit verschleiert wird und zweitens die daraus resultierende

165 Wie bereits gesagt, werden Betroffene von sexualisierter Gewalt häufig als hilflose Opfer* gesehen. Handlungsfähigkeit, die sich in Zorn, Rachlust, Rache oder auch sexueller Lust ausdrückt, passt dazu nicht. Ein die Handlungsfähigkeit hemmendes Gefühl wie Scham steht den Betroffenen besser zu Gesicht. Lamb 1999, S. 127.

166 Wobei diese explizite Erwartung an die Erhaltung der eigenen Ehre und Jungfräulichkeit in manchen Regionen der Welt, wie etwa Westasien, auch heute noch aufrechterhalten wird. In Deutschland ist sie nurmehr unterschwellig vorhanden (mehr dazu in Kapitel vier).

167 Frevert 2018.

168 Im alltäglichen Sprachgebrauch ohne Sternchen zumeist: ‚Täter-Opfer-Umkehr'. Im Folgenden wie auch im Bisherigen wird der Begriff ‚Schuldumkehr' verwendet.

Scham aufgrund des vermeintlichen eigenen Normverstoßes den Betroffenen den Mund verschließt. Diese heimliche Entlastung der Täter*innen bildet sich auch in der Sprache ab, wenn beim Sprechen und Schreiben über Vergewaltigungen Passivkonstruktionen verwendet werden.[169] Diese beziehen sich hauptsächlich auf die damit ins Zentrum der Aufmerksamkeit gerückten verletzten Körper der Betroffenen, während die Täter*innen hinter der rein passivischen Benennung ihres Verbrechens verschwinden. Beispielhaft dafür ist die Redeweise, dass Person X *vergewaltigt wurde,* statt den*die Täter*in zu nennen oder zumindest sprachlich zu markieren.[170]

Die Pflicht zur Verteidigung der eigenen ‚Unschuld' ist also gemäß dieser Deutung die verletzte Norm, die der Scham Betroffener zugrunde liegt. Es handelt sich bei Scham, so gesehen, um internalisierte Schuldumkehr. Wie bereits im vorangegangenen Unterkapitel beschrieben wurde, kann eine solche Verschiebung der Verantwortung für die betroffenen Personen einen (problematischen) Mechanismus der psychischen Entlastung darstellen. Die Selbstbeschuldigung erfüllt in diesem Fall das dringende Bedürfnis nach einer Erklärung für das Erlebte, wodurch die (soziale) Umwelt geordnet und auch die Möglichkeit eines erneuten Übergriffs kontrollierbarer erscheint.[171] Dazu Susan Brison:

> *Jemandem, der nicht vergewaltigt wurde, fällt es vielleicht schwer zu verstehen, warum Frauen, die einen solchen Angriff überleben, sich so oft selbst die Schuld daran geben und ihn fälschlich auf einen sexuell gefärbten Hang zum Masochismus oder auf mangelndes Selbstwertgefühl zurückführen. Sie wissen nicht, daß es weniger schmerzhaft sein kann zu glauben, daß man etwas Tadelnswertes getan habe, als zu akzeptieren, daß wir in einer Welt leben, in der man jederzeit und überall aus keinem anderen Grund überfallen werden kann als dem, daß man eine Frau ist.*[172]

Es kann demnach einfacher sein, sich selbst die Verantwortung für erlebte Gewalt zuzuschreiben, als zu akzeptieren, dass die eigene Gesellschaft tief von Rape Culture geprägt ist. Auch für Unbeteiligte ist es zweckdienlich, den Betroffenen selbst die Schuld am Erlebten zu geben, denn dadurch können sie die implizit aufgeworfene Frage vermeiden, ob ihnen selbst ebenfalls etwas Vergleichbares geschehen könnte. Durch Schuldumkehr können andere Menschen ihren Glauben an ihre eigene Unverletzlichkeit und eine

169 Gerstendörfer 2007, S. 37.
170 Hall 2004, S. 8.
171 Janoff-Bulman und Frieze 1983, S. 9.
172 Brison 2004, S. 28.

sinnvoll strukturierte Welt aufrechterhalten, in der jede*r bekommt, was sie*er verdient.[173]

Ich möchte noch eine kurze Bemerkung zur Scham (vermeintlich) Unbeteiligter und deren damit verknüpftes Schweigen machen. Menschen, die sexualisierte Gewalt mitbekommen und nicht einschreiten, schweigen häufig ebenfalls darüber – währenddessen und im Nachhinein. Das trifft insbesondere zu, wenn es sich um länger andauernde bzw. institutionalisierte Formen der Gewalt handelt, wie etwa sexualisierte Gewalt in (kirchlichen) Internaten durch Lehrpersonal. Dieses Schweigen kann als Eingeständnis subtiler Mitschuld und der eigenen Beschämung darüber gedeutet werden, die Betroffenen nicht geschützt zu haben. Die Scham darüber, gewusst und nicht gehandelt zu haben, bringt also auch Zeug*innen zum Schweigen.[174] Daran lässt sich abermals die kollektive Verantwortung für das Geschehen sexualisierter Gewalt ablesen: Schweigende Mitwisser*innen sind eine Ermöglichungsbedingung sexualisierter Gewalt. Zwar finde ich es an sich moralisch richtig, dass sich Mitwisser*innen aufgrund ihrer Untätigkeit schämen. Die Scham hat aber ausgesprochen dysfunktionale Auswirkungen, wenn sich dadurch wiederum das Schweigen und die Verschleierung der Gewalt vergrößern: Die Mitschuld wird größer statt kleiner.

Verletztheit exponieren

Folgt man Carolin Emcke, ist Scham nicht nur an die bewusste, unbewusste oder vermeintliche Verletzung von Normen geknüpft. Die Scham aufgrund einer tatsächlich erlebten Verletzung oder Demütigung wie sexualisierter Gewalt geht tiefer – auf dem Spiel steht nichts weniger als die Anerkennung der eigenen Menschlichkeit durch andere. Das Zögern, die eigene Verletztheit öffentlich zu machen, rührt damit aus dem zumindest impliziten Wissen um die Fragilität von Subjektivität:

> *Wer daran zweifelt, ob es richtig ist, sich selbst noch als Mensch zu bezeichnen, wer sich gedemütigt ‚zur Sache‘ hat wandeln sehen, dem verschlägt es nicht nur aus Angst, sondern auch aus Scham die Sprache. Nicht die Sorte Scham, die mit der Pein über eigenes moralisches Versagen zu tun hat, also der Scham, die der Zwilling der Schuld ist. Sondern jene Sorte Scham, die mit der Pein über eigenes Elend zu tun hat, also der Scham, die der Zwilling der beschädigten Würde ist. Wenn Scham bedeutet, sich dem Blick oder dem Urteil eines anderen*

173 Janoff-Bulman und Frieze 1983, S. 11.
174 Brachmann 2019b, S. 28.

ausgeliefert zu sehen, dann lädt das Sprechen über demütigende, verdinglichende Erfahrungen gerade dazu ein, sich selbst im Blick des anderen erneut als gedemütigtes Etwas bestätigt zu finden.[175]

Die Scham knüpft daher nicht nur an Fragen von (Nicht-)Schuld oder Mitschuld, Normverstößen und daraus resultierendem Schweigen an, sondern steht in Verbindung mit der Prekarität des Subjektstatus, die bereits unter Berufung auf Judith Butler angesprochen wurde. Wer etwa durch sexualisierte Gewalt nicht nur körperlich verletzt, sondern objektifiziert wurde, wessen eigener Wille und (sexuelle) Bedürfnisse damit negiert wurden, wessen Subjektivität dadurch infrage gestellt wurde, die*der scheut sich, diese Verletzungen preiszugeben.[176] „Demütigungen und Kränkungen sind die Negation von Anerkennung und sie haben verletzende Kraft, da sie die Identität einer Person destabilisieren, welche auf die stützende Funktion von Akten der Anerkennung angewiesen ist.“[177] Eine solche Verletzung kann sich, wie Emcke es ausdrückt, im Blick der anderen spiegeln, das heißt, die erlittene Demütigung wird durch das Wissen anderer darum bestätigt und erhalten. Wer eingesteht, sich in einer ohnmächtigen Lage befunden zu haben, muss fürchten, aufgrund dieses Eingeständnisses weiter verletzt oder von anderen auf Abstand gehalten zu werden.

Einerseits ist, wie bereits erläutert wurde, Verletz*lichkeit* eine anthropologische Konstante, die sich aus der diskursiven Abhängigkeit von anderen und damit der Offenheit für (physische, psychische, sprachliche, strukturelle) Gewalt ergibt. Andererseits aber kann das Eingeständnis tatsächlicher Verletz*theit* gefährlich sein, da damit das Risiko einhergeht, darauf reduziert zu werden. Da wir als handlungsmächtige Subjekte von der Anerkennung durch andere abhängen, kann deren Einschränkung, so Judith Butler, zu einem nicht bewältigbaren oder nicht lebbaren Leben führen.[178]

Scham kann also zu Schweigen führen, denn wer sich schämt, möchte sich nicht exponieren, nicht öffentlich sichtbar werden und den eigenen Namen nicht genannt wissen. Wer sich schämt, bleibt oft unsichtbar,

175 Emcke 2013, S. 53f.

176 Die Scham über die Verletzung der persönlichen Integrität und Würde kann sich noch vertiefen, wenn sexualisierte Gewalt (wie in Kapitel eins bereits beschrieben wurde) dafür benutzt wird, andere Diskriminierungsformen zu verstärken – zum Beispiel, wenn sexualisierte Gewalt gegen eine trans* Person damit einhergeht, dieser Person zugleich die Geschlechtsidentität abzusprechen, was eine zusätzliche Demütigung bedeutet.

177 Deines 2007, S. 277.

178 Butler 2009, S. 10f.

isoliert und stumm.[179] Nancy Raine konstatiert, dass sich die Scham und das Schweigen der Betroffenen gegenseitig verstärken, denn „ihr Stummsein scheint die moralische Richtigkeit dieser Übertragung [der Schuld; L.S.] zu bestätigen“[180]. So werden die mit sexualisierter Gewalt verknüpfte Stigmatisierung und Demütigung weitergeführt und verlängert, in die der Mechanismus der Schuldumkehr eingebettet ist. Mithu Sanyal geht in ihrer Kritik der Scham sogar noch einen Schritt weiter und schreibt: „Dadurch ist unser Respekt vor der Scham der Opfer in letzter Instanz jedoch ein Respekt vor eben jenen gesellschaftlichen Normen, die vergewaltigte Frauen beschämen.“[181] Feminist*innen kämpfen daher darum, dass Verletzungen durch Erfahrungen sexualisierter Gewalt nicht zur eingeschränkten Anerkennung Betroffener als Subjekte führen oder als persönliches Stigma gelesen werden, sondern als erlebtes Unrecht.[182]

Ich stimme mit dieser Kritik der Scham im Grundsatz überein und bin der festen Überzeugung, dass sich Betroffene von sexualisierter Gewalt nicht für das schämen sollten, was Täter*innen ihnen antun. Gleichzeitig finde ich den impliziten Aufruf Mithu Sanyals dazu, das Gefühl der Scham als Reaktion auf sexualisierte Gewalt nicht (mehr) zu respektieren, problematisch – gerade weil ich weiß, dass Reaktionen der Umwelt auf eine Offenbarung der eigenen Verletzung zerstörerisch sein können. Die Unterscheidung zwischen der Scham aufgrund internalisierter Schuldumkehr und der Scham aufgrund verletzter Würde ist mir daher wichtig. Nur Ersteres lässt sich meiner Ansicht nach tatsächlich im Sinne Sanyals als ‚beschämender Respekt vor einer fragwürdigen oder gar falschen Norm‘ bezeichnen. Das Recht hingegen, im zweiten Sinne aus Scham über eine erlittene Demütigung zu schweigen, um sich nicht immer wieder verletzt zeigen zu müssen und darauf womöglich reduziert zu werden, darf niemandem abgesprochen werden – erst recht nicht in einem gesellschaftlichen Klima, das Betroffene von sexualisierter Gewalt mit hoher Wahrscheinlichkeit weiter beschämen und alleinlassen wird.

Gelingendes Sprechen über sexualisierte Gewalt *muss* selbstbestimmtes Sprechen sein (dazu mehr in Kapitel fünf). Wenn Betroffene nicht sprechen wollen, dann ist es antiemanzipatorisch, sie unter Nichtanerkennung ihrer eigenen Gefühle dazu überreden zu wollen. Wendy Brown warnt sogar davor, dass aus dem Brechen des Schweigens auch ein Fetisch werden kann. Das passiert, wenn das ‚Geständnis‘, verletzt

179 Solnit 2017, S. 80.
180 Raine 2000, S. 195.
181 Sanyal 2016, S. 82.
182 Arbeitsgruppe bkA 2006, S. 6f.

worden zu sein, zum Selbstzweck wird und damit im Grunde den Status quo erhält, statt zu emanzipieren.[183] Solange wir in einer Gesellschaft leben, die Betroffene von sexualisierter Gewalt zum Schweigen bringt, statt sie vorbehaltlos zu unterstützen und anzuerkennen, ist es verständlich, dass viele Betroffene ihre Demütigungen beschämt verschweigen, um ihren Status als handlungsmächtige, anerkennbare Subjekte aufrechtzuerhalten.

Die in diesem Kapitel thematisierten Faktoren haben eine umfassende Stille, ein Schweigen zur Folge, das sich auf der Ebene des lokutionären Sprechaktes bewegt, da (öffentlich) *gar keine* Worte geäußert werden. Ich habe viele Gründe geschildert, nicht zu sprechen: ein erlittenes Trauma, der Schutz anderer, womöglich des*r Täters*in oder der eigenen Familie, fehlender Glaube an den Sinn des Sprechens, Scham aufgrund internalisierter Schuldumkehr, Scham aufgrund der erlittenen Demütigung sowie Selbstschutz – Selbstschutz aufgrund der Sorge, dass einer*m nicht geglaubt wird oder das Erlebte verharmlost wird; aufgrund der Sorge, dass man weiter gedemütigt und verletzt wird etc.

Viele dieser Gründe zu schweigen lassen sich als Auswirkungen sprachlicher Gewalt auf lokutionärer Ebene interpretieren. Aber wie bereits betont wurde: Betroffene müssen nicht über das sprechen, was sie erlitten haben. Manche können und wollen sich nicht offenbaren, weil ihnen die persönlichen Ressourcen dafür fehlen. Möglich ist auch, dass ein*e Betroffene*r nicht als traumatisiertes Opfer* behandelt werden möchte und sich durch das Schweigen den regulativen Normen des Opfer*diskurses entzieht. Das Schweigen selbst kann also auch ein schützender Ort der Ruhe sein, in dem Betroffene sich nicht exponieren müssen, oder sogar ein Ort des Widerstandes, wo Betroffene sich organisieren und Kraft für widerständiges Sprechen sammeln.[184]

183 Brown 2005, S. 84.
184 Brown 2005, S. 88.

3. Kapitel: Achtlose Ohren: Sprechen, aber nicht gehört werden

Achtlose Ohren[185] – diese Bezeichnung weist darauf hin, dass Betroffene von sexualisierter Gewalt und auch ihre Verbündeten häufig nicht durchdringen, keine adäquaten Reaktionen erhalten oder missverstanden werden, wenn sie sexualisierte Gewalt thematisieren oder anprangern. Die achtlosen Ohren sind diejenigen der Zuhörer*innen, des (potenziellen) Publikums, des Umfelds der betroffenen Personen, welche nicht zuhören (wollen), das Gesagte nicht glauben oder wahrhaben oder die nicht mit dem Thema sexualisierte Gewalt belastet werden wollen – oder auch davor zurückschrecken, ihr eigenes Verhalten und ihre Verstrickungen in patriarchale gesellschaftliche Strukturen bzw. in sexualisierte Gewalt ermöglichendes und legitimierendes Verhalten zu hinterfragen, oder die sich möglicherweise mit dem*r Täter*in identifizieren.

Im Folgenden werden die spezifischen Formen sprachlicher Gewalt erörtert, die bewirken, dass Gesagtes nicht als *legitimes Sprechen* aufgefasst wird. Es geht also nicht mehr, wie im letzten Kapitel, darum, dass und wie Betroffene auf der *lokutionären* Ebene zum Schweigen gebracht werden. Vielmehr interessiere ich mich dafür, wie einer Person die Stimme genommen werden kann, *obwohl* sie (verständlich) spricht. Menschen, die auf diese Weise *entstimmlicht* werden, haben nicht die Wahl, einfach lauter bzw. vehementer zu sprechen oder etwas umzuformulieren, um sich besser verständlich zu machen. Vielmehr müssen sie damit umgehen, dass die Adressat*innen ihre Sprechakte nicht so aufnehmen, wie sie beabsichtigt sind. Die Achtlosigkeit der Adressat*innen kann sich dabei auf unterschiedliche Weisen äußern: zum Beispiel als Unaufmerksamkeit, Gleichgültigkeit oder Unbedachtheit. In diesen Fällen geht es um subtile oder unbewusste Vernachlässigung. Betroffene werden in der Regel nicht *absichtlich* durch sprachliche Gewalt zum Schweigen gebracht. Natürlich gibt es auch Menschen, die Betroffene respektive den Kampf gegen sexualisierte Gewalt *bewusst* delegitimieren: zum Beispiel Täter*innen und Menschen, die mit ihnen sympathisieren und sie schützen. Nicht immer lassen sich unabsichtliche und absichtliche Missachtung verlässlich unterscheiden, denn die Mechanismen bleiben die gleichen – der Unterschied besteht darin, dass sie nicht unwillkürlich (etwa aufgrund der Vorprägung durch Vergewaltigungsmythen), sondern *strategisch* angewendet werden. Ich interessiere mich an dieser Stelle allerdings primär dafür, wie

185 Diesen Ausdruck übernehme ich von Christina Thürmer-Rohr. Thürmer-Rohr 1994.

es kommt, dass gerade diejenigen, die kein ,offensichtliches' Interesse daran haben, Betroffene zum Schweigen zu bringen, es *trotzdem* tun.

Die im Folgenden erörterte Form sprachlicher Gewalt bewegt sich auf der *illokutionären* Ebene von Sprechakten. Präzise ausgedrückt handelt es sich dabei um *illokutionäre Entmachtung*. „Obwohl die passenden Worte mit der zugehörigen Intention geäußert wurden, gelingt es dem / der SprecherIn nicht, den intendierten illokutionären Akt zu vollziehen."[186] Dies lässt sich auch als ,Entstimmlichung' bezeichnen: Den Menschen wird ihre Stimme genommen, was bedeutet, dass sie sich nicht gleichberechtigt und selbstbestimmt in Diskurse einmischen, ihre Meinung vertreten und erfahrene Ungerechtigkeiten anprangern können.

Innerhalb des Rahmens, den Rae Langtons Erörterungen zum Thema sprachliche Gewalt bieten, kommt diesen Überlegungen ein besonderes Gewicht zu. Hinsichtlich ihrer eigenen Argumentation, die sich auf die Entstimmlichung von Frauen durch Pornographie bezieht, genauer gesagt auf die Unsprechbarkeit der Ablehnung von Sex, ist der Mechanismus der illokutionären Entmachtung der wichtigste und zugleich heikelste Punkt.[187] Auch im Zusammenhang mit sexualisierter Gewalt ist diese Form sprachlicher Gewalt auf der illokutionären Ebene besonders erklärungsbedürftig, da sich nicht unmittelbar erschließt, wie ein Sprechakt gewissermaßen *unsprechbar* sein kann, obwohl die passenden Worte hervorgebracht werden.

Zunächst werde ich nun theoretisch das Konzept der Entstimmlichung erklären. In einem zweiten Schritt befasse ich mich damit, wie sich diese Form sprachlicher Gewalt konkret äußert. Dabei handelt es sich insbesondere um Leugnen, Unglaubwürdigmachen, Schweigen, Verharmlosen, Umdeuten und Schuldumkehr. Diese Praktiken werde ich jeweils anhand von Beispielen erläutern. Mich interessiert dabei vor allem der folgende Punkt: Diejenigen, die die sprachliche Gewalt ausüben, nehmen sich in der Regel nicht aktiv vor, sexualisierte Gewalt zu bagatellisieren oder Betroffenen ihre Gewalterfahrungen abzusprechen. Vielmehr steht dahinter eine von Vergewaltigungsmythen und Vorurteilen getragene Struktur. Diese möchte ich in den Fokus der Aufmerksamkeit rücken und die Mechanismen der Entstimmlichung

186 Langton 2007, S. 129.

187 Langton ist mit der These bekannt geworden, dass Pornographie Frauen auf illokutionärer Ebene zum Schweigen bringe. Pornographie führe demnach dazu, dass ein ,Nein' zu einer sexuellen Begegnung bereits auf illokutionärer Ebene womöglich nicht als solches aufgefasst werde. In pornographischen Darstellungen, so Langton, bedeute ein ,Nein' im Grunde immer schon ,Ja'. Daher könne ein*e Pornokonsument*in das ,Nein' einer*s real anwesenden Sexualpartner*in infolge des Pornokonsums und der dort erlernten Verwendung von ,Ja' und ,Nein' als Zustimmung statt als Verweigerung auffassen. Die Ablehnung von Sex werde für die*den Betroffene*n damit unsprechbar. Langton 2007, S. 138. Ich habe in dieser Darstellung zwar gegendert, aber Langton denkt an die Betroffenen von dieser Art sprachlicher Gewalt als weiblich.

als solche benennbar machen – und damit aufzeigen, dass sprachliche Gewalt gegen Betroffene gar nicht explizit intendiert sein muss, damit diese ihre entstimmlichende Wirkung entfalten kann.

Davor jedoch steht ein Einschub, der verharmlosende Begrifflichkeiten behandelt – diese sind nicht gleichbedeutend mit sprachlicher Gewalt auf illokutionärer Ebene, gehören aber zu ihrem diskursiven Hintergrund.

Exkurs: Verharmlosung sexualisierter Gewalt durch Begriffe

Bevor ich mich im Detail mit der illokutionären Entmachtung Betroffener beschäftige, möchte ich noch allgemein etwas zu verharmlosendem Sprechen über sexualisierte Gewalt sagen. Nicht jede Verharmlosung sexualisierter Gewalt führt direkt zu *Entstimmlichung* im hier verwendeten speziellen Sinne, als systematische Entmachtung des Sprechens Betroffener. Sie sind aber trotzdem tückisch: Vielleicht hören Betroffene, wie sexualisierte Gewalt bagatellisiert wird, und sind davon verletzt und entmutigt. Auch können Verharmlosungen Formen der Entstimmlichung und die Missachtung Betroffener vorbereiten oder sexualisierte Gewalt normalisieren. Daher möchte ich einige Beispiele für Redeweisen über sexualisierte Gewalt nennen, die ich für problematisch halte.

Verharmlosend können zum Beispiel Rechtfertigungen für sexualisierte Gewalt sein, die sie psychologisch als Folge einer schwierigen Kindheit, biologistisch als Wirkung unaufhaltsamer sexueller Triebe oder sozialpsychologisch als Reaktion auf berufliche oder private Konflikte beschreiben.[188] Auch die Zurückführung sexualisierter Gewalt bzw. häuslicher Gewalt auf ‚Liebe' oder ‚Leidenschaft' sind verharmlosend. Dem gleichen Muster, jedoch mit einem anderen Inhalt, folgen rechtfertigende Verweise etwa auf ‚Ehre' in anderen kulturellen Kontexten.[189] Auch die im Jahr 2020 häufig gehörte Rechtfertigung häuslicher Gewalt unter Verweis auf die Coronapandemie und die damit einhergehenden Belastungen ist verharmlosend, denn die Verantwortung der Täter*innen wird auf diese Weise wegerklärt.

Bagatellisierend wirkt auch die achtlose und inflationäre Verwendung des Wortes ‚Vergewaltigung' als Synonym für etwas Negatives

188 Enders 2003d, S. 237.
189 Alcoff 2018, S. 153.

in Kontexten, die mit sexualisierter Gewalt überhaupt nichts zu tun haben,[190] oder wenn die Darstellung sexualisierter Gewalt etwa in Filmen oder Serien banalisiert wird. Nhi Le arbeitet heraus, wie sexualisierte Gewalt und Femizide in fiktionalen Darstellungen oft lediglich als Vehikel dienen, um als einschneidendes Erlebnis eine Veränderung bzw. Weiterentwicklung eines Charakters zu erklären – oder sogar nur, um die männliche Hauptfigur zum Handeln zu motivieren.[191] Es geht in all diesen Beispielen nicht wirklich um die Gewalt und teilweise noch nicht einmal um die Person, die sie erlebt hat. Die Gewaltdarstellung ist nicht als solche relevant, sondern dient lediglich als banaler Erzählbaustein, der genauso gut durch einen anderen ersetzt werden könnte.

Auch Synonyme für sexualisierte Gewalt können verharmlosend wirken. Dazu gehören nicht nur verschleiernde Bezeichnungen wie ‚das Unfassbare' oder ‚Unvorstellbare'. Auch der Begriff ‚sexueller Missbrauch' gehört dazu. Es wurde von anderen bereits vielfach auf dessen Problematik hingewiesen, dass dadurch ein sachgemäßer ‚Gebrauch' der jeweiligen Personen impliziert scheint und damit eine Objektifizierung der Betroffenen immer latent mitschwingt. Manfred Kappeler weist darauf hin, dass der Missbrauchsbegriff zu einer „Sprache der Verschleierung und Verharmlosung"[192] gehört – wie auch andere Wendungen, die sich unter anderem auf Kinder beziehen und die die Nennung des Tatbestandes vermeiden, wie zum Beispiel ‚jemand hat sich vergangen' oder ‚vergriffen'. Zu diesem Bereich gehört auch der Begriff ‚Pädophilie', der übersetzt ‚Liebe zu Kindern' bedeutet und dringend ersetzt werden sollte – denn um *Liebe* geht es bei der sexuellen Erregbarkeit durch Kinder gewiss nicht.[193] Der Begriff ‚Kinderpornographie' ist ebenfalls ungenau und verharmlosend und sollte zum Beispiel durch die präzisere Wendung ‚mediale Darstellung sexualisierter Gewalt an Kindern' ersetzt werden.

Das Projekt *#Verharmlosungsradar* aus Österreich sammelt verharmlosende und unsensible Medienartikel, in denen von Gewalt, Vergewaltigung oder Mord bagatellisierend und uneindeutig als ‚Familiendrama' oder ‚Beziehungstragödie', ‚Sex-Delikt' oder ‚Sex-Unhold' gesprochen wird oder sie durch Verweis auf ‚Eifersucht' oder ‚Liebe' normalisiert werden.[194] Das Projekt will durch die Sammlung der Bei-

190 Alcoff 2018, S. 149. Ich denke dabei etwa an die Bezeichnung von ausbeuterischen Arbeitsverhältnissen als ‚Vergewaltigung' oder die Gleichsetzung von deren Folgen mit körperlichen Erschöpfungszuständen.
191 Le 2020.
192 Kappeler 2014, S. 8.
193 Vielen Dank an Judith für die Diskussionen zu diesem Thema.
194 Aufstehn 2020.

spiele Aufmerksamkeit auf die problematische Sprache in Bezug auf sexualisierte Gewalt lenken und Druck ausüben, anders zu berichten.

Illokutionäre Sprechakte und sprachliche Gewalt[195]

Nun werde ich dazu übergehen, *Entstimmlichung* in der hier verwendeten, sehr spezifischen Bedeutung zu erläutern, die in ihrer Tragweite über die eben erläuterten problematischen und verharmlosenden Redeweisen weit hinausgeht. Wer Worte äußert, hat in der Regel die Intention, dass diese als Sprechakt wahrgenommen werden statt bloß als zufällige Aneinanderreihung von Lauten oder Worten. Und nicht nur das – in der Regel hat man einen *ganz bestimmten* Sprechakt im Sinn. Im illokutionären Akt drückt sich die spezifische Rolle bzw. die Funktion des Sprechaktes aus, die in der Regel sozialen Konventionen folgt. Wenn eine Person zum Beispiel ein Versprechen abgibt, geht damit einher, dass die entsprechenden Worte auch als Versprechen aufgefasst werden (illokutionäre Ebene) und als solches eine Veränderung in der sozialen Welt bewirken sollen (perlokutionäre Ebene, da es die *Folgen* des Sprechaktes betrifft). Letztlich spielt es dabei noch nicht einmal eine große Rolle, ob die Person tatsächlich ein *wahrhaftiges* Versprechen abgibt und das Versprochene umsetzen möchte. Die *Rolle* des Sprechakts ist so oder so ein Versprechen, insofern es seine zwischenmenschliche Bestimmung ist, dass andere das Gesagte als wahrhaftiges Versprechen aufnehmen. Ist die Person, die ein Versprechen abgeben will, jedoch als notorische Lügnerin bekannt, dann ist die Wahrscheinlichkeit groß, dass ihr Versprechen unabhängig von ihrer subjektiven Intention nicht als solches, sondern vielmehr als ein *scheinbares* Versprechen, also als bewusster Täuschungsversuch, aufgenommen wird. Das Versprechen ist für die Lügnerin damit *unsprechbar* geworden, ihr Sprechen wird nicht so gehört und aufgenommen, wie es beabsichtigt war.[196] Im Beispiel der notorischen Lügnerin gibt es keine Worte, mit denen sie ihr misstrauisches Umfeld davon überzeugen könnte, dass sie diesmal tatsächlich ein Versprechen abgibt, statt nur so zu tun, als ob.

---

195 Illokutionäre Entmachtung im Sinne Langtons weist erhebliche Ähnlichkeiten mit Miranda Frickers Begriff der ‚epistemischen Ungerechtigkeit' auf. Aus Platzgründen kann darauf nicht weiter eingegangen werden, auch wenn die Zusammenführung von Frickers Theorie mit dem Nachdenken über sexualisierte Gewalt sicherlich sehr fruchtbar und in ihrem eigenen Werk bereits angelegt ist. Hier wird der Rahmen vorgezogen, den Langtons Theorie der sprachlichen Gewalt liefert, da es hilfreich ist, die drei Dimensionen sprachlicher Gewalt analytisch zu trennen und einzeln zu behandeln. Dies kann die Auseinandersetzung mit epistemischer Ungerechtigkeit meines Erachtens nicht leisten. Fricker 2007, 2012.

196 Langton 2007, S. 113.

Die *illokutionäre Intention*, die mit dem Sprechen einhergehende Absicht, ist subjektiv bestimmt. Im eben genannten Beispiel ist es die illokutionäre Intention der Sprecherin, ein Versprechen abzugeben. Im Falle des Sprechens über sexualisierte Gewalt soll in der Regel eine Offenbarung oder eine Anklage gesprochen werden. Indem sie das tut, zielt die betroffene Person darauf ab (und dies betrifft nun wieder die intendierten Folgen des Sprechaktes, das heißt die Perlokution), Unterstützung oder Anerkennung zu erhalten, oder sie fordert juristische oder soziale Konsequenzen ein. Eine Offenbarung kann auch den Zweck haben, sich anzuvertrauen und einer anderen Person Aufschluss über sich selbst und die eigene Geschichte zu geben, um Nähe und Intimität zu schaffen.

Damit dieses Sprechen gelingen und Kommunikation zustande kommen kann, bedarf es auf einer sehr grundsätzlichen Ebene der *Annahme* bzw. *Akzeptanz* der illokutionären Intention durch die Adressat*innen (‚uptake'‘).[197] Sie müssen verstehen und annehmen, *was* da gerade gesagt werden soll. Im oben genannten Beispiel des Versprechens versteht und akzeptiert es das Umfeld in der Regel, wenn ein Versprechen abgegeben wird. In der Modifikation des Beispiels mit der notorischen Lügnerin hingegen wird die illokutionäre Intention abgelehnt, da es nicht für möglich gehalten wird, dass diese Person tatsächlich ein wahrhaftiges Versprechen abgibt.

Im Falle sexualisierter Gewalt sind die Adressat*innen zum Beispiel eine (mediale) Öffentlichkeit oder staatliche Strafverfolgungsinstanzen, die Familie, der Freund*innenkreis oder Therapeut*innen. Es geht hier um die grundsätzliche Frage, ob sie verstehen, annehmen bzw. für möglich halten, was die*der Sprecher*in sagen will. Wenn die Adressat*innen nicht verstehen bzw. akzeptieren (wollen), was gesagt wird, misslingt der Sprechakt auf der illokutionären Ebene.

Ein Sprechakt kann auch dann als misslungen betrachtet werden, wenn nur *manche* der Adressat*innen die illokutionäre Intention zurückweisen – gerade dann, wenn es sich dabei um besonders relevante Akteur*innen handelt.[198] Daher wird manchmal auch von einer regelrechten ‚Schlacht‘ gesprochen, die Betroffene um öffentliche Anerkennung und damit auch um die Anerkennung ihrer illokutionären Intention schlagen.[199]

Basale Voraussetzungen für die Akzeptanz einer illokutionären Intention sind zunächst, dass die Adressat*innen im ‚grammatischen‘ Sinne sprachkompetent sowie nicht abgelenkt oder an der Aufnahme

197 McGowan et al. 2011, S. 135.

198 Wer die ‚richtigen‘ Adressat*innen sind und ab wann ein Sprechakt in diesem Sinne als misslungen betrachtet werden muss, kann in manchen Fällen eine schwierig zu beantwortende Frage sein, insbesondere dann, wenn eine breite (mediale) Öffentlichkeit einbezogen ist. Mikkola 2011, S. 430.

199 Herman 1993, S. 302.

gehindert[200] sind. Dazu kommt die Voraussetzung, dass sie das Gesagte nicht von vorneherein als völlig andere Art von Sprechakt auffassen, als von den Sprechenden intendiert – wie das obige Beispiel des misslingenden Versprechens der notorischen Lügnerin illustriert. In diesem Beispiel gibt es *keine Worte*, die das Gegenüber von der Plausibilität des Gesagten überzeugen könnten.[201] Sympathie für die sprechende Person ist hingegen explizit *keine* Voraussetzung für die Akzeptanz einer illokutionären Intention. Man kann eine Äußerung korrekt verstehen, auch wenn man eine Person nicht mag oder das Gesagte – nach einem Reflexionsprozess – bestreitet.[202]

Wessen es zur Akzeptanz des entsprechenden Sprechaktes durch andere jedoch sehr wohl bedarf, ist zumindest bis zu einem gewissen Grad die bereits im Vorhinein gesicherte diskursive Macht der sprechenden Person. Pierre Bourdieu unterscheidet daher zwischen ‚grammatischer' und ‚legitimer' Sprachkompetenz. Die illokutionäre Kraft der Worte ist letztlich, so Bourdieu, die an diese delegierte Macht der Sprecher*innen.[203] Das heißt, ein Sprechakt ist tendenziell so machtvoll (und damit legitim) wie die Person, die ihn tätigt. Mächtigen Menschen glaubt man eher als Angehörigen einer marginalisierten oder diskriminierten Gruppe. Das Sprechen von Personen, die über wenig oder keine diskursive Macht verfügen, ist daher gefährdet, als illegitim verworfen zu werden.

> *Die Sprachkompetenz, die ausreicht, um Sätze zu bilden, kann völlig unzureichend sein, um Sätze zu bilden, auf die gehört wird, Sätze, die in allen Situationen, in denen gesprochen wird, als rezipierbar anerkannt werden können. Auch hier ist die soziale Akzeptabilität nicht auf die Grammatikalität beschränkt. Sprecher ohne legitime Sprachkompetenz sind in Wirklichkeit von sozialen Welten, in denen diese Kompetenz vorausgesetzt wird, ausgeschlossen und zum Schweigen verurteilt.*[204]

200 Damit ist unter anderem gemeint, dass sie, sofern sie durch Verbalsprache adressiert werden, zum Beispiel nicht gehörlos sind. Diese Überlegungen gelten jedoch für zwischenmenschliche Kommunikation im weiteren Sinne und schließen daher auch Gebärdensprache und Schriftsprache mit ein. Auch gelingende Kommunikation *dieser* Art setzt die Abwesenheit von be_hindernden Faktoren voraus (Beherrschen der jeweiligen Sprache, Sehvermögen etc.).

201 Langtons Argumentation in Bezug auf die sprachliche Gewalt durch Pornographie schließt (in Aufsätzen, die sie nach *Sprechakte und unsprechbare Akte* schrieb) sogar die weiter gehende These mit ein, dass Betroffene aufgrund der fehlenden *grundsätzlichen* Möglichkeit zu sprechen auch in ihrem verfassungsmäßig garantierten Recht auf freie Meinungsäußerung beschnitten werden. McGowan et al. 2011, S. 137; Maitra 2009, S. 311. Ob unsprechbares ‚Sprechen' über sexualisierte Gewalt das Recht auf freie Meinungsäußerung ebenfalls beschneidet, kann ich aus Platzgründen nicht weiterverfolgen, auch wenn ich den Gedanken grundsätzlich plausibel finde.

202 Maitra 2009, S. 336. Man muss also nicht selbst Feminist*in sein oder eine*n Betroffene*n mögen, um die Benennung sexualisierter Gewalt ernst zu nehmen.

203 Bourdieu 1990, S. 73.

204 Bourdieu 1990, S. 32.

Daran zeigt sich die Bedeutung der Annahme der illokutionären Intention durch die Zuhörenden: Es reicht nicht aus, sprechen zu wollen, die im vorangegangenen Kapitel behandelten hemmenden Faktoren überwunden zu haben und in angemessener Lautstärke gegenüber den relevanten Adressat*innen verständliche, grammatikalisch korrekte Sätze zu bilden. Hinzu kommen Bedingungen, die den Sprechenden äußerlich sind und von diesen kaum unmittelbar beeinflusst werden können. Die Sprecher*innen unterliegen damit dem Risiko der Rekontextualisierung ihrer illokutionären Intention.[205] Sie bringen die intendierte Sprechhandlung nicht zustande, wenn die Adressat*innen ihre Worte so aufnehmen, als wäre eigentlich eine ganz andere Art von Sprechakt getätigt worden. Wenn andere das Gesagte anders kontextualisieren bzw. aufnehmen und in der Folge anderen sozialen Konventionen folgen, missglückt der Sprechakt auf illokutionärer Ebene.

Damit die beschriebene Entstimmlichung durch ‚uptake failure', also die Nichtannahme der illokutionären Intention der Sprecher*innen, tatsächlich auch als sprachliche Gewalt bezeichnet werden kann, bedarf es einer weiteren wesentlichen Voraussetzung: Die Entmachtung der Sprecher*innen muss *systematisch* erfolgen, nicht nur zufällig oder einmalig, da es sich bei sprachlicher Gewalt um strukturelle Gewalt handelt.[206] Das obige Beispiel der notorischen Lügnerin, die nicht in der Lage ist, einmal ein wahrhaftiges Versprechen abzugeben, wird erst und nur dann zu einem Fall sprachlicher Gewalt, wenn die Sprecherin systematisch entmachtet wird und ihr Fehlschlag nicht nur von tatsächlichen schlechten Erfahrungen abhängt, die Einzelpersonen mit ihr gemacht haben. Dies wäre insbesondere der Fall, wenn die ihr zugeschriebene spezifische Unglaubwürdigkeit von ihrer sozialen Position abhinge: wenn sie zum Beispiel aufgrund ihres (zugeschriebenen) Geschlechts, ihres Alters, oder ihrer sonstigen (tatsächlichen oder vermeintlichen) Zugehörigkeit zu einer sozialen Gruppe entstimmlicht und gelingende Kommunikation für sie somit unmöglich würde. Langton betont daher im Einklang mit Bourdieu, dass es letztlich eine Frage politischer bzw. sozialer Macht ist, ob ein*e Sprecher*in illokutionäre Akte vollziehen kann.[207] Diejenigen, die über soziale Macht verfügen, also zum Beispiel *weiße*, gut ausgebildete, heterosexuelle cis Männer, sind damit in der Lage, die entsprechenden Diskurse zu prägen und letztlich darüber zu entscheiden, welche Sprechakte als legitim gelten und welche nicht.[208]

205 Butler 2006, S. 133.
206 Langton 2007, S. 138; McGowan et al. 2011, S. 135.
207 Langton 2007, S. 130; Bourdieu 1990, S. 77.
208 Bourdieu 1990, S. 72.

Aufgrund der Verschränkung der verschiedenen Dimensionen sprachlicher Gewalt ist es in vielen Fällen nicht empirisch zu klären, ob ein Sprechakt auf der illokutionären oder auf der perlokutionären Ebene scheitert.[209] (Die perlokutionäre Dimension sprachlicher Gewalt wird erst im vierten Kapitel dieses Buches ausführlich behandelt.) Auch kann das Wissen um die eigene prekäre Sprecher*innenposition zu Selbstzensur führen, was zeigt, dass die unterschiedlichen Ebenen sprachlicher Gewalt miteinander verflochten sind.[210]

Ich habe sprachliche Gewalt auf illokutionärer Ebene als nicht intentional definiert, sie findet also unabsichtlich statt. Das reflexhafte Zurückweisen bzw. die falsche Auffassung (‚uptake failure') der illokutionären Intention Betroffener entsteht durch Rape Culture und Vergewaltigungsmythen, also unbewusste, tief verankerte Überzeugungen über sexualisierte Gewalt. Allerdings können diese *unbewusst* ausgeübten Formen sprachlicher Gewalt nicht verlässlich von den Fällen unterschieden werden, in denen dieselben Methoden der diskursiven Entmachtung *bewusst* (und damit absichtlich) zur Diskreditierung Betroffener eingesetzt werden – zum Beispiel, aber nicht ausschließlich, von Täter*innen. Betroffene können auch bewusst als unglaubwürdig oder mitschuldig präsentiert werden, wie auch das Verbrechen bewusst rationalisiert oder verharmlost werden kann.[211] Die im Folgenden erläuterten Methoden werden *auch* dafür verwendet, das Streben Betroffener nach Anerkennung, Hilfe und Gerechtigkeit zu sabotieren und ernsthafte Konsequenzen für Täter*innen und deren Unterstützer*innen zu verhindern. Dies geschieht zum Beispiel im Rahmen der Verteidigungsstrategien von Täter*innen in Gerichtsverfahren. Dabei handelt es sich zwar *nicht* um *illokutionäre* Entmachtung, aber *trotzdem* um sprachliche Gewalt. Da dies die *Folgen* der jeweiligen Sprechakte betrifft, handelt es sich dabei um sprachliche Gewalt auf *perlokutionärer* Ebene (mehr dazu in Kapitel vier).

Methoden der illokutionären Entmachtung

Zu klären ist nun, warum das Benennen sexualisierter Gewalt für manche Betroffene im Sinne Langtons unsprechbar ist, selbst wenn sie es versuchen und die geeigneten Worte hervorbringen. Es stellt sich also

209 Auch Ishani Maitra betont in ihrem Aufsatz *Silencing Speech* die Möglichkeit, dass ein Sprechakt sehr wohl im Sinne der illokutionären Intention angenommen, aber dennoch ignoriert (bzw. bewusst anders aufgefasst) wird. Maitra 2009, S. 314.

210 Bourdieu 1990, S. 57.

211 Herman 1993, S. 18f.

ganz grundsätzlich die Frage, was *gesprochen* werden kann und was nicht.

Die Macht der eigenen Sprecher*innenposition und damit eben auch die Macht der eigenen Sprechakte wird durch die jeweilige Situierung im sozialen Raum und dem intersektionalen Zusammenwirken verschiedener Diskriminierungsformen wie Sexismus, Rassismus, Klassismus, Ableismus, Antisemitismus, Adultismus, Lookismus etc. bestimmt. Betroffene von sexualisierter Gewalt befinden sich oft von vorneherein in strukturell benachteiligten sozialen Positionen und scheitern überproportional häufig am Benennen ihrer Gewalterfahrungen. Beim Sprechen über sexualisierte Gewalt spielt zusätzlich zu diesen allgemeinen Machtfragen das speziell damit verknüpfte komplexe System von Vorurteilen und Klischees eine Rolle: wie sich die Zuhörer*innen sexualisierte Gewalt gemäß des stereotypen Vergewaltigungsskripts vorstellen, welche Erwartungen sie an die Opfer*performance der betroffenen Person haben (mehr dazu in Kapitel vier) und mit welchen Vorstellungen Täter*innenschaft verbunden ist.[212]

Wenn das Sprechen über sexualisierte Gewalt systematisch auf ‚achtlose' Ohren trifft und verhallt, ist das eine Form sprachlicher Gewalt, auch wenn die Zuhörer*innen diese nicht bewusst und absichtlich ausüben. Sprachliche Gewalt auf illokutionärer Ebene unterbindet Worte nicht komplett und erzwingt dadurch kein absolutes Schweigen, im Gegensatz etwa zu physischer Gewalt oder Drohungen. Vielmehr werden Offenbarungen oder Anklagen nicht als solche, sondern als Sprechen über (einvernehmlichen) Sex, als Übertreibungen oder als Lügen aufgefasst. Die Worte der Betroffenen werden nicht so aufgenommen, wie sie beabsichtigt sind, sondern ihnen werden durch eine Rekontextualisierung ihr Gehalt sowie ihre Schärfe genommen. Die Rekontextualisierung besteht, wie oben erläutert, darin, dass dem Sprechakt in der zwischenmenschlichen Kommunikation eine (völlig) andere Rolle zugewiesen wird. Die Verweigerung der Anerkennung dessen, was eigentlich gesprochen werden soll, also der *illokutionären Intention* der Sprecher*in, ist damit eine ernsthafte Beeinträchtigung der Kommunikation miteinander.

212 Der Mythos vom ver_rückten oder bösen Triebtäter* sowie der Mythos vom Schwarzen Vergewaltiger* führen dazu, dass Täter*innen erstens als besonders abartige Menschen gesehen, zweitens pathologisiert werden und dass drittens angenommen wird, es gebe mutmaßlich nur sehr wenige. Durch diese VerAnderung (oder Othering; siehe Kapitel vier) rückt es in den Bereich des Unvorstellbaren, dass ein ‚ganz normaler' Mensch, ein*e Nachbar*in oder Freund*in, ein*e Täter*in sein kann. Davis 1982, S. 165f.; Gerstendörfer 2007, S. 57; Wiesental 2017, S. 58.

Diese Beeinträchtigung kann nicht allein einzelnen Täter*innen zugeordnet werden, da es sich bei illokutionärer Entmachtung um ein strukturelles Problem handelt. Illokutionäre Entmachtung lässt sich verstehen als ein *formatives* Zensurinstrument zur Aufrechterhaltung des Selbstbildes einer sozialen Gemeinschaft oder von Einzelpersonen als ausreichend gegen sexualisierte Gewalt positioniert und engagiert. Mit formativer Zensur (im Gegensatz zu restriktiver) meine ich, dass bestimmtes Wissen oder Sprechen nicht komplett unterdrückt, sondern die Narrative auf eine bestimmte Weise geprägt werden. Ich interessiere mich daher im Folgenden weniger dafür, wie *Täter*innen* im Nachhinein mit Betroffenen umgehen, sondern dafür, welchen Reaktionen Betroffene vonseiten derer ausgesetzt sind, die *kein* offensichtliches Interesse daran haben, die geschehene Gewalt zu verharmlosen oder zu leugnen: Familie, Freund*innen, Bekannte, Journalist*innen, Polizist*innen, Richter*innen, Zeitungsleser*innen, Nutzer*innen sozialer Medien etc.[213]

Eine ablehnende Haltung von Adressat*innen speist sich zumindest teilweise aus der bereits im ersten Kapitel thematisierten Grundhaltung der Gesellschaft, die jedes einzelne Individuum prägt oder zumindest beeinflusst.[214] Patriarchale Verhältnisse und Rape Culture führen hauptsächlich aus zwei Gründen zu illokutionärer Entmachtung: Erstens gehen mit dem Anspruch der Verfügbarkeit weiblich gelesener Körper für cis männlichen Zugriff die Legitimation und die Verharmlosung sexualisierter Gewalt einher; und zweitens resultiert daraus das im ersten Kapitel erläuterte verzerrte Verständnis davon, was sexualisierte Gewalt eigentlich ist. Wenn sie gemäß des stereotypen Vergewaltigungsskripts als etwas gesehen wird, das durch einen massive physische Gewalt ausübenden, cis männlichen Fremden verübt wird, schränkt dies etwa die Anwendbarkeit des Begriffs ‚Vergewaltigung' als solchem ein. Dadurch ist er nicht für alle Betroffenen in gleicher Weise verfügbar – insbesondere nicht für diejenigen, deren Erfahrungen vom stereotypen Vergewaltigungsskript abweichen.[215]

213 Es gibt selbstredend auch Täter*innen, die solche Strategien gezielt gegen Betroffene ausspielen, um sie als unglaubwürdig zu präsentieren, das Verbrechen zu rationalisieren oder zu verharmlosen und ihnen die Verantwortung für die Tat zuzuschreiben. Herman 1993, S. 18f.

214 Das bedeutet, dass Reflexionsprozesse über (zum Beispiel) vergeschlechtlichte Ungleichheiten ständig andauern und alle Menschen sich damit auseinandersetzen sollten – auch und gerade diejenigen, die sich selbst als feministisch betrachten.

215 Hänel 2018, S. 30 et passim.

Abwehr: Unglaubwürdig machen, als unzurechnungsfähig erklären, Verweigerung der Antwort

Die erste Grundform der illokutionären Entmachtung besteht darin, den Worten der Betroffenen die (Überzeugungs-)Kraft zu nehmen, indem deren Aussagen geleugnet bzw. abgewehrt werden. Ich unterscheide wiederum drei Unterformen: Betroffene werden erstens als *unglaubwürdig* oder zweitens als *unzurechnungsfähig* betrachtet, oder ihnen wird drittens eine Antwort gänzlich *verweigert*.

Unglaubwürdig machen

Der erste Fall liegt vor, wenn das Sprechen einer*s Betroffenen als Lüge bzw. als unwahr aufgefasst und auf diese Art abgewehrt wird. Die angenommene Unglaubwürdigkeit speist sich in der Regel entweder direkt aus der Person der*s Betroffenen oder aber daraus, dass der*die mutmaßliche Täter*in über jeden Zweifel erhaben ist. Das Leugnen der sexualisierten Gewalt kann so durch den Verweis auf den Schutz Unschuldiger vor Falschbeschuldigungen gerechtfertigt werden.[216]

Für bestimmte Personengruppen ist ein Vergewaltigungsvorwurf unter Umständen nicht sprechbar, da sie aus verschiedenen Gründen gleichsam als nicht ‚vergewaltigbar' gelten. Dies betrifft zum Beispiel sehr alte oder sehr junge Menschen, jene, die hegemonialen Schönheits- und Körpernormen nicht entsprechen, oder Menschen mit (wahrnehmbarer) Be_hinderung. All diesen wird die Sexualität oder Attraktivität aberkannt, ohne welche Übergriffe vermeintlich nicht stattfinden. Insbesondere auch cis Männer und Jungen werden als Betroffenengruppe häufig übersehen und pauschal als nicht gleichermaßen verletzungsoffen oder sogar von vorneherein als potenzielle Täter* betrachtet. Die Benennung sexualisierter Gewalt kann auch daran scheitern, dass die sprechende Person und ihr Verhalten dem Klischee des ‚echten' Opfers* nicht entsprechen (mehr dazu in Kapitel vier). Andere Betroffene hingegen gelten als ohnehin jeder sexuellen Handlung gegenüber offen: Ein Übergriff gegen ihren Willen wird aufgrund des vorausgesetzten Einverständnisses zur Unmöglichkeit. Dies betrifft in unterschiedlichem Maß etwa Sexarbeiter*innen, rassifizierte sowie mutmaßlich promiske Menschen, die den spezifischen Verhaltensnormen zur Risikominimierung nicht gefolgt sind (mehr dazu in Kapitel vier).[217] Zwei dieser Personengruppen möchte ich nun besonders herausgreifen, um

216 Re.ACTion 2010, S. 26.
217 Davis 1982, S. 175.

konkreter aufzuzeigen, wie ihnen die Glaubwürdigkeit abgesprochen wird: Kinder und Sexarbeiter*innen.

In Bezug auf sexualisierte Gewalt gegen Kinder trifft Nancy Tuanas Ausdruck ‚wissentliches Ignorieren' wohl so sehr ins Schwarze wie sonst bei keinem anderen Bereich aus dem Themenkomplex sexualisierte Gewalt.[218] Sexualisierte Gewalt gegen Kinder *soll* nicht sein, und zur Aufrechterhaltung dieser normativen Vorstellung werden Augen und Ohren verschlossen. Ursula Enders verweist auf eine Quelle aus dem Jahr 1985, die besagt, dass Kinder, die sexualisierte Gewalt erfahren (haben), im Schnitt sieben Erwachsene ansprechen müssen, bis ihnen jemand hilft.[219] Selbst wenn man optimistisch davon ausgeht, dass sich in der Zwischenzeit einiges zum Besseren verändert hat, zeigt sich daran, dass betroffene Kinder für wenig glaubwürdig gehalten werden.[220] Die aktuelle Initiative *Trau dich!*[221] des Bundesjugendministeriums und der Bundeszentrale für gesundheitliche Aufklärung, die sich an Kinder richtet, ist daher zwar grundsätzlich eine hervorragende Idee, geht aber am Problem vorbei: Es sind die *Erwachsenen*, die aufgefordert werden müssen, sich zu trauen, in ihrem sozialen und beruflichen Umfeld genau hinzusehen, hinzuhören und den Kindern zu glauben, die sich an sie wenden. Die Täter*innen sind meistens Bezugspersonen der Kinder, denen das sonstige Umfeld vertraut. Dadurch sind diese Personen in der perfekten Ausgangslage, sich zu verteidigen und die Aussagen der Kinder zu diskreditieren. Die Macher*innen der Initiative *Trau dich!* werden sehr gut wissen, warum sie den Kindern zum Thema Hilfesuchen raten: „Überlege dir, wer dir helfen könnte. Wenn Dir [sic!] am Anfang nicht geglaubt wird oder du noch wenig Mut hast, gib nicht auf: Probiere es immer wieder."[222]

Wie komplex das Zusammenspiel verschiedener Erwartungen und Klischees diesbezüglich ist, wo und durch wen sexualisierte Gewalt stattfindet, zeigt sich auch an einer US-amerikanischen Studie, auf die Nivedita Prasad verweist: Daraus geht hervor, dass sexualisierte Gewalt gegen Schwarze Kinder viel eher etwa durch Ärzt*innen gemeldet wird als gegen *weiße* Kinder. Die Autorin stellt die Vermutung auf, dass es in Deutschland auch so ist, und zieht daraus den Schluss, dass Schwarzen Mädchen und Frauen ihre Gewalterfahrungen eher geglaubt werden,

218 Tuana 2006, S. 11.
219 Cooper et al. 1985; zitiert nach Enders 2003c, S. 15.
220 Ich kenne jedoch keine neuere Erhebung dazu und die Zahl kursiert nach wie vor.
221 Bundesjugendministerium und Bundeszentrale für gesundheitliche Aufklärung 2019b.
222 Bundesjugendministerium und Bundeszentrale für gesundheitliche Aufklärung 2019a.

weil sexualisierte Gewalt innerhalb migrantischer oder Schwarzer Communities so gut zu rassistischen Denkstrukturen passt.[223]

Eine weitere Betroffenengruppe, die es besonders schwer hat, sexualisierte Gewalt anzuprangern, sind Sexarbeiter*innen. Dabei ergab eine Studie aus dem Jahr 2005, dass 41 Prozent der befragten Sexarbeiter*innen körperliche oder sexualisierte Gewalt (oder beides) in ihrem beruflichen Kontext erlebt haben.[224] Umso schlimmer ist es, wenn ihr Sprechen über sexualisierte Gewalt von den Zuhörer*innen abgewehrt und geleugnet wird.

Hier besteht zunächst die grundsätzliche Problematik, dass es Menschen gibt – auch manche Feminist*innen –, die Sexarbeit als grundsätzlich gewaltvoll betrachten, ohne bei diesem Urteil die Entscheidungsfähigkeit bzw. den freien Willen der Sexarbeiter*innen mit einzubeziehen. Diese Position lässt aber keine Unterscheidungen mehr zu zwischen kriminellem Menschenhandel, Zwangsprostitution, prekären Lebenssituationen, die Menschen wenig Spielräume für die Aufnahme anderer Beschäftigungsverhältnisse lassen, und freiwilliger Sexarbeit.[225] Dadurch geht Differenzierungsfähigkeit verloren: Am einen Ende dieses Spektrums stehen diejenigen, die sich von vorneherein und dauerhaft in gewaltvollen Verhältnissen befinden (natürlich lassen sich trotzdem einzelne Gewalttaten herausgreifen und benennen), und am anderen Ende diejenigen, die Sexarbeit nicht grundsätzlich als Gewalt empfinden, weil sie sich bewusst dafür entschieden haben – die innerhalb dieses Rahmens aber möglicherweise dennoch episodisch sexualisierte Gewalt erfahren. Wenn man Sexarbeit als vollständig gewaltvollen Zustand betrachtet, erscheint es schlicht sinnlos, bestimmte Gewalttaten herauszugreifen, bzw. diese werden nicht in ihrer besonderen Tragweite für die Betroffenen (an)erkannt.

Wie Linda Martín Alcoff analysiert, wird zudem angenommen, Sexarbeiter*innen hätten mit ihrer Berufswahl das Selbstbestimmungsrecht über ihren Körper gewissermaßen vertraglich abgegeben.[226] Das ist aber Quatsch: Sexarbeiter*innen verkaufen nicht ihren Körper, sondern sexuelle Dienstleistungen. Durch eine solche Brille erscheint sexualisierte Gewalt gegen Sexarbeiter*innen wie ein Paradox – als hätten sie nicht wie alle anderen Menschen auch das Recht, Konsens zu verweigern oder zurückzuziehen. Dazu der Sexarbeiter Christian Schmacht:

---

223 Prasad 1996, S. 190. Es ist davon auszugehen, dass diese Überlegungen für Schwarze bzw. migrantische Jungen ebenso gelten, aber das wird in der Studie nicht thematisiert.
224 Müller und Schröttle 2005, S. 23ff.
225 Terre des Femmes o. J.a.
226 Alcoff 2018, S. 160.

Ich bin selbst betroffen von sexualisierter Gewalt im Bordell. Eine Vergewaltigung an meinem Arbeitsplatz sprengt die Vorstellungskraft mancher Menschen, denn entweder ist die Arbeit dort immer Vergewaltigung oder die Vergewaltigung einer [sic!] Prostituierten ist unmöglich, weil wir Konsens weder geben noch verweigern können.[227]

Der Autor beklagt weiter, dass gerade auch radikale Feminist*innen, die Sexarbeit grundsätzlich als sexuelle Ausbeutung ablehnen, ihm mit dröhnendem Schweigen begegnen, wenn er seine *tatsächlichen* Erfahrungen mit sexualisierter Gewalt benennt. Daran zeigt sich die Inkohärenz dieser Position, die sexualisierte Gewalt nur in den Fällen akzeptieren kann, die in das eigene Weltbild passen – und Betroffene, die dieses Schema nicht erfüllen, im Stich lässt. Dadurch wird das Sprechen von Sexarbeiter*innen, die sexualisierte Gewalt anprangern wollen, gleich doppelt delegitimiert.

Sprechen über sexualisierte Gewalt kann unabhängig von der Person oder Gruppenzugehörigkeit der*s Betroffenen auch daran scheitern, dass die beschuldigte Person als *nicht fähig zu vergewaltigen* angesehen wird: (Ehe-)Partner*innen, Väter und Mütter, Geschwister, Pfarrer*innen und andere Kirchenmitarbeiter*innen oder Mitarbeiter*innen in (Sport-)Vereinen oder sozialen Einrichtungen wie Kindergärten oder Pflegeheimen etc. Dies gilt insbesondere dann, wenn die Täter*innen *weiße* und/oder mächtige cis Männer sind, deren sozialer Status sie schützt.[228]

Oft genug geht es beim Abwehren und Vertuschen von Vorwürfen sexualisierter Gewalt gar nicht in erster Linie um den*die Täter*in selbst, sondern um den Ruf der jeweiligen Institution, innerhalb derer sie sich abgespielt hat – sei es, dass es sich dabei um die Kirche, eine Eliteschule, ein Unternehmen oder einen Fernsehsender handelt. Die Reputation der Institution schützt dann diese Täter*innen, und für Mitwisser*innen kann die Aufrechterhaltung der Reputation darüber hinaus eine eigenständige Motivation darstellen, das Gesagte nicht anzuerkennen.[229]

Das Muster wiederum, dass Anklagen gegen besonders sympathische oder zuvorkommende Menschen mit hoher sozialer Reputation als besonders unglaubwürdig gelten, kann man auch als ‚Good Guy Syndrome' bezeichnen:

---

227 Schmacht 2017.

228 Davis 1982, S. 189f.

229 Analoges lässt sich auch über den Ruf einer Familie sagen, was vielleicht ein Grund dafür ist, dass in finanziell bessergestellten Milieus häusliche Gewalt seltener angezeigt wird.

*Eine Person, die jede*r mag, die ‚so etwas niemals tun würde', es gibt ja so viele Zeug*innen für ihr nettes Verhalten, wird immer gut dastehen. Es ist schwierig, eine beliebte und gern gesehene Person mit schrecklichen Handlungen in Verbindung zu bringen, was es für die Betroffenen umso schwerer macht, ihre Stimme zu erheben und ihr Umfeld zu überzeugen.*[230]

Psychologisch ist diese Reaktion nachvollziehbar, aber dafür ist sie für die Betroffenen umso problematischer. Damit verbunden ist die irrige Selbsteinschätzung anderer, die Wahrscheinlichkeit von Täter*innenschaft (bzw. die Unschuld einer Person) einschätzen und intuitiv etwas über die Persönlichkeitsstruktur von Täter*innen wissen zu können. Für das eigene Selbstbild ist es zudem angenehmer, davon auszugehen, dass sich innerhalb des eigenen Freund*innen- und Bekanntenkreises keine Täter*innen bewegen. Die Verteidigung netter Täter*innen ist also auch Selbstschutz und Schutz der eigenen heilen Welt (mehr zum Thema Othering in Kapitel vier).

Vorwürfe gegen Täter*innen* werden ebenfalls systematisch negiert, da diese dem Klischee schwacher, selbstloser, nicht verletzungsmächtiger Frauen widersprechen.[231] Joanna Bourke verweist auf eine Studie, aus der hervorgeht, dass Vergewaltigungsmythen sogar eher zugestimmt wird, wenn die betroffene Person männlich und die Täterin weiblich ist. Damit sind Aussagen gemeint, die sexualisierte Gewalt durch Täterinnen verharmlosen, als weniger traumatisierend beschreiben oder unterstellen, dass die betroffene Person den Übergriff provoziert haben müsse.[232] Das erkenntnistheoretische Problem, dass Menschen sexualisierte Gewalt aufgrund solcher Vorurteile nicht als solche erkennen, ist bei Täter*innen* sogar noch größer ist als ohnehin schon. Dabei sind bei zehn bis 25 Prozent der Delikte gegen die sexuelle Selbstbestimmung von Kindern Frauen die Täterinnen,[233] und in zahlreichen Fällen, gerade, wenn es sich bei den Betroffenen um Kinder handelt, sind Frauen Mittäterinnen oder zumindest Mitwisserinnen.

Prominente Personen, die als besonders integer gelten und als Vorbilder fungieren, werden ebenfalls als nicht zu sexualisierter Gewalt fähig betrachtet. Für sie gilt sozusagen ein potenzierter ‚Good Guy'-Bonus. Entsprechende Vorwürfe werden nicht ernst genommen, haben

230 „A person everyone likes, who 'would never do that' because they have so many witnesses for their nice behaviour, will always be seen in a positive light. It is hard to associate a popular and well-liked person with horrible actions, which makes it even more difficult for the ones affected to speak up and convince those around." Hassan und Sanchez-Lambert 2019, S. 37; Übersetzung G. M., G. A. und L. S.
231 Law 2015, S. 130; Kavemann 1996, S. 248.
232 Bourke 2007, S. 243f.
233 Enders 2003a, S. 106.

kaum Konsequenzen und sind schnell vergessen.[234] Dies belegen etwa die weitgehend folgenlosen Vergewaltigungsvorwürfe gegen den Fußballspieler Cristiano Ronaldo, den Richter des Obersten Gerichtshofs der Vereinigten Staaten Brett Kavanaugh und (allerdings etwas folgenreicher als die anderen) den Politaktivisten Julian Assange aus den letzten Jahren. Auch die Vorwürfe wegen sexualisierter Gewalt und Machtmissbrauch gegen einen so prominenten Philosophieprofessor wie Thomas Pogge (ausgerechnet einem Ethiker) haben seiner Karriere nicht maßgeblich geschadet.[235] All diese Personengruppen genießen einen Glaubwürdigkeitsvorschuss gegenüber den Betroffenen,[236] was eine Anklage gegen sie extrem erschwert.

Je weiter sich ein Erlebnis schlussendlich vom stereotypen Vergewaltigungsskript entfernt, desto unglaubwürdiger wird es. Mit Hilkje Hänel lässt sich sagen, dass Sprechakte in diesen Fällen an einem verzerrten Begriff von ‚Vergewaltigung' scheitern, der sich an Vergewaltigungsmythen orientiert und viele, auch juristisch relevante, Fälle nicht einschließt.[237] Sexualisierte Gewalt und Übergriffe in der Ehe, im Rahmen von Inzest, durch (Ex-)Partner*innen, im sozialen Nahbereich, nach romantischen Verabredungen (‚date rapes') oder ohne sichtbare Spuren der Gewalt werden besonders häufig in Zweifel gezogen – was fatal ist, da es sich dabei um die eigentliche ‚Normalität' sexualisierter Gewalt handelt.

Als unzurechnungsfähig erklären

Die zweite Praktik aus dem Bereich Leugnung schreibt Betroffenen *Unzurechnungsfähigkeit* zu. Sprechakte werden dann nicht als vernünftige Diskursbeiträge anerkannt, sondern als das wahnhafte Sprechen einer*s Ver_rückten[238] angesehen.[239] Das Gesagte gilt somit als noch weniger als eine Lüge, denn die Kategorie der Wahrheit lässt sich auf sinnlose Worte nicht anwenden. Wer ver_rückt und damit unzurechnungsfähig ist, kann getrost ignoriert werden. Die in Kapitel zwei dargestellten gesellschaftlichen Sichtweisen auf Traumata, die mit sexualisierter Gewalt einhergehen, spielen der Zuschreibung von Unzurechnungsfähigkeit in die Hände: Betroffene werden demnach pathologisiert und stigmatisiert, gelten aufgrund des angenommenen Traumas als hysterisch, ver_rückt, nicht normal oder übersensibel. Auch wenn Betroffene wütend statt traumatisiert sind, gelten sie

234 Hecht 2019.

235 Baker 2016; Wanna 2019.

236 Hänel 2018, S. 62.

237 Hänel 2018, S. 33.

238 Der Unterstrich im Wort ‚ver_rückt' soll verdeutlichen, dass hinter dieser Bezeichnung oft eine Fremdbestimmung gemäß diskriminierender gesellschaftlicher Kontroll- und Disziplinierungsmechanismen steht, die Menschen nach herrschenden Vorstellungen wieder ‚gerade rücken' wollen.

239 Alcoff und Gray 1993, S. 269.

dennoch als irrational. Jane M. Ussher weist auf die lange Geschichte hin, die Misogynie und die Frauen zugeschriebene Ver_rücktheit miteinander verbindet: Die Disqualifizierung unliebsamer Stimmen als ver_rückt reicht mindestens bis zu den Hexenverbrennungen zurück.[240]

Die Unterstellung von Unzurechnungsfähigkeit und Unglaubwürdigkeit traumatisierter Personen sieht sich oft noch dadurch bestätigt, dass diese tatsächlich häufig nur bruchstückhaft vom Geschehenen berichten können. Erinnerungslücken nach einem Trauma sind jedoch normal und stellen einen psychischen Schutzmechanismus dar. Sie sind also gerade *kein* Beleg für Unglaubwürdigkeit. Wie sollte ein*e verletzte*r Betroffene*r einen ungerührten bzw. ‚unbeteiligten' Bericht der eigenen Verletzung abliefern können?[241] Paradoxerweise werden Betroffene mit Symptomen eines Traumas tendenziell als unglaubwürdiger angesehen als leugnende, aber rational argumentierende Täter*innen, während das gänzliche *Fehlen* von Traumasymptomen den Erwartungen an die Opfer*performance ebenfalls widerspricht und zur Mutmaßung über eine Falschbeschuldigung führen kann.[242] Auch die Unterstellung von Rachsucht, Beeinflussbarkeit oder einer lückenhaften Erinnerung tragen zur Konstruktion der Unzurechnungsfähigkeit von Betroffenen und damit zu ihrer diskursiven Entmachtung bei.[243]

Das Sprechen der Betroffenen wird nicht nur häufig auf diese Weise als unglaubwürdig disqualifiziert, sondern bezeichnenderweise gibt es auch die umgekehrte Dynamik: Betroffene werden unter Verweis auf (psychische) Probleme, die infolge der erlebten Gewalt entstanden sind, allgemein für unglaubwürdig bzw. unzurechnungsfähig gehalten.[244] Das betrifft zum Beispiel Menschen mit Suchterkrankungen oder dissoziativer Persönlichkeitsstruktur. Dies wertet nicht nur ihr Sprechen über sexualisierte Gewalt ab, sondern weist ihnen grundsätzlich einen Status geringer sozialer Achtung zu, der es entbehrlich erscheinen lässt, ihnen zuzuhören. Menschen, die aufgrund einer psychiatrischen Diagnose pathologisiert werden und damit von vorneherein als unzurechnungsfähig gelten, stellt dies vor besondere Probleme. Das Stigma und die Vorurteile, mit denen Menschen mit psychischen Störungen belegt sind, kommen auch beim Sprechen über sexualisierte Gewalt zum Tragen. Die ihnen zugeschriebene Irrationalität schränkt die Möglichkeiten dieser Menschen ein, sexualisierte Gewalttaten glaubwürdig zu problematisieren.

240 Ussher 1991, S. 7.
241 Emcke 2013, S. 79.
242 Congdon 2016, S. 821.
243 Tuana 2006, S. 13.
244 Enders 2003e, S. 145.

Verweigerung der Antwort

Die Nichtanerkennung der illokutionären Intention des*r Sprechers*in kann noch auf eine dritte Weise geschehen: die völlige Verweigerung einer Antwort. Wenn auf Andeutungen oder Berichte Betroffener gar nicht bzw. nur mit Schweigen reagiert wird, als hätte man das Gesagte nicht gehört oder als wäre es ungesagt geblieben, sind dies ebenfalls Formen der illokutionären Entmachtung, denn: „Ohne Zuhören bleibt das Sprechen leer“[245]. Das Gesagte kann so keinen Unterschied in der Welt machen, es darf nicht als das gelten, was es sein soll, und wird im Keim erstickt. Im Sinne des Phänomenologen Bernhard Waldenfels lässt sich sagen, dass man nicht *nicht* antworten kann: Auch das Schweigen des Umfeldes, die vermeintliche Nichtantwort, ist eine Antwort.[246] Betroffenen mit Schweigen zu begegnen, gibt ihnen subtil die Unerwünschtheit ihres Sprechens zu verstehen. Schweigen verweigert die Anerkennung der Betroffenen als mündige Subjekte, denen man Antworten schuldet, und stellt damit eine Demütigung dar, ohne dass sich andere durch eine eigene explizite Negation des Gesagten positionieren und damit für eine Diskussion verfügbar machen müssen.[247]

Viele Betroffene kennen diese Verweigerung von Antworten oder Positionierungen. Belege dafür zu finden ist nicht so einfach, da man es in der Regel nicht mitbekommt, wenn etwas ohne Reaktion verhallt. Ein Beispiel sind die vielen vergeblichen Versuche, die institutionalisierte sexualisierte Gewalt gegen Kinder an der Odenwaldschule öffentlich zu machen oder auch nur eine Stellungnahme der Schulleitung zu erzwingen. Der Betroffene Dieter Grah berichtet, wie er als junger Mann deswegen mundtot gemacht und des Schulgeländes verwiesen wurde.[248] Die ersten Zeitungsartikel darüber im Jahr 1999 riefen ebenfalls kein Echo hervor.[249] Die absolute Verweigerungstaktik der Schulleitung war also über lange Zeit hinweg erfolgreich und keine empörte Öffentlichkeit sprang den Betroffenen zur Seite.

Letzten Endes ist diese Geschichte allerdings nur erzählbar, weil über die Vorfälle sexualisierter Gewalt an der Odenwaldschule ab dem Jahr 2010 dann sehr viel berichtet wurde, was nicht zuletzt dem Zusammenschluss der Betroffenen zu verdanken ist. Jens Brachmann, der den *Tatort Odenwaldschule* wissenschaftlich untersucht hat, stellt fest, dass der Unterschied zwischen 1999 und 2010 nicht etwa darin bestand, dass neue Beweise vorlagen, sondern vielmehr darin, dass die Öffentlichkeit

245 Thürmer-Rohr 1994, S. 129.
246 Waldenfels 2016, S. 63.
247 Congdon 2016, S. 816.
248 Grah 2015, S. 146.
249 Brachmann 2019a, S. 7.

nun *bereit* war, den Skandal auch als solchen wahrzunehmen.[250] Dessen Bekanntwerden ist einzig und allein der Hartnäckigkeit der Betroffenen zu verdanken, die sich nicht damit abfinden wollten, dass ihnen jahrelang von allen relevanten Stellen die Antwort verweigert wurde.

Umdeuten: Verharmlosen und Schuldumkehr

Die zweite Grundform der illokutionären Entmachtung Betroffener besteht in der verharmlosenden *Umdeutung* ihrer Sprechakte. Durch eine Umdeutung und Rekontextualisierung des Gesagten – und damit auch des Geschehenen – werden Sprechakte nicht gemäß ihrer illokutionären Intention aufgefasst:

> *[Es ist eine] Entmächtigung, die Frauen begegnet, wenn sie vor Gericht Zeugnis über Vergewaltigung und sexuelle Belästigung ablegen, und ihre Erfahrungen so aufgenommen werden, als handelte es sich um Beschreibungen von normalem Sex.*[251]

Der entsprechende Sprechakt wird dann etwa als Übertreibung vere standen – nicht Lüge, aber auch nicht Wahrheit – oder so, als wäre sein Inhalt ein ganz anderer, etwa die Beschreibung von konsensuellem Sex. Auch die bereits thematisierte Schuldumkehr ist eine Form der Umdeutung, die das Benennen sexualisierter Gewalt scheitern lässt. Neben der Einordnung benannter sexualisierter Gewalt als einvernehmlicher sexueller Akte, die von den Betroffenen willentlich herbeigeführt oder mindestens provoziert wurden, oder als im Grunde harmlos, ‚nicht so schlimm' oder als Kavaliersdelikt, gibt es deren Einordnung als alltäglich („Das machen doch alle so"), als Witz („Verstehst du keinen Spaß, oder was?") oder als Privatsache („Das geht dich gar nichts an").[252]

Tatsächlich passierte sexualisierte Gewalt als Beleg für das grundsätzliche Einverständnis mit der Absicht des*r Täters*in zu werten, als hätte die*der Betroffene sich absichtlich ‚nicht genug' gewehrt, ist eine sehr plumpe Art des Umdeutens. Die Sozialwissenschaftlerin Christina Thürmer-Rohr beschreibt den dahinterliegenden Mechanismus wie folgt:

250 Brachmann 2019a, S. 7.
251 Langton 2007, S. 140f.
252 Wiesental 2017, S. 91.

[D]ie stattgefundene Vergewaltigung galt als Beweis ihrer Einwilligung, ihrer Übereinstimmung mit den Absichten des Mannes, der lediglich über einige mannhaft genommene Hürden hinweg ihr schließlich das verschafft hatte, was auch sie von ihm wollte.[253]

Mindestens bis in die 1990er Jahre hinein war dies ein recht häufiger Umgang mit Vergewaltigungsvorwürfen. Damit verbunden ist die absurde Vorstellung, dass man es ja wohl schaffen würde, eine*n Angreifer*in abzuwehren, wenn man es nur wirklich wollte.[254] Immerhin etwas Fortschritt scheint es im Umgang mit sexualisierter Gewalt gegeben zu haben, denn, zumindest glaube ich das, so dreist werden Betroffene heutzutage nicht mehr abgewimmelt. Diese Veränderung gesellschaftlicher Einstellungen wird auch von der 2016 vorgenommenen Reform des deutschen Sexualstrafrechts widergespiegelt. Seitdem sind Vergewaltigungen strafbar, auch wenn sich die betroffenen Personen ‚nicht ausreichend' körperlich wehren. *Vor* dieser Reform reichte der erkennbare Wille (also zum Beispiel ein deutliches ‚Nein') nicht aus, um den Straftatbestand der Vergewaltigung zu erfüllen (§ 177 StGB).

Diese Form der Umdeutung, also die Zuschreibung von Einverständnis nach einem Übergriff, lebt aber in subtilerer Form weiter. Umso öfter passiert es, dass das Benennen sexualisierter Gewalt als Beschreibung von ‚normalem' bzw. konsensuellem Sex aufgefasst wird. Dabei wird zwar nicht geleugnet, dass ‚etwas' passiert ist, doch die entsprechenden Ereignisse werden nicht als gewalttätige, demütigende oder strafbare Übergriffe gegen den Willen der Betroffenen aufgefasst, sondern relativiert und verharmlost.[255] Die betreffenden Ereignisse werden dann etwa zu ‚schlechtem Sex' umgedeutet, statt den ausgeübten Zwang, die physische oder psychische Gewalt, anzuerkennen.

Die entstimmlichende Praktik, eine Gewalterfahrung zu einer konsensuellen umzudeuten, funktioniert auch deswegen, weil Sexualität ja tatsächlich komplex und mehrdeutig sein kann und manche Situationen unterschiedliche Interpretationen zulassen. Wie Linda Martín Alcoff betont, wäre es ein Fehler, so zu tun, als sei es (auch für die betroffene Person selbst) immer einfach, eine klare Linie zwischen einer konsensuellen Begegnung und sexualisierter Gewalt zu ziehen.[256] Auch Situationen oder Beziehungen, in denen ‚affirmative consent' gegeben wird, können

253 Thürmer-Rohr 1989, S. 22.

254 Paradoxerweise wurde den Frauen damals auch der Ratschlag gegeben, sich gegen sexualisierte Übergriffe möglichst nicht zu wehren, um nicht das Leben zu riskieren. Bart und O'Brien 1985, S. 40.

255 Einige Feminist*innen, die sich etwa an Catherine MacKinnon anschließen, sehen dies als Indiz dafür, dass die manchmal ununterscheidbare Melange aus Zwang und Begehren auch prinzipiell die Konsensualität von heterosexuellem Sex infrage stellt. Hänel 2018, S. 145.

256 Alcoff 2018, S. 60.

im Nachhinein als manipulativ, ausbeuterisch und vielleicht sogar gewalttätig angesehen werden.[257] Rona Torenz widmet dem Umstand ein ganzes Buch, dass auch die Anwendung des Konsensprinzips – egal, ob es sich um ‚Nein heißt Nein' oder ‚Ja heißt Ja' handelt – Ambivalenzen in sich birgt und (zum Beispiel) patriarchale Machtstrukturen beim Sex nicht ausschaltet.[258] Umso wichtiger sind daher im Umgang mit Betroffenen das Prinzip der Parteilichkeit[259] (siehe Kapitel fünf) sowie eine grundsätzliche Reflexion der Faktoren, derentwegen manche Menschen in bestimmten (sexuellen) Situationen nicht in der Lage sind, ihre Wünsche zu spüren und zu artikulieren, ihre Zustimmung zurückzuziehen oder Widerstand auszudrücken.

Die Feststellung, dass die Unterscheidung zwischen sexualisierter Gewalt und Sex *nicht immer eindeutig* getroffen werden kann, stellt jedenfalls keine Rechtfertigung dafür dar, dem Sprechen der Betroffenen die Legitimität abzuerkennen und sie damit zu entstimmlichen. Erstens gehören die allermeisten gewaltvollen Situationen eben *nicht* zu diesen Grenzfällen; und zweitens ist es gerade deswegen, weil nicht alle Situationen *objektiv* und eindeutig geklärt werden können, umso wichtiger, denen ganz genau zuzuhören, die Grenzüberschreitungen innerhalb uneindeutiger Situationen benennen.

Eine weitere Form der Umdeutung ist Schuldumkehr. Schuldumkehr führt sehr häufig dazu, dass eine Offenbarung oder Anklage nicht gesprochen werden kann. Schuldumkehr weist den Betroffenen neben der Belastung durch die erlebte Gewalt auch die Verantwortung dafür zu, dass sie überhaupt passiert ist, und schützt und entlastet damit die Täter*innen. Betroffenen die Verantwortung für von anderen zugefügtes Leid zuzuschreiben ist ein integraler Bestandteil des Mythos der Kontrollierbarkeit des Risikos, vergewaltigt zu werden.[260] Schuldumkehr wird erzeugt und gestärkt durch Verhaltensnormen besonders für FLINTA, welche suggerieren, dass sich das Risiko, belästigt oder vergewaltigt zu werden, tatsächlich kontrollieren ließe (siehe Kapitel vier). Schuldumkehr ermöglicht zudem Othering in Bezug auf sexualisierte Gewalt (siehe ebenfalls Kapitel vier), da dadurch der Glaube aufrechterhalten werden kann, dass man selbst es – im Gegensatz zu den undisziplinierten, fehlbaren, nicht durchsetzungsfähigen Betroffenen

257 Alcoff 2018, S. 160. Solche Situationen sind dann vielleicht nicht strafrechtlich relevant, aber das heißt nicht, dass man sie nicht als gewaltvoll anerkennen sollte.

258 Torenz 2019. Das bedeutet zum Beispiel, dass ein verbal gegebenes ‚Ja' nicht in jeder Situation das Unterscheidungsmerkmal zwischen einvernehmlichem Sex und sexualisierter Gewalt sein kann.

259 Mit ‚Parteilichkeit' ist die (politische) Entscheidung gemeint, Betroffene nicht infrage zu stellen und ihnen ihre Geschichte bedingungslos zu glauben.

260 Hall 2004, S. 6.

– schon schaffen werde, Gewaltsituationen aus dem Weg zu gehen; oder auch, aus anderer Perspektive, dass man selbst es schon merken, verstehen und respektieren werde, wenn die*der andere einem*r fehlende Lust oder Zustimmung zu einer sexuellen Handlung signalisiert.

Wie bereits in Kapitel zwei erläutert wurde, erfüllt Schuldumkehr sowohl für Betroffene als auch für Außenstehende (und natürlich auch für die Täter*innen) eine entlastende Funktion, da dadurch insbesondere der Glaube an die eigene Unverletzlichkeit und an den sinnvollen Aufbau der (sozialen) Welt aufrechterhalten werden kann.[261] Es sind daher nicht nur Täter*innen, die eine solche Verschiebung der Verantwortung vornehmen, sondern vor allem Außenstehende und auch Betroffene selbst, die die entsprechenden Normen verinnerlicht haben.

Betroffenen die Schuld für Gewalterfahrungen zuzuschreiben, entbindet die Zuhörer*innen zugleich davon, ihre eigenen Handlungsweisen hinterfragen oder selbst aktiv werden zu müssen. Das gilt sowohl für das Handeln gegenüber den Betroffenen, also ob ihnen Unterstützung und Anerkennung gewährt werden, als auch hinsichtlich der eigenen Verhaltensweisen, die unter Umständen sexualisierte Gewalt ermöglichen und verharmlosen oder sogar selbst grenzüberschreitend sind. An die Mitschuld der Betroffenen zu glauben ist einfacher, als sich mit ihrem Leid, dessen Abwendbarkeit und der eigenen Verstrickung darin auseinanderzusetzen.

Die fehlende Anerkennung für das Sprechen Betroffener, so erläutert Judith Herman, führt letztendlich dazu, dass die Gewalterfahrungen zum ‚Unaussprechlichen' bzw. ‚Unsagbaren' werden – nicht, weil sie *an sich* so schrecklich sind, dass sich ihre Beschreibung dem Raum des Sagbaren entzieht, sondern weil den Berichten der Betroffenen aufgrund des Unwillens der *Zuhörenden* keine Aufmerksamkeit oder kein Glauben geschenkt wird.[262] Schmerz oder Leid zu vermitteln ist schwierig, was in der Natur der Sache liegt. Renée Heberle etwa weist darauf hin, dass sich Schmerz der Beschreibung widersetze.[263] Aber konkrete Geschehnisse lassen sich im Rahmen der jeweiligen Verfügbarkeit von Erinnerungen sehr wohl benennen. Wer als Außenstehende*r erklärt, dass es ‚keine Worte' gebe, um traumatische Erfahrungen zu beschreiben, drückt damit wahrscheinlich nur aus, dass er*sie nicht willens ist, diese anzuhören. Damit wird das Stigma fortgeschrieben, mit dem sowohl sexualisierte Gewalt an sich als auch die konkret Betroffenen belegt sind.[264]

261 Janoff-Bulman und Frieze 1983, S. 11.
262 Herman 1993, S. 19.
263 Heberle 1996, S. 65.
264 Emcke 2013, S. 101.

Dies spielt vor allem Täter*innen in die Hände und ist zum Beispiel dann besonders problematisch, wenn es Betroffene davon abhält, mit Strafverfolgungsbehörden zusammenzuarbeiten, und ihnen aufgrund der illokutionären Entmachtung ein Teil ihrer juristischen Rechte verwehrt bleibt.[265]

Wer die Erfahrung macht, kein Gehör zu finden, die*der zweifelt früher oder später an der eigenen Fähigkeit, innerhalb gesellschaftlicher Diskurse eine anerkannte Position einzunehmen.[266] Die Erfahrung, dass die möglicherweise traumatischen Erfahrungen nicht besprochen werden können, kommt zur ursprünglichen Verletzung noch hinzu: Wer nicht als gleichberechtigte Stimme am sozialen Gespräch teilnehmen kann, verliert einen Teil seiner Handlungsmacht.

265 Solnit 2017, S. 35; Gash und Harding 2018, S. 6. Ich will damit natürlich nicht sagen, dass alle Betroffenen Anzeige erstatten sollten – vor allem nicht unter den gegenwärtigen Bedingungen –, aber diese Entscheidung sollte zumindest aus freien Stücken getroffen werden können und nicht aufgrund der Erwartung unterlassen werden, damit sowieso keinen Erfolg zu haben.
266 Brison 2004, S. 23.

4. Kapitel: Legitimes Sprechen – Instrumentalisierung und Opfer*diskurs

Trotz der vielfältigen Formen sprachlicher Gewalt in Vergewaltigungsdiskursen, die ich bereits beschrieben habe, ist es ganz offensichtlich *nicht* so, dass Betroffene von sexualisierter Gewalt niemals öffentlich und selbstbestimmt über ihre Erfahrungen sprechen (können). Denn sie melden sich ja zu Wort: auf Twitter oder in anderen sozialen Netzwerken, in Zeitungsartikeln, auf Blogs wie *Ansichtssache*,[267] in Talkshows, Gerichtsverfahren etc. Sexualisierte Gewalt wird in Theaterstücken künstlerisch verhandelt und es gibt darüber hinaus zahlreiche fiktionale Darstellungen Betroffener in Filmen, Kurzgeschichten oder Romanen. Ich selbst betreibe gemeinsam mit Birte den Podcast *Not your Opfer*,[268] in dem wir über sexualisierte Gewalt sprechen – und natürlich schreibe ich dieses Buch, das ihr gerade lest. Das würde ich selbstverständlich nicht tun, wenn ich nicht prinzipiell davon ausginge, dass selbstbestimmtes Sprechen über sexualisierte Gewalt möglich ist (wobei es sicherlich kein Zufall ist, dass wir den Podcast ohne Anbindung an externe Strukturen und Fördermittel produzieren). Dennoch habe ich das Gefühl, dass meine Wortmeldungen diesbezüglich prekär sind und mir merkwürdige Reaktionen und Hindernisse begegnen, die ich in Bezug auf andere Themen so nicht kenne.

Manche Arten, über sexualisierte Gewalt zu sprechen, passen so gut zu sozial verankerten Vorurteilen und Klischees über das Thema, dass es sich dabei, so könnte man sagen, um *legitimes* Sprechen über sexualisierte Gewalt handelt. Legitim sind natürlich auch Expert*innendiskurse, aber darum soll es an dieser Stelle nicht gehen. In den vorigen Kapiteln dieses Buches wurden Dimensionen sprachlicher Gewalt behandelt, die darauf zurückgehen, dass *unerwünschtes* bzw. illegitimes Sprechen über sexualisierte Gewalt be- bzw. verhindert werden soll. Im Gegensatz dazu gibt es auch tolerierte, legitime oder sogar *erwünschte* Formen des öffentlichen Sprechens. In diesen Fällen können Betroffene (weitgehend) ungehindert sprechen, ihnen wird zugehört und geglaubt. Im besten Falle führt dies zu gelingendem Sprechen über sexualisierte Gewalt (mehr dazu im fünften Kapitel). Ich denke jedoch, dass sprachliche Gewalt sich nicht darin erschöpft, dass Betroffene im buchstäblichen Sinne zum Verstummen gebracht werden oder mit ihren

267 http://ansichtssache.blogsport.eu/
268 http://notyouropfer.de/

Versuchen, sich zu Wort zu melden, keine Resonanz erfahren bzw. nicht verstanden werden. Vielmehr denke ich, dass auch auf der sogenannten *perlokutionären* Ebene eines Sprechakts sprachliche Gewalt ausgeübt werden kann. Diese Formen sprachlicher Gewalt sind, etwa im Vergleich zu sprachlicher Gewalt auf lokutionärer Ebene, nicht gleichermaßen mühelos zu erkennen und zu verstehen. Was sprachliche Gewalt auf perlokutionärer Ebene genau bedeutet, werde ich nun erläutern.

Perlokutionäre Sprechakte und sprachliche Gewalt

Die Perlokution ist jener Teil eines Sprechakts, der mit seinen Folgen und Auswirkungen zu tun hat. Zeitlich sind diese der Ausführung eines Sprechakts zumeist nachgeordnet, und sie unterliegen daher nicht mehr der Kontrolle der Sprecher*innen. In der Regel vollzieht ein*e Sprecher*in einen Sprechakt mit einer bestimmten *Intention,* die auf Nachfrage benannt werden könnte. Die intendierten Folgen sind typischerweise der Grund dafür, warum ein Sprechakt überhaupt getätigt wird. Wenn ich eine andere Person zum Beispiel bitte, das Fenster zu schließen, dann tue ich das (meistens) nicht, weil ich den Klang meiner Stimme so schön finde oder um Beziehungsarbeit zu leisten. Stattdessen habe ich die Intention, die Person dazu zu bringen, das Fenster tatsächlich zu schließen. Die Perlokution besteht also in der *Absicht,* durch den Sprechakt ganz bestimmte *Veränderungen in der Welt zu erzielen* (das geschlossene Fenster, den wärmeren/leiseren Raum, die Unterordnung einer Person unter meinen Willen).

An diesem simplen Beispiel zeigt sich bereits eine Besonderheit des perlokutionären Aktes, denn nicht jede Absicht lässt sich auch tatsächlich umsetzen. Der perlokutionäre *Akt,* also die mit dem Sprechakt verknüpfte *Intention,* und die tatsächlichen perlokutionären *Effekte* können auseinanderfallen – und sie tun das auch häufig, was mal mehr, mal weniger offensichtlich oder gravierend ist. Wenn ein Sprechakt auf perlokutionärer Ebene scheitert, heißt das, dass er zwar ausgeführt werden kann, aber eben nicht die intendierten Effekte erzielt. Rae Langton bezeichnet das Scheitern eines Sprechaktes auf dieser Ebene zunächst als ‚perlokutionäre Frustration'.[269]

Tatsächlich ist diese Frustration eine häufige Alltagserfahrung. Es ist normal, dass geäußerte Worte nicht immer die erwünschte Wirkung erzielen, und es wäre vermessen zu fordern, dass dies doch stets so sein sollte. Die Vielfältigkeit der sozialen Welt ergibt sich unter anderem

269 Langton 2007, S. 129.

dadurch, dass sie keinen deterministischen Gesetzen folgt und eben *nicht* jeder Sprechakt automatisch die beabsichtigte Wirkung entfaltet.

Wie bereits im Zusammenhang mit illokutionären Sprechakten erläutert wurde, ist es unter anderem eine Frage sozialer Macht, ob Sprechakte gelingen. Als Beispiel für perlokutionäre Frustration nennt Langton die Einladung zu einer Party, der die geladenen Gäste nicht folgen. Natürlich kann niemand sie dazu zwingen, zu einer Party zu gehen, zu der sie nicht gehen wollen – etwa weil sie verhindert sind oder die Gastgeberin nicht besonders schätzen.[270] Nicht jedes Scheitern eines perlokutionären Aktes ist daher eine Form sprachlicher Gewalt. Vielmehr müssen Sprecher*innen damit rechnen, dass sie ihre Absichten nicht immer umsetzen können. Anders verhält es sich aber, wenn *bestimmte* Sprecher*innen *systematisch* benachteiligt, missverstanden oder von bestimmten Debatten ausgeschlossen werden. Unter Umständen kann das Scheitern bestimmter perlokutionärer Akte eine politische Dimension annehmen.[271]

Das folgende Kapitel handelt nun genau von dieser systematischen diskursiven Benachteiligung von Betroffenen von sexualisierter Gewalt. Ich gehe davon aus, dass die Absicht Betroffener, wenn sie ihre Gewalterfahrungen öffentlich machen, häufig darin besteht, von anderen Anerkennung, Gerechtigkeit und Unterstützung zu erhalten. Allerdings beobachte ich, dass die tatsächlichen Effekte dieser Offenbarungen (sofern sie überhaupt Resonanz erfahren) häufig eben nicht darin bestehen, Betroffenen in ihrer Verletzung, Wut oder Scham zur Seite zu stehen, nach Lösungen zur Verbesserung ihres Zustands oder nach Möglichkeiten zur Umsetzung von Gerechtigkeit oder Wiedergutmachung zu suchen. Vielmehr wird Sprechen über sexualisierte Gewalt regelmäßig für Zwecke instrumentalisiert, die mit den Intentionen und Bedürfnissen der Sprechenden nicht übereinstimmen oder diesen sogar *entgegenlaufen*. Die Offenbarung von Erfahrungen sexualisierter Gewalt wird in solchen Fällen etwa zur Reproduktion und Rechtfertigung sexistischer, rassistischer oder klassistischer Vorurteile missbraucht. Auch das Bedienen voyeuristischer Vorlieben einer (Medien-)Öffentlichkeit durch intime Details in einer enthüllenden (Sensations-)Berichterstattung gehört

---

270 Ist die einladende Person zum Beispiel eine bekannte Politikerin, der bei anstehenden Wahlen ein gutes Ergebnis prognostiziert wird, oder stehen die Eingeladenen in einem Abhängigkeitsverhältnis zu ihr, erhöht sich aufgrund der sozialen Macht der Person die Wahrscheinlichkeit, dass die eingeladenen Gäste über ihre Abneigung hinwegsehen oder Termine verlegen, um den von der Gastgeberin intendierten perlokutionären Effekt eintreten zu lassen. Sind die Gäste wiederum *gezwungen* zu erscheinen, handelt es sich bei dem Sprechakt um einen Befehl, der wiederum auf eine vorgängige Autorität angewiesen ist.

271 Langton 2007, S. 113.

dazu.[272] Wird das Benennen einer Gewalttat in einer der genannten Weisen instrumentalisiert, bedeutet das für Betroffene den Kontrollverlust über ihre Rede und eine Entmündigung, die über die konkrete Situation des erlebten ersten Übergriffs weit hinausreicht.

Darüber hinaus denke ich, dass der sich verselbständigende Opfer*diskurs zu einer Restriktion der diskursiven Position führt, von der aus (glaubwürdig) über sexualisierte Gewalt gesprochen werden kann. Dies wird noch genauer erläutert. Betroffene müssen sich überlegen, ob sie sich bestimmten, durch Vergewaltigungsmythen geprägten Normen unterwerfen wollen, um als glaubwürdiges, ‚echtes' Opfer anerkannt zu werden – oder ob sie durch eine Missachtung dieser Erwartungen in Kauf nehmen, dass ihnen von anderen, Täter*innen oder vermeintlich Unbeteiligten, ihre Betroffenheit abgesprochen wird.

Sprachliche Gewalt auf perlokutionärer Ebene wirkt also *formativ*, das heißt gestaltend, auf Vergewaltigungsdiskurse ein. Das Resultat ist nicht, dass *gar nicht* über sexualisierte Gewalt gesprochen wird, sondern dass die Art und Weise des Sprechens geprägt wird.

Instrumentalisierung und VerAnderung

Sexismus

Vergewaltigungsmythen sowie Gewalterfahrungen tatsächlich Betroffener können zur Rechtfertigung von Sexismus instrumentalisiert werden. Das geschieht zum Beispiel, indem sie als Begründung für Maßnahmen angeführt werden, die FLINTA als besonders verletzlich geltende Personengruppe unterdrücken und einschränken. Diese Maßnahmen sind mehrheitlich weder empowernd noch effektiv im Sinne wirkungsvoller Prävention. Tatsächlich stattfindende sexualisierte Gewalt und die Berichte Betroffener zur Reproduktion von Sexismus zu instrumentalisieren, stellt eine Form sprachlicher Gewalt auf perlokutionärer Ebene dar. Dabei entsteht ein spezifisches Viktimisierungsnarrativ, also eine feststehende Erzählung über die Verletzlichkeit und über Verletzungen dieser Personengruppen. Dieses Viktimisierungsnarrativ geht, wie ich zeigen werde, über den Opfer*diskurs weit hinaus

272 Es ist nicht ausgeschlossen, dass Betroffene selbst dazu beitragen, durch Berichte über erlebte Übergriffe zum Beispiel rassistische Vorurteile zu bestätigen und anzuheizen; genauso wie es möglich ist, dass sie die (Medien-)Aufmerksamkeit durch die Preisgabe intimer Details provozieren und genießen. Ich gehe jedoch davon aus, dass es sich dabei in aller Regel *nicht* um intendierte Effekte, sprich die perlokutionäre Intention, handelt.

und bereitet den Mechanismus der Schuldumkehr vor: die Vorstellung (ganz bestimmter) vulnerabler, potenziell Betroffener von sexualisierter Gewalt, die für ihre Sicherheit selbst verantwortlich sind.

Das entsprechende Narrativ wird bereits in der Kindheit etabliert: Insbesondere kleinen Mädchen wird in ihrer Erziehung beigebracht, dass sie erstens einem besonderen Risiko unterliegen, vergewaltigt zu werden, dass dies zweitens das Schlimmste ist, was ihnen in ihrem Leben passieren kann, und dass es drittens normal ist, sich deswegen schmutzig und beschämt zu fühlen und in der Folge sogar zusammenzubrechen.[273] Tatsächlich *fördern* solche Narrative gerade Gefühle der Schuld und Scham nach einem Übergriff. Als Täter* werden außerdem (zum Beispiel in präventiv gedachten Kinderbüchern zum Thema sexualisierte Gewalt) fremde cis Männer gezeigt, statt der Tatsache ins Auge zu blicken, dass Täter*innen überwiegend dem sozialen Nahraum der Kinder entstammen. Zugleich wird die fatale Botschaft vermittelt: Kinder müssen selbst auf sich aufpassen und ‚dürfen nicht mit Fremden mitgehen', um zu verhindern, sexualisierter Gewalt ausgesetzt zu werden.[274] So wird bereits Kindern beigebracht, dass die Verantwortung für die eigene Unversehrtheit bei ihnen selbst liegt.

Susan Brison bezeichnet die Integration dieser Erzählung in die Sozialisation insbesondere von Mädchen als ‚vorweggenommene Erinnerung'[275] an eine Vergewaltigung, da diese als Möglichkeit (oder sogar als Unausweichlichkeit) immer schon präsent ist. Insbesondere der *weiße*, ableisierte, cis weibliche Körper wird dadurch als vergewaltigbarer Körper konstruiert und die maskuline Macht über feminine Körper dabei diskursiv reproduziert und gefestigt.[276] Dies ist ein neuerliches Beispiel für die essenzialisierende, dichotome Zuschreibung von Schwäche und Passivität zu Weiblichkeit und von im Kontrast dazu stehender Macht und Handlungsfähigkeit zu Männlichkeit. Dabei wird ignoriert, dass es sich bei Verletzungsoffenheit um eine anthropologische Konstante handelt: Jeder Körper ist grundsätzlich verwundbar, ganz unabhängig von Geschlecht, sozialer Position oder anderen Parametern.

Die konstruierte ‚Vergewaltigbarkeit' bestimmter Personengruppen hat einerseits *prospektiv* spezifische Ängste und Schutzmaßnahmen zur Folge. Das Viktimisierungsnarrativ wirkt sich aber andererseits auch darauf aus, welche Reaktionen von Betroffenen *nach* Erfahrungen sexualisierter Gewalt erwartet werden, sprich: wie ein imaginiertes ‚echtes' Opfer* aussieht und wie es sich zu verhalten hat. Die Konstruktion des ‚echten'

273 Veselka 2006, S. 57.
274 Strothmann 2019.
275 Brison 2004, S. 110.
276 Heberle 1996, S. 68.

Opfers* sieht in etwa so aus: cis weiblich, jung, schlank, attraktiv, nicht sexuell selbstbestimmt, körperlich ableisiert, der Mittelschicht angehörig, körperlich verletzt, traumatisiert, weinend und gedemütigt, wenn es über die Tat sprechen muss.[277]

Problematisch an diesem Narrativ ist nicht nur die Zuschreibung besonders großer Vulnerabilität zu bestimmten Körpern, was wiederum durch risikominimierendes Verhalten kompensiert werden muss. Hinzu kommt, dass der Fokus auf das vermeintliche Risiko der *einen* die Gewalt unsichtbar macht, die *andere* tatsächlich erleben. Gerade Personengruppen, die von dem auf *weiße*, cis weibliche, ableisierte Körper fokussierten Viktimisierungsnarrativ nicht erfasst werden, erleben tatsächlich häufiger und schwerwiegendere Formen sexualisierter Gewalt oder gewalttätige Übergriffe. Damit meine ich insbesondere Women of Colour, trans*, inter* und agender Personen und Menschen mit Be_hinderungen und Beeinträchtigungen sowie Sexarbeiter*innen, obdachlose Menschen, geflüchtete Menschen und Gefängnisinsass*innen. Die Musikerin FaulenzA berichtet in ihrem Buch *Support your Sisters not your Cisters* im Kontext von Trans*feindlichkeit bzw. speziell Trans*misogynie:

> *Street Harresment [sic!] (Belästigung auf offener Straße) läuft bei trans*Frauen noch etwas anders als zum Beispiel bei weißen able bodied cisFrauen. Manche rufen uns blöde Anmachsprüche hinterher, andere erkennen uns als Trans* und wollen uns am liebsten gleich in die Fresse hauen. Trans*Frauen scheinen mir für viele als Personen zu gelten, die mensch einfach anfassen, belästigen und verprügeln darf.*[278]

Die Studienlage ist je nach Personengruppe in Bezug auf dieses Thema nicht besonders gut, aber die Tendenzen sind sehr eindeutig: Eine US-amerikanische Studie aus dem Jahr 2010 zeigt etwa auf, dass People of Colour und trans* Personen annähernd doppelt so häufig Hasskriminalität (also nicht nur sexualisierte Gewalt) wie *weiße* nicht trans* Personen erfahren.[279] Aus der gleichen Studie geht hervor, dass die spezifische Gruppe der LGBQ dreimal so viel sexualisierte Gewalt erfahren wie heterosexuelle Menschen.[280] Trans* Personen erhalten häufiger als andere Personengruppen trotz behandlungsbedürftiger Verletzungen nach einem Übergriff keine medizinische Hilfe und trans* Frauen erstatten

277 Dazu wird weiter hinten in diesem Kapitel noch mehr gesagt.
278 FaulenzA 2017, S. 78.
279 National Coalition of Anti-Violence Programs 2011, S. 16.
280 National Coalition of Anti-Violence Programs 2011, S. 23.

mit noch geringerer Wahrscheinlichkeit als Personen mit anderen trans* Identitäten Anzeige bei der Polizei.[281] Eine deutsche Studie aus dem Jahr 2012 ergab weiterhin, dass Frauen[282] mit Be_hinderung deutlich häufiger Gewalt erfahren als der Bevölkerungsdurchschnitt. Jede vierte bis zweite Frau mit Be_hinderung hat in ihrer Kindheit und Jugend sexualisierte Gewalt erfahren,[283] das ist zwei- bis dreimal mehr als der Bevölkerungsdurchschnitt (zumindest laut Studienlage). Sexarbeiterinnen und geflüchtete Frauen erfahren ebenfalls überdurchschnittlich häufig (sexualisierte) Gewalt.[284] All diese Personengruppen werden bei der Imagination von Vulnerabilität und Schutzbedürftigkeit eher nicht mitgedacht. Gefängnisse, Heime oder Lager, in denen geflüchtete, obdachlose oder be_hinderte Menschen leben, werden tendenziell nicht als Orte wahrgenommen, wo sexualisierte Gewalt passiert.[285] All diese Orte sind jedoch nicht ‚natürlich' oder zufällig entstanden, sondern wurden gesellschaftlich hervorgebracht. Dass die Rahmenbedingungen dieser Orte strukturell so angelegt sind, dass sich sexualisierte Gewalt dort besonders häuft, wird stillschweigend toleriert.[286] Die vorweggenommene Viktimisierung *weißer*, ableisierter cis Frauen verschleiert also, wer real besonders von sexualisierter Gewalt betroffen ist.

Obwohl es richtig ist, dass sexualisierte Gewalt für viele Betroffene eine entsetzliche Erfahrung mit häufig tiefgreifenden Auswirkungen darstellt, ist dieses Viktimisierungsnarrativ auch deshalb hoch problematisch, weil es als Rechtfertigung dafür herangezogen wird, als besonders vulnerabel imaginierte Personengruppen in ihrer Bewegungs- und Handlungsfreiheit einzuschränken.[287] Die Betonung der Verletzungsoffenheit insbesondere von Frauen und Mädchen bürdet ihnen zugleich die Verantwortung für vermeintlich angemessenes, risikominimierendes Verhalten auf. „Eine Art Haftungsausschluss [für den*die Täter*in] verbirgt sich hinter dieser Subjektposition: Nur du allein kannst dich retten."[288] Daher müssten bestimmte ‚riskante' Orte generell oder zu

281 National Coalition of Anti-Violence Programs 2011, S. 21.
282 Die beiden deutschen Studien beziehen sich meines Wissens nur auf Frauen bzw. wahrscheinlich sogar nur auf cis Frauen. Daher wird hier nicht gegendert.
283 Schröttle und Hornberg 2012, S. 21.
284 Müller und Schröttle 2005, S. 23ff.
285 Damit meine ich insbesondere auch Gewalt, die den dort lebenden Menschen zum Beispiel durch Sicherheits- oder Pflegepersonal oder anderen dort arbeitenden Menschen angetan wird.
286 Antons und Busch 2017, S. 74.
287 Diese eingeschränkten Handlungsoptionen betreffen nicht nur potenzielle Opfer*, sondern auch tatsächlich Betroffene, etwa wenn Frauen nach Gewalt durch (Ex-)Partner*innen geraten wird, in ein Frauenhaus zu gehen und ihr komplettes Leben hinter sich zu lassen, während der*die Täter*in im gewohnten Umfeld verbleibt. Hagemann-White 1992, S. 12.
288 „A disclaimer hovers below the surface of this subject-position: Only you can save yourself." Hall 2004, S. 6; Übersetzung G. M., G. A. und L. S.

bestimmten Zeiten gemieden und spezifische Kleider- und Verhaltensnormen (keine(n) oder kaum Alkohol oder Drogen konsumieren, keine ‚sexy' Kleidung tragen, nicht mit Männern alleine sein, nicht alleine reisen oder trampen etc.) befolgt werden, es dürfe kein offensives oder provokantes Flirtverhalten praktiziert werden etc. Besonders empörend ist, dass potenziellen Täter*innen *keine* gleichermaßen die Bewegungs- und Handlungsfreiheit einschränkenden Verhaltensweisen auferlegt werden. Cis Männer, die mit Abstand größte Täter*innengruppe, profitieren vom Viktimisierungsnarrativ in dieser Hinsicht besonders. Gleichzeitig hat der zugrundeliegende (Hetero-)Sexismus und die eindeutige Rollenverteilung des ‚rape scripts' für sie insofern noch die spezifische Bedeutung, dass ihnen etwaige Betroffenheit häufig nicht geglaubt wird. Es handelt sich bei der Konstruktion feminin konnotierter Verletzungsoffenheit und stereotyper Täter*bilder also um sexistische Schemata, die viel mehr der Kontrolle und dem Zuschreiben von Eigenverantwortung als dem Schutz der als vulnerabel imaginierten Personengruppen dienen.[289]

Die angebliche Wirksamkeit der genannten ‚Schutzmaßnahmen' gehört in den Bereich der Vergewaltigungsmythen. Dennoch handelt es sich dabei zu einem guten Teil um internalisierte Verhaltensnormen, deren Existenz den Boden für Schuldumkehr bereitet. Die Anforderungen an risikominimierendes Verhalten sind so umfassend und zugleich so willkürlich, dass findige Täter*innenschützer*innen es vermutlich schaffen werden, in den Einzelheiten einer jeden konkreten Gewalttat Details zu finden, mit denen sich die Verantwortung für die erlittene Gewalt der betroffenen Person zuschreiben lässt.

Individualisierung öffnet Mechanismen der Schuldumkehr ein zusätzliches Einfallstor: der Unterstellung, dass Betroffene es im Einzelfall aufgrund eigenen Verschuldens ‚nicht geschafft' haben, sich wirkungsvoll vor sexualisierter Gewalt zu schützen, oder dass sie diese Gewalt durch riskantes oder von sozialen Normen abweichendes Verhalten sogar provoziert haben. Das ist ein Grund dafür, warum ich es für keine besonders gute Idee halte, wenn in den Medien Einzelschicksale ohne entsprechende Kontextualisierung ausführlich besprochen werden. Die Umkehr und die Individualisierung von Schuld verschleiern die Verantwortung der Täter*innen und den strukturellen Charakter sexualisierter Gewalt.

289 Wie Rachel Hall hervorhebt, handelt es sich dabei nicht nur um sexistische, sondern auch um rassistische und klassistische Normen, insofern ignoriert wird, dass viele Frauen ihnen überhaupt nicht folgen *können*. Eine Schichtarbeiterin zum Beispiel kann nachts nicht zuhause bleiben. Angela Davis arbeitet zudem heraus, dass Schwarze Frauen ohnehin als promisk und sexuell unersättlich phantasiert werden und sie daher gar nicht als dazu legitimiert gelten, Übergriffe abzulehnen. Dadurch werden privilegierte *weiße* Frauen als wertvoller und gleichzeitig gefährdeter konstruiert als Arbeiterinnen oder Schwarze Frauen. Hall 2004, S. 4; Davis 1982, S. 175.

Ich möchte gerne zwei Beispiele für die vorwegnehmende Viktimisierung und die darin bereits angelegte Schuldumkehr anführen. Berühmt geworden ist erstens dieser öffentliche Ausspruch eines kanadischen Polizeibeamten aus dem Jahr 2011: „Frauen sollten es vermeiden, sich wie Schlampen anzuziehen, um nicht zum Opfer (von Gewalt) gemacht zu werden“[290], was eine krasse Form der Schuldumkehr darstellt und der Auslöser für weltweite Demonstrationen war, den sogenannten Slutwalks.[291] Rebecca Solnit macht zweitens unter der Überschrift *The Case of the Missing Perpetrator* auf die Leitlinien des *Center for Disease Control and Prevention*, einer Bundesbehörde des US-amerikanischen Gesundheitsministeriums, aus dem Jahr 2014 aufmerksam. Darin wird Alkohol als Risikofaktor und alleinige Ursache für Verletzungen und von Gewalt gegen Frauen, für sexuell übertragbare Krankheiten und ungewollte Schwangerschaften benannt – ohne zu thematisieren, dass es für all diese Dinge zumindest einer anderen aktiv handelnden Person bedarf, teilweise sogar einer Person, die über fruchtbare Spermien verfügt.[292] Beide Beispiele stammen, das nur nebenbei bemerkt, von Vertreter*innen der politischen Exekutive. Ihnen ist gemeinsam, dass die Täter*innen unsichtbar gemacht und die Verantwortung für etwaige Gewalttaten allein den betroffenen Personen und ihrem angeblich riskanten Verhalten zugeschrieben werden.

Die durch das Viktimisierungsnarrativ suggerierte Kontrollierbarkeit des Risikos, sexualisierte Gewalt zu erleben, und die damit einhergehende, unkomplizierte Möglichkeit, Betroffenen ‚Versagen‘ zu unterstellen, erfüllen allerdings durch die Ermöglichung sogenannter VerAnderung auch eine entlastende Funktion für die Gesellschaft sowie für das Umfeld betroffener Personen. ‚VerAnderung‘ bzw. ‚Othering‘ in Bezug auf sexualisierte Gewalt bedeutet, dass man sie in der Regel im Fremden oder im Außen lokalisiert und nicht als etwas betrachtet, das einem selbst oder Angehörigen der eigenen sozialen Gruppe oder Familie passiert oder das man vielleicht sogar selbst ausübt. Sexualisierte Gewalt ist erschreckend und bedrohlich, und risikominimierende Verhaltensnormen suggerieren eine entlastende, faktisch nicht bestehende Kontrollierbarkeit. Durch das Gefühl von Kontrolle und Vorhersehbarkeit kann

290 „Women should avoid dressing like sluts in order not to be victimized.“ SlutWalk TO 2017; Übersetzung G. M., G. A. und L. S.
291 SlutWalks stellen zugleich ein Beispiel für das fehlende Bewusstsein für Rassismus der überwiegend *weiß* geprägten Bewegung gegen sexualisierte Gewalt dar. In einem offenen Brief kritisierten Schwarze Frauen die Bewegung: Für sie sei eine Wiederaneignung des Begriffs ‚Slut‘ nicht gleichermaßen verfügbar wie für *weiße* Frauen, da diese abwertende Bezeichnung in einer langen Tradition der Verharmlosung sexualisierter Gewalt gegen Schwarze Frauen stehe. Black Women’s Blueprint 2011.
292 Solnit 2016.

sexualisierte Gewalt vom eigenen Selbst bzw. Umfeld distanziert und als etwas gesehen werden, das nur den (fahrlässigen, provozierenden …) *anderen* passiert.

Zur VerAnderung von Täter*innen werde ich im nächsten Unterkapitel mehr sagen. Auf die VerAnderung Betroffener bezogen ist die Feststellung wichtig, dass die benannten Verhaltensnormen und darin angelegten Möglichkeiten zur Schuldumkehr es Unbeteiligten ermöglichen, Betroffene ab- und sich selbst gleichzeitig aufzuwerten, frei nach dem Motto: „Die Betroffenen haben leider darin versagt, sich zu schützen, aber mir wird das selbstverständlich nicht passieren, denn ich passe ja gut genug auf mich auf." Mal ganz abgesehen davon, dass auch die einschränkendsten Verhaltensregeln keine Garantie dafür bieten, keine sexualisierte Gewalt zu erleben, da sie klischeemäßig auf Fremdtäter* zielen – Nichtbetroffene vermeiden dadurch zudem die Reflexion ihrer eigenen Verstrickung in Rape Culture und ihrer selbst als Gewalt ermöglichende oder zumindest tolerierende Personen.[293]

Die den als besonders vulnerabel imaginierten cis Frauen und cis Mädchen aufgebürdete Verantwortung für die eigene Unverletztheit, die dadurch hervorgerufenen Ängste sowie die Einschränkung zugänglicher Orte, Handlungsmöglichkeiten und Optionen zur Selbstverwirklichung sind Teil der Unterdrückung in ohnehin von patriarchaler Macht durchzogenen Gesellschaften. Die Drohkulisse sexualisierter Gewalt dient zur Rechtfertigung dieser Ungleichbehandlung. Das Benennen von stattgefundener sexualisierter Gewalt, gerade dann, wenn sie gängigen Vergewaltigungsmythen entspricht, kann dieses Viktimisierungsnarrativ *verstärken*: Das Sprechen der Betroffenen kann in diesen Fällen wie ein Geständnis fungieren, tatsächlich so vulnerabel wie angenommen zu sein.[294] Berichte und Erfahrungen Betroffener können solchermaßen zur Rechtfertigung sexistischer Unterdrückung instrumentalisiert werden. Linda Martín Alcoff verwendet im Anschluss an José Medina den Begriff ‚echoability'. Damit ist die Eignung einer Geschichte gemeint, Anklang oder Widerhall zu finden, also ein Echo zu erzeugen – an sich eine neutrale Vorstellung. Nicht neutral ist es, wenn nur bestimmten Geschichten, die gut zu ohnehin vorhandenen Vorurteilen, Mythen und Klischees passen, Legitimität zugeschrieben wird und nur sie ein Echo erzeugen, während andere Geschichten, die dazu geeignet sind, diese Vorurteile ins Wanken zu bringen, ignoriert oder angezweifelt werden. Dabei handelt es sich letztlich um sprachliche Gewalt auf perlokutionärer Ebene, da

293 Fragner 2017, S. 57.
294 Alcoff 2012, S. 275.

die Intentionen und Bedürfnisse Betroffener nach Empowerment, Anerkennung, wirkungsvoller Prävention, Gerechtigkeit und Hilfe keine Rolle spielen oder diesen sogar zuwidergehandelt wird.

Beispiel: Selbstverteidigungs- und Selbstbehauptungskurse

Ein ambivalentes Beispiel dafür, wie potenzielle Betroffene von sexualisierter Gewalt für ihre eigene Unverletztheit selbst verantwortlich gemacht werden, ist die Empfehlung, Selbstverteidigungs- bzw. Selbstbehauptungskurse zu besuchen. Natürlich ist es gut, wenn Menschen im Falle eines Angriffs wissen, wie sie sich möglichst effizient und erfolgreich dagegen wehren können. Das Wissen darum, dass es sich lohnt, sich zu wehren, muss sogar als Errungenschaft bezeichnet werden: Ich kenne mehrere Quellen aus den 1980er und 1990er Jahren, die belegen, dass es zu dieser Zeit ein gängiger Rat war, sich gegen sexualisierte Gewalt *nicht* zu wehren, um das eigene Leben nicht aufs Spiel zu setzen.[295]

Ich selbst habe aber schon schlechte Erfahrungen speziell mit einem *Selbstverteidigungskurs* gemacht und finde es problematisch und irreführend, wenn solche Kurse ohne weitergehende Reflexion als wirkungsvolle Prävention gegen sexualisierte Gewalt gelten. Letztlich adressieren sie nicht die eigentlichen Ursachen sexualisierter Gewalt: die Verantwortung der Täter*innen, Rape Culture und gesellschaftliche Machtunterschiede. Ich habe dazu mehrere Gedanken.[296]

Zunächst einmal unterscheide ich zwischen Selbstverteidigung einerseits und Selbstbehauptung andererseits: Selbstverteidigung beschränkt sich auf das Kämpfen, also auf die (körperliche) Abwehr eines Angriffs mithilfe bestimmter Techniken. Selbstbehauptung, insbesondere feministische, geht viel weiter und umfasst die Fähigkeit, sich der eigenen Rechte und Grenzen bewusst zu sein und diese kommunizieren zu können. Situationen der körperlichen Konfrontation gilt es tendenziell zu vermeiden, zu verlassen und verbal oder körpersprachlich abzuwehren, statt tatsächlich mit einer Person zu kämpfen. Das dabei vermittelte Selbstbewusstsein und das Bewusstsein der eigenen Stärke und Handlungsmacht haben das Potenzial, bereits ganz alltägliche (nicht gewaltvolle) Situationen und Beziehungsdynamiken zu ändern. Wer weiß, wozu sie*er in der Lage ist, kann ihren*seinen Platz in der Gesellschaft behaupten und sich durchsetzen, was zur Emanzipation und Gleichberechtigung aller Geschlechter beiträgt. Ein großes Selbstbewusstsein führt im besten Falle zu größerer Bewegungs- und Handlungsfreiheit,

295 Bart und O'Brien 1985, S. 40; Marcus 1992, S. 395.
296 Vielen Dank an Judith und vor allem an Birte für unsere Diskussionen zu diesem Thema.

Unabhängigkeit und der Lust, sich neue Räume anzueignen. Feministisches Selbstbehauptungstraining ist damit ein emanzipatorisches Instrument im besten Sinne.[297]

Wichtig ist in diesem Zusammenhang auch die Unterscheidung zwischen einer stereotypen Vergewaltigung durch einen gewalttätigen Fremden und sexualisierter Gewalt im sozialen Nahbereich. Wenn in einem Selbstverteidigungskurs der Kampf und die körperliche Abwehr von Übergriffen im Fokus stehen, dann ist der imaginierte Täter* offensichtlich ein Fremder und der imaginierte Tatort der öffentliche Raum. Wie aber bereits mehrfach betont wurde, wird durch diese enge Vorstellung nur ein Bruchteil tatsächlich stattfindender sexualisierter Gewalt erfasst. Täter*innen sind viel häufiger der*die (Ex-)Partner*in, Freund*innen oder Familienangehörige wie die eigenen Eltern oder Großeltern oder andere Menschen aus dem eigenen Nahbereich. Diesen Personen, mit denen man sich in engen sozialen Beziehungen befindet, körperliche Schmerzen zuzufügen, um sich aus einer gewaltvollen Situation zu befreien, ist möglicherweise viel schwieriger, als sich gegen eine fremde Person zu wehren. Zudem müssen gerade diese nahestehenden Personen zur Überwältigung der Betroffenen selbst nicht zwangsläufig körperliche Gewalt anwenden – Manipulation oder Drohungen reichen aus. Ich bezweifle daher stark, dass die in einem Selbstverteidigungskurs erlernten Techniken bei sexualisierter Gewalt im persönlichen Nahbereich nützlich sind. Die Empfehlung von Selbstverteidigungskursen als wirksame Prävention gegen sexualisierte Gewalt geht meiner Meinung nach letztlich Vergewaltigungsmythen auf den Leim.

Umso wichtiger ist es, dass Selbstverteidigungs- und Selbstbehauptungskurse selbst dazu genutzt werden, über Vergewaltigungsmythen aufzuklären und Wissen über Gewaltdynamiken zu vermitteln, wie es etwa die Leitlinien des *Bundesfachverbandes feministische Selbstbehauptung und Selbstverteidigung* vorsehen.[298] Dazu gehört auch die Vermittlung dessen, dass man es in einer konkreten Situation körperlicher Gewalt möglicherweise nicht schaffen wird, sich erfolgreich zu wehren. Das ist sehr wichtig, um der Schuldumkehr vorzubeugen. Zudem sind gerade komplizierte Hebel und Griffe in Alltagssituationen nicht praktikabel. Hier gilt es eine Vielfalt an Persönlichkeiten, Reaktionen, Erfahrungen und Handlungsstrategien wertzuschätzen. Meine eigene Erfahrung in einem (nicht feministischen) Selbstverteidigungskurs speziell für Frauen war, dass auf all dies keinen Wert gelegt wurde

297 Dies gilt natürlich gleichermaßen für entsprechende spezielle Angebote für trans* oder queere Personen oder be_hinderte Menschen.

298 Bundesfachverband feministische Selbstbehauptung und Selbstverteidigung o. J.

und die Kursleitung sexistische Stereotype und Vergewaltigungsmythen sogar noch befeuert hat. Beim Belegen eines solchen Kurses sollte daher auf die Einhaltung von Qualitätsstandards und eine feministische Grundhaltung geachtet werden.

Selbstverteidigungskurse und Kampfsport allgemein stellen dennoch das Werkzeug dafür bereit, dass wehrhafte FLINTA mit dem gängigen ‚rape script‘[299] brechen. Mit ‚rape script‘ meine ich in diesem Kontext primär den Glauben, dass ein cis Mann es aufgrund seiner angeblichen körperlichen Überlegenheit in aller Regel schaffen wird, FLINTA zu überwältigen, womit gleichzeitig impliziert wird, dass allein diese Personenkonstellationen relevant für die Betrachtung von sexualisierter Gewalt wären. Bei diesem ‚rape script‘ handelt es sich lediglich um eine Konstruktion. Diese ist zwar nicht ‚falsch‘, denn sie verwirklicht sich in sozialen Situationen. Sobald allerdings eine der beteiligten Personen aus guten Gründen (etwa aufgrund eines absolvierten Trainings) davon überzeugt ist, dass sich Widerstand lohnt, gerät diese Konstruktion ins Wanken. FLINTA, die sich wehren, brechen diese Konstruktion auf gleich zwei Ebenen: erstens in gewaltvollen Situationen selbst und zweitens dadurch, dass ein alternativer Möglichkeitshorizont von Wehrhaftigkeit bzw. Verletzungsmacht entsteht, der gegen die Konstruktion vulnerabler, potenzieller Opfer* antritt.

Das Fazit aus diesen Überlegungen lautet daher: Selbstbehauptungskurse sind notwendig in einer ungleichen, unsicheren, sexistischen, rassistischen, trans*feindlichen, diskriminierenden und gewaltvollen Gesellschaft. Marginalisierte Gruppen zu stärken und dadurch auf das soziale Machtgefüge einzuwirken, kann sexualisierte und andere Formen von Gewalt verhindern oder einschränken. Doch insbesondere *Selbstverteidigungskurse* pauschal als Instrument zur Prävention gegen sexualisierte Gewalt zu empfehlen, bedeutet, die Verantwortung für die Vermeidung und Verhinderung von Gewalt denen zu übertragen, die sie erleiden, statt sie bei denen zu belassen, die sie verursachen: den Täter*innen und der Gesellschaft. Feminin konnotierte Verletzungsoffenheit wird dadurch essenzialisiert, also fälschlicherweise dem Wesen von FLINTA zugeschrieben, statt sie als soziale, veränderliche Konstellation zu begreifen, und zudem wird die Furcht von FLINTA vor sexualisierter Gewalt normalisiert.[300] Diese Verantwortungsverschiebung folgt also letztlich dem sexistischen Viktimisierungsnarrativ, statt es zu durchbrechen.

---

299 Marcus 1992, S. 390.
300 Hall 2004, S. 10.

Rassismus

Wie bereits grundlegend die US-amerikanische Philosophin und Aktivistin Angela Davis herausgearbeitet hat, sind Vergewaltigungsdiskurse nicht nur von Sexismus, sondern auch von Rassismus geprägt. Rassistische Täter*innenkonstruktionen bestimmen, dass Schwarze bzw. rassifizierte Männer viel eher als potenzielle Vergewaltiger* gelten als *weiße* Männer. Auch Verletzungsoffenheit ist rassistisch konnotiert: *Weiße* Frauen gelten als vulnerabler als Schwarze Frauen.[301] Davis benennt Ersteren als den ‚Mythos vom Schwarzen Vergewaltiger', der stets heraufbeschworen wird, wenn Diskriminierung und Gewalt gegen People of Colour einer Rechtfertigung bedürfen.[302] Vergewaltigungsvorwürfe und das Schutznarrativ werden instrumentalisiert, um rassistische Handlungen zu legitimieren. Dadurch wird gleichzeitig sexualisierte Gewalt verAndert. Sara Farris bezeichnet die Vereinnahmung feministischer Ideale für antimuslimische, rassistische und nationalistische Positionen auch als ‚Femonationalismus'.[303]

In den USA wird in theoretischen Auseinandersetzungen mit sexualisierter Gewalt historisch bedingt ein stärkerer Fokus auf die rassistischen Aspekte von Vergewaltigungsdiskursen gelegt als in Deutschland. Deutschland hat zwar eine Kolonialgeschichte, doch rassistische Täter*innenkonstruktionen und VerAnderungsprozesse werden häufig nicht als Problem erkannt und benannt.[304] Solche Positionen wurden allerdings nach der Silvesternacht 2015/16 in Köln auf einen Schlag salonfähig. Auslöser dafür waren zahlreiche sexualisierte Übergriffe auf *weiße* Frauen durch Männer of Colour in dieser Nacht. Die Kulturwissenschaftlerin Gabriele Dietze bezeichnet diese Geschehnisse und ihre mediale Repräsentation auch als ‚Ereignis Köln'. Die Botschaft laute: „Die Bürgerkriegs-Flüchtlinge sind gefährlich für deutsche

301 Hall 2004, S. 5. Zudem sind, so Davis, Schwarze Frauen mit den übrigen in diesem Buch behandelten Formen sprachlicher Gewalt mit besonderer Schärfe konfrontiert, da ihnen häufig etwa von Strafverfolgungsbehörden entweder kein Glauben geschenkt wird oder sogar zusätzliche Gefahr (bis hin zu weiterer sexualisierter Gewalt) droht. Davis beklagt zudem die Indifferenz der (überwiegend *weiß* geprägten) Bewegung gegen sexualisierte Gewalt gegenüber diesen spezifischen Benachteiligungen. Davis 1982, S. 166. Die oben bereits angesprochenen SlutWalks zeigen, dass es hier nach wie vor Leerstellen gibt.

302 Davis 1982, S. 165f.

303 Farris 2011, S. 322f. et passim.

304 Die Kolonialgeschichte ist von der Hierarchie zwischen Kolonisierenden und der lokalen Bevölkerung gekennzeichnet. Die vermeintliche oder tatsächliche Unterdrückung von Frauen sowie sexualisierte Gewalt wurden und werden häufig zur Rechtfertigung für Interventionen, Besatzung oder Zivilisierungsmissionen herangezogen, wobei die einheimischen Frauen als hilflos, durch rassifizierte Männer bedroht und der Rettung durch vermeintlich überlegene *weiße* Männer (oder *weiße* Frauen) bedürftig betrachtet wurden oder werden. Auch in aktuellen feministischen Debatten etwa zum Thema Kopftuch oder ‚kulturelle Gewalt' (also Gewalt, die angeblich im kulturellen Hintergrund angelegt ist) sind diese postkolonialen Denkmuster erkennbar. Philipose 2009, S. 177f.; Sauer 2016, S. 8.

Frauen, die Flüchtlinge müssen wieder weg"[305]. Sexualisierte Gewalt wird durch die Verknüpfung mit Rassismus zur Ausnahme stilisiert, die von außen, in diesem Fall angeblich durch Geflüchtete, in die deutsche Gesellschaft importiert wird. Durch diese Strategie kann das rassistische Ressentiment unter dem Deckmantel vermeintlich feministischer Positionen ausgelebt werden, ohne dass man sich mit den tatsächlich schon immer bestehenden Problemen von Gewalt gegen FLINTA bzw. sexualisierter Gewalt beschäftigen müsste. ‚Köln' konnte auch deswegen so einen riesigen medialen Widerhall finden, weil die entsprechenden rassistischen Narrative im Diskurs durch rechtsextreme Medien wie *PiNews* oder Akteur*innen wie der AfD schon längst angelegt waren.[306]

Das ‚Ereignis Köln' deckt sich mit einem allgemeinen Muster, das in zahlreichen Formen auftritt, häufig auch im Zusammenhang mit kriegerischen Auseinandersetzungen: Sexualisierte Gewalt als Ausnahmezustand wird unzivilisierten oder sogar barbarischen ‚Anderen' zugeschrieben, nicht aber Mitgliedern der hegemonial-*weißen* Mehrheitsgesellschaft.[307]

In Bezug auf kriegerische Auseinandersetzungen wird dieses Framing als ‚woanders' lokalisierter Ausnahmezustand besonders deutlich. Es kommt natürlich auf den Kontext an, aber ich verdächtige auch Hinweise auf den Horror sexualisierter Gewalt in kriegerischen Auseinandersetzungen daher hin und wieder, Ablenkungsmanöver von der *eigenen* sexualisierten Gewalt zu sein. Dabei müsste man die sexualisierte Gewalt in Kriegen und Konflikten viel eher als Kontinuität zum gewaltvollen gesellschaftlichen Normalzustand betrachten denn als Ausnahmezustand.

Sexualisierte Gewalt erscheint durch das Othering der Täter*innen also als Problem der Anderen bzw. als importiertes Problem. Ein weiteres Beispiel dafür ist die rassistische Wahlwerbung der Partei AfD im Landtagswahlkampf in Rheinland-Pfalz 2021: „Deutsche Frau kein Freiwild. Kapiert?"[308] Dies lässt sich spöttisch auf die Formel bringen, *weiße* deutsche Männer beanspruchten das Monopol auf Gewalt gegen deutsche Frauen.[309] Durch diese Logik des „sicherheitspolitischen Notfalls"[310] und die damit einhergehende ‚Auslagerung' des Problems wird der Blick auf die ohnehin herrschende Gewaltförmigkeit des Geschlechterverhältnisses und der eigenen sexualisierten Gewalt

305 Dietze 2016, S. 93.
306 Werthschulte 2017.
307 Philipose 2009, S. 199.
308 Friess 2021.
309 Dies wird etwa im Theaterstück *Yes but No* zum Ausdruck gebracht, das am 7.9.2018 im Gorki Theater in Berlin Premiere feierte.
310 Dietze 2016, S. 101.

verschleiert – das ‚Eigene' erscheint im Kontrast sogar besonders fortschrittlich und gleichstellungsorientiert und wird damit aufgewertet.[311] Tatsächliche oder auch nur imaginierte sexualisierte Gewalt sowie die Berichte Betroffener werden so für rassistische und sicherheits- oder migrationspolitische Belange instrumentalisiert. Die Bedürfnisse und Interessen der Betroffenen spielen dabei jedoch keine Rolle und werden häufig nicht einmal angehört: Es wird sprachliche Gewalt auf perlokutionärer Ebene ausgeübt.[312]

Gemeinsamkeiten von rassistischer und sexistischer Instrumentalisierung

Die beschriebenen Instrumentalisierungen sexualisierter Gewalt für sexistische und rassistische Diskurse haben signifikante Gemeinsamkeiten. Die sexistische Instrumentalisierung bezieht sich primär auf Vorstellungen davon, wer betroffen ist, also angeblich vor allem cis Frauen als zumindest potenzielle Opfer*. Die rassistische Instrumentalisierung hat vorwiegend mit den imaginierten Tätern* zu tun: Es handelt sich dabei um eine Form der VerAnderung. Durch VerAnderung kann die Welt strukturiert und sexualisierte Gewalt erklärt bzw. Lösungen angeboten werden, ohne sie im *Eigenen* verorten zu müssen. Dies ist nicht nur ein moralisches Problem (im Sinne der erwarteten Verhaltenseinschränkungen bzw. Vorverurteilungen), sondern auch ein erkenntnistheoretisches Problem, denn – wie bereits im ersten Kapitel erläutert wurde – eine falsche bzw. verzerrte Vorstellung von sexualisierter Gewalt führt dazu, dass ihr Auftreten möglicherweise nicht erkannt wird.

Als erste Gemeinsamkeit laufen die entsprechenden gesellschaftlichen Debatten letztlich *ohne* Betroffene als aktive Gesprächsteilnehmer*innen ab. Was ihnen zugestoßen ist und welches Leid damit einhergeht, welche Konsequenzen sie daraus ziehen wollen – all das ist nicht von Belang. Die entsprechenden Debatten verselbständigen

311 Sauer 2011, S. 50; Hark und Villa 2017, S. 104.

312 Ein Beleg dafür ist das im Juni 2016 verabschiedete neue deutsche Sexualstrafrecht. Zwar werden dort von feministischer Seite lange geforderte Änderungen umgesetzt, wie die Strafbarkeit sexueller Handlungen gegen den Willen einer Person: Dies entspricht der schlichten Forderung ‚Nein heißt Nein'. Gleichzeitig beinhaltet die Gesetzesnovelle auch den sehr unklaren neuen Straftatbestand sexualisierter Gewalt bzw. Belästigung ‚aus Gruppen' heraus (§ 184j StGB) sowie die Möglichkeit, Täter*innen ohne deutsche Staatsbürger*innenschaft sowie Asylsuchende deswegen abzuschieben. Die Vermischung der Strafbarkeit krimineller Akte mit dem Aufenthaltsrecht, also zweier Bereiche, die zunächst einmal wenig miteinander zu tun haben, ist umso problematischer, da die Definition von ‚Belästigung aus Gruppen' so unklar ist und noch nicht einmal einer konkreten Person zugerechnet werden muss. In der ganzen Gesetzesnovelle schwingt die rassistische Unterstellung mit, Täter*innengruppen ohne deutsche Staatsbürger*innenschaft seien in Hinblick auf sexualisierte Gewalt besonders relevant. Kromm 2017; Antons und Busch 2017, S. 78ff.

sich und werden zu einem Sprechen *über* die Betroffenen statt *mit* ihnen; vielleicht kommt es gar zu einem Themenwechsel und statt sexualisierter Gewalt stehen andere Dinge im Mittelpunkt.[313] Damit wird den Betroffenen die Möglichkeit zur Selbstrepräsentation und zum Ausdruck ihrer Wünsche und Bedürfnisse genommen, was zur (abermaligen) Objektifizierung Betroffener innerhalb dieser Diskurse führt. Die Betroffenen werden zum bloßen Vehikel, mithilfe derer rassistische, klassistische oder sexistische Stereotype ausgelebt und gerechtfertigt werden.

Zweitens haben die skizzierte Ablösung von den ursprünglichen Intentionen und Bedürfnissen der Sprecher*innen und die Verselbständigung der Debatten den Effekt, Distanz zwischen Betroffenen und Täter*innen auf der einen Seite und nicht Betroffenen auf der anderen Seite zu erzeugen. Betroffene sind diejenigen, die es – anders als man selbst es täte – ‚nicht geschafft' haben, sich erfolgreich zu schützen. Täter*innen hingegen sind *Andere,* Fremde, psychisch Kranke oder Eindringlinge, die den vermeintlichen gesellschaftlichen Frieden stören. Grundsätzlich kann auch anders als rassistisch verAndert werden, etwa indem Täter*innen als psychisch krank konstruiert werden (der Mythos vom Triebtäter* lässt grüßen). So oder so werden sie als *Andere,* als Eindringlinge, als Monster oder als pathologisch vorgestellt – was, nebenbei bemerkt, eine merkwürdige Parallele zur Pathologisierung der Betroffenen darstellt, die im zweiten Kapitel besprochen wurde.[314] Dadurch wird der ganze Komplex sexualisierter Gewalt als Ausnahme markiert.[315] Es handelt sich dabei um die VerAnderung nicht nur der Täter*innen, sondern ebenso der Betroffenen. Indem sexualisierte Gewalt als Sonderfall eingerahmt wird, wird die Illusion einer gewaltfreien Normalität aufrechterhalten.

Diese Klassifizierung von Gewalt als Sonder- bzw. Einzelfall und die VerAnderung von Täter*innen sind allerdings offensichtlich nicht auf sexualisierte Gewalt beschränkt. Sie treffen ebenso auch auf andere Formen von Gewalt zu, deren Auftreten tiefgreifende gesellschaftliche

---

313 Hark und Villa 2017, S. 109. Das können etwa sicherheits- oder migrationspolitische Fragen sein oder das Thema der Sicherheit bzw. Belästigung im öffentlichen Raum (obwohl, wie gesagt, die meisten Übergriffe Zuhause bzw. im sozialen Nahbereich stattfinden). Auch eine Debatte über die Erhöhung von Strafmaßen sehe ich als Ablenkung vom Thema, solange, wie in der Einleitung erwähnt, nur maximal drei bis vier Prozent aller Vorfälle sexualisierter Gewalt überhaupt vor Gericht landen.

314 Meiner Meinung nach verweist die Pathologisierung sowohl der Betroffenen als auch der Täter*innen auf die Sehnsucht, sexualisierte Gewalt entsprechend dem medizinischen Bild von Krankheit dort zu therapieren, wo sie sich manifestiert, und sie dadurch zu ‚heilen' bzw. auszumerzen.

315 Mit dieser Distanzierung und der damit besonders einhergehenden Fassungslosigkeit der Betroffenen und Täter*innen selbst sowie ihres Umfelds angesichts sexualisierter Gewalt und den sich daraus ergebenden Vorwürfen spielt übrigens auch der Titel des 2018 erschienen Romans von Bettina Wilpert über eine Vergewaltigung und ihre Folgen: *Nichts, was uns passiert.* Wilpert 2018.

Probleme offenbart, wie etwa rassistische oder antisemitische Gewalttaten und Anschläge.

Der Opfer*diskurs als Einschränkung von Sprecher*innenpositionen

Legitimes Sprechen über sexualisierte Gewalt ist von den Normen des Opfer*diskurses geprägt. Der Opfer*diskurs bestimmt, welche *intelligiblen,* also verständlichen und anerkennbaren diskursiven Positionen Betroffene überhaupt einnehmen können, wenn sie über sexualisierte Gewalt berichten wollen. Die Möglichkeiten, die eigene Betroffenheit zu vermitteln und gleichzeitig den damit einhergehenden Erwartungen gerecht zu werden, sind begrenzt und unterliegen regulierenden, konventionell festgesetzten Normen.[316] Um als betroffene Subjekte in den Diskurs eintreten und damit eine Form gesellschaftlicher Existenz einnehmen zu können, die die Erfahrung sexualisierter Gewalt integriert, halten Betroffene daher teilweise *selbst* an eindimensionalen, verletzenden Existenzformen wie dem Opfer*status fest.[317] Der Opfer*diskurs führt dazu, dass andere, sich ihm widersetzende Arten des Sprechens über sexualisierte Gewalt *nicht intelligibel* sind, da sich der Ort ihrer Herkunft und die Weise ihrer Artikulation zu stark von der verfügbaren Position des Opfers* unterscheiden.

In den 1960er und 1970er Jahren, als Feminist*innen darum kämpften, zunächst Gewalt gegen cis Frauen als Problem überhaupt ins Blickfeld der Öffentlichkeit zu rücken, gab es keine Alternative zur Betonung des Opfer*status vergewaltigter Frauen. Christina Thürmer-Rohr schreibt etwa: „Nur über die Opferrolle war es überhaupt möglich, auf den ‚Ernst', auf den persönlichen Schaden, das politische Gewicht und die juristische Relevanz des Vergewaltigungsverbrechens aufmerksam zu machen."[318] Die Betonung der Allgegenwart und des zerstörerischen Einflusses sexualisierter Gewalt auf das Leben Betroffener (cis Frauen) war notwendig, um überhaupt ein Problembewusstsein zu schaffen. Ein Effekt dieser Strategie war es jedoch, dass erlebte sexualisierte Gewalt in die *Identität* der Betroffenen aufgenommen wurde, anstatt dass sie als etwas ihnen Äußerliches begriffen worden wäre.[319] Betroffene identi-

316 Butler 2006, S. 16.

317 Butler 2006, S. 48f.

318 Thürmer-Rohr 1989, S. 22.

319 Marcus 1992, S. 391. Dies gilt, so Marcus, ebenso für Täter*innen: Auch in ihrem Fall wird die Tat ihrem Wesen zugeschrieben und nicht als der Person äußerlich begriffen. Eine solche Denkweise

fizierten sich mit ihrer Betroffenheit, obwohl sie ihnen von außen und mit Gewalt aufgezwungen wurde – und das auch noch als politische Notwendigkeit, um sexualisierte Gewalt überhaupt skandalisieren zu können.

Mittlerweile ist das Festschreiben Betroffener auf den Opfer*status, das zunächst durch die Offenlegung der Ausmaße der Gewalt eine emanzipierende Funktion hatte, dysfunktional geworden. Die Opfer*position verheißt zwar nach wie vor Hilfe, Anerkennung und Solidarität (auch wenn diese Versprechen häufig nicht eingelöst werden). Die verfügbaren sprachlichen Positionen haben sich mit der Zeit jedoch nicht nennenswert erweitert. Das Einnehmen der sprachlichen Position des Opfers* und das Erlangen von Deutungshoheit über die eigenen Gewalterfahrungen gehen damit einher, bestimmte Teile der eigenen Persönlichkeit oder der eigenen Geschichte zu unterdrücken oder auszublenden, um überhaupt als wahrhaftige*r Betroffene*r (der*die nicht lügt, nicht übertreibt oder gar ‚nur von schlechtem Sex berichtet') anerkannt zu werden. So kann es etwa sein, dass Betroffene es verschweigen, wenn sie sich vor der Tat auf eine Weise verhalten haben, die als provokant gewertet werden könnte oder die von den Normen akzeptierten sozialen Verhaltens abweicht. Auch Aspekte der Selbstbestimmung, wie das Einfordern der Verwendung von Kondomen, um sexuell übertragbare Krankheiten oder eine Schwangerschaft zu verhüten, sowie die Entscheidung, bestimmte Handlungen zu ertragen oder umgekehrt an dem*r Täter*in durchzuführen, um weitere (physische) Gewalt zu verhindern oder zu verkürzen, wecken Zweifel an der Wahrhaftigkeit des Opfer*status und werden daher mitunter verschwiegen. Letztlich stehen auch eine ‚überraschend' gute oder ruhige Verfassung der*s Betroffenen, das (vermeintliche) Fehlen traumatischer Symptome sowie allgemein das Führen eines gelingenden Lebens nicht im Einklang mit den Normen des Opfer*diskurses.[320]

Betroffene, die an die Öffentlichkeit gehen, inszenieren daher in der Unterwerfung unter gesellschaftliche Erwartungen oftmals eine (von mir) sogenannte Opfer*performance. Diese soll ein soziales Umfeld, Polizist*innen, Richter*innen oder eine mediale Öffentlichkeit von

---

in Bezug auf Betroffene kann dazu führen, dass man die Betroffenheit einer Person darauf zurückführt, dass sie eben besonders vulnerabel oder ein geborenes Opfer* sei, und die Täter*innenschaft einer Gewalt ausübenden Person darauf, dass sie eben ein vergewaltigendes Monster sei – was wiederum die strukturellen Ermöglichungsbedingungen der Gewalt ebenso wie die Willensfreiheit und die damit verknüpfte Verantwortung für das eigene Handeln aus dem Blick geraten lässt. Es wird ausgeblendet, dass Täter*innen sich dazu *entscheiden,* sexualisierte Gewalt auszuüben, und soziale Verhältnisse vorfinden, die ihnen die Umsetzung ihrer Entscheidung ermöglichen.

320 Dies ist auch ein Erklärungsansatz dafür, warum so viele Betroffene unsichtbar bleiben (können): Aufgrund des gefestigten Opfer*bildes und erwarteter Verhaltensweisen werden sie schlicht nicht als Betroffene von sexualisierter Gewalt gelesen.

der Aufrichtigkeit der Betroffenen überzeugen. Die*der Ankläger*in muss einem bestimmten Bild entsprechen, um die Legitimität und Glaubwürdigkeit ihres*seines Anliegens belegen und zum Beispiel die Möglichkeit der Strafverfolgung wahrnehmen zu können.[321] Bei dieser Anpassung an den Opfer*diskurs handelt es sich um die Zurichtung des eigenen Selbst als verletzliches und verletztes Subjekt.[322] Ohne Frage sind viele Betroffene von sexualisierter Gewalt verletzt und verletzlich – aber es sollte eine selbstbestimmte Entscheidung sein, sich auf diese Weise zu zeigen, statt durch gesellschaftliche Normen in diese Rolle hineingezwungen zu werden.

Eine paradigmatische Bühne zur Aufführung von Opfer*performances sind Gerichtssäle. Sharon Lamb beschreibt, wie vor Gericht zu diesem Zweck ein zurückhaltender, aber dennoch adretter Kleidungsstil gewählt und ein gefasstes, keinesfalls rachsüchtig wirkendes Verhalten an den Tag gelegt wird. Dieses Verhalten wird lediglich bei der Schilderung der sexualisierten Gewalt von Emotionen und Schwäche gebrochen, die das eigene Leiden und die Nachwirkungen der Tat zeigen.[323] Zeichen von Handlungsfähigkeit – etwa in Form von Zorn, Empörung, Rachlust, Selbstbewusstsein, Souveränität oder (körperlichen Anzeichen) sexueller Lust[324] – passen nicht zum Opfer*status und erwecken Misstrauen.[325]

Die Anerkennung als Betroffene*r geht demnach mit „bestimmten standardisierten Mustern der Viktimisierung und entpolitisierten Arten der Verletzbarkeit“[326] einher. Wer diesen nicht entspricht, läuft Gefahr, dass ihre*seine Betroffenheit für andere nicht intelligibel ist. Betroffene müssen sich diesen Regeln daher bis zu einem gewissen Grad unterwerfen, um ihre Erfahrungen sexualisierter Gewalt für andere nachvollziehbar zu machen. Der Opfer*diskurs wird zugleich immer dann reproduziert, wenn Betroffene auf der Suche nach Anerkennung seinen Regeln folgen.

---

321 Athanasiou und Butler 2014, S. 111f.

322 Haag 1996.

323 Lamb 1999, S. 116ff. Dabei steht auch die falsche Annahme im Hintergrund, dass Taten sexualisierter Gewalt moralisch umso verwerflicher sind, je schlimmer die Nachwirkungen und gegebenenfalls klinische Symptome sind, die sie bei dem*r Betroffenen hervorrufen.

324 Damit sind zunächst Anzeichen von Erregung während eines Übergriffs gemeint, die auch gegen den Willen der betreffenden Person durch die bloße Stimulation der entsprechenden Körperregionen hervorgerufen werden können. Aber auch das Ausleben selbstbestimmter Sexualität vor oder nach der Tat erweckt Misstrauen, als habe die Person die Tat entweder provoziert oder leide nicht genug darunter, etwa in Form eines sexuellen Traumas.

325 Lamb 1999, S. 127; Sanyal 2016, S. 82f. Auch Erzählungen, in denen sich Personen erfolgreich gegen einen Angriff zur Wehr gesetzt haben, gibt es aus diesen Gründen kaum, passen sie doch nicht zur zugeschriebenen Vulnerabilität bestimmter Personengruppen. Gavey 1999, S. 73.

326 Athanasiou und Butler 2014, S. 129.

Ein aufschlussreiches Beispiel dafür, wie einer Person aufgrund ihres nicht zu den Normen des Opfer*diskurses passenden Auftretens und insbesondere aufgrund ihrer selbstbestimmten Sexualität die Betroffenheit von sexualisierter Gewalt aberkannt wird, sind die Gerichtsverfahren aufgrund der Vergewaltigungsvorwürfe von Gina-Lisa Lohfink im Jahr 2016. Obwohl es von ihrer Vergewaltigung sogar ein Video gibt, wurden die Täter freigesprochen und Lohfink wurde wegen Falschbeschuldigung verurteilt.[327] Daran zeigt sich, dass nur ganz bestimmte Personen als ‚vergewaltigbar' gelten bzw. ein ‚Nein' für sie glaubhaft sprechbar ist. Wer, wie Lohfink, bewusst darauf verzichtet, angeblich risikominimierenden Verhaltensnormen zu folgen, verwirkt damit offensichtlich den Anspruch darauf, als Betroffene*r von sexualisierter Gewalt anerkannt zu werden.

Neben Gerichtssälen gibt es eine weitere paradigmatische Bühne, auf der Opfer*performances aufgeführt werden: die mediale Inszenierung von Einzelschicksalen. Die Reproduktion von Opfer*diskursen und der damit einhergehende Sensationalismus wurden besonders eindrücklich von Linda Martín Alcoff und Laura Gray beschrieben.[328] Einerseits kann öffentliches Sprechen, etwa in einer Talkshow, ein gutes Mittel sein, Menschen im Publikum zu bestärken, die ihrerseits sexualisierte Gewalt erlebt haben. Außerdem können Stereotype hinsichtlich dessen unterlaufen werden, welche Personengruppen überhaupt betroffen sind. Andererseits wird in der Öffentlichkeit eventuell nur das Spektakel der öffentlichen Beichte wahrgenommen und die betroffene Person zum Objekt von Sensationsgier gemacht, das passiv bleibt und auf Unterstützung (zumeist männlicher) Expert*innen, psychiatrische Hilfe und kollektives Mitleid angewiesen ist.[329]

Auch die bloße Aneinanderreihung von Skandalerzählungen mit immer neuen Details und immer höheren Zahlen Betroffener kann öffentliche Sensationsgier befriedigen, wie etwa ab dem Jahr 2010 die Berichterstattung über sexualisierte Gewalt gegen Kinder in Institutionen wie der Odenwaldschule oder dem Canisius-Kolleg, oder auch die über #MeToo seit 2017. Zwar ist es wichtig, dass über sexualisierte Gewalt berichtet wird. Aber es mangelt, wie Bastian Schwennigcke analysiert,

327 Sanyal 2016, S. 161ff. Nebenbei bemerkt widerlegt dies gleichzeitig die Behauptung, dass sexualisierte Gewalttaten gerade deswegen so selten verfolgt und verurteilt werden, weil es sich dabei um ein schwierig zu beweisendes Verbrechen handelt. In diesem Fall lag sogar ein Videobeweis vor, der nicht als solcher anerkannt wurde, weswegen die Täter nicht wegen Vergewaltigung verurteilt wurden. Anders betrachtet kann dieses Gerichtsverfahren auch als Beleg für die verzerrte Wahrnehmung dessen dienen, was bzw. welche Konstellationen überhaupt als Vergewaltigung gelten dürfen.

328 Alcoff und Gray 1993.

329 Alcoff und Gray 1993, S. 278.

dieser Berichterstattung häufig an inhaltlicher Breite, was dann nicht zu nennenswerten Entwicklungsschritten in der gesellschaftlichen Auseinandersetzung mit dem Thema führt. Eine Aneinanderreihung einander ähnlicher, skandalisierender Berichte führt eher dazu, dass das öffentliche Interesse am Thema irgendwann wieder erlischt.[330] Um Aufmerksamkeit zu binden und ein Echo zu erzeugen (‚echoability'), bedarf es dann immer dramatischerer Geschichten, die nicht die ‚banale Normalität' sexualisierter Gewalt widerspiegeln. Das ‚Gewöhnliche' wird dann angesichts der Extreme unwichtig.[331] Dies ist umso heikler, weil wie gesagt diese ‚gewöhnlichen', unspektakulären Taten die eigentliche ‚Normalität' darstellen. Daran zeigt sich, dass unpolitische, vielleicht sogar voyeuristische Berichterstattung über sexualisierte Gewalt sich sogar schädlich auswirken kann, denn es besteht die Gefahr, dass sie neben der Nichtbeachtung tatsächlich ‚gewöhnlicher' und ‚normaler' sexualisierter Gewalt auch eine Gewöhnung an und Normalisierung von spektakulären Formen sexualisierter Gewalt bewirkt.

Wie Seyla Benhabib sowie Wendy Brown hervorheben, muss nicht immer alles, was privat ist, an die Öffentlichkeit gezerrt werden. Für öffentliches Sprechen über sexualisierte Gewalt besteht keine Garantie des Gelingens. Ein Imperativ, zu sprechen, ist daher fehl am Platz. Die Erzählungen für die Zuschauer*innen als verstörendes Spektakel zu inszenieren, schreibt die bereits geschilderte Essenzialisierung feminin konnotierter Verletzungsoffenheit fort. Die Überflutung von Vergewaltigungsdiskursen mit intimen Details befriedigt lediglich die Neugier und den Voyeurismus des Publikums. Statt zu Empowerment oder Gerechtigkeit führt dies zu entpolitisiertem Sprechen über sexualisierte Gewalt.[332] Ich halte es zudem für einen Irrglauben, dass die Glaubwürdigkeit Betroffener steigt, je mehr Details ihrer Gewalterfahrungen sie schildern. Viel eher vergrößert sich dadurch der Schmerz, wenn ihnen daraufhin – zum Beispiel aufgrund von Diskrepanzen zu Vergewaltigungsmythen – ihre Betroffenheit abgesprochen wird.

Positiv hervorheben möchte ich in diesem Zusammenhang die #MeToo-Bewegung. Ich werde darüber im fünften Kapitel zwar noch mehr sagen, möchte aber schon vorausschicken, dass ich die Option gut finde, sich als Betroffene*r lediglich mit den Worten ‚me too' zu äußern – ohne den Zwang, weitere Informationen nachzuliefern und durch die

330 Schwennigcke 2019, S. 353f. Allerdings fällt mir 2020/21 die ungewöhnlich hartnäckige Berichterstattung über die mangelhafte Aufklärung sexualisierter Gewalt innerhalb der katholischen Kirche positiv auf: ein Beispiel dafür, wie Journalist*innen auch unabhängig vom Interesse der Leser*innen (oder Klickzahlen der Artikel) ein Thema setzen und Druck auf die Verantwortlichen ausüben können. Das sollte viel öfter geschehen.

331 Meyers 1997, S. 93.

332 Benhabib 1994, S. 295f.; Brown 2005, S. 85.

Preisgabe von Details Sensationsgier zu füttern. Dadurch wird zugleich dem Einzelfallnarrativ das Wasser abgegraben.

Mediale Inszenierungen sexualisierter Gewalt tragen durch emotionalisierende Zuspitzungen ,authentischer' Geschichten zudem dazu bei, sexualisierte Gewalt zu dramatisieren und dadurch erneut zu verAndern. Übertreibungen und Überbetonungen bestimmter Details distanzieren sie vom Alltag der Rezipient*innen und reproduzieren die Stigmatisierung der Betroffenen. Der Fokus liegt somit auf dem schrecklichen Einzelfall, der durch seine Besonderheiten erklärlich gemacht wird.[333] Ich möchte keine Kostproben dieser Art von Berichterstattung zitieren. Wer darauf aber nicht verzichten mag, erhält durch die Eingabe des Suchworts ,Vergewaltigung' bei Google News sicherlich genug Anschauungsmaterial à la „Auch lesenswert: 16-jähriges Mädchen in Israel von 30 Männern vergewaltigt".[334] Rachel Hall schreibt dazu:

> *Die performative Wiederholung des Horrors erhält den Eindruck aufrecht, dass Vergewaltigungen etwas ganz Normales sind. Ich beziehe mich hier auf: spektakuläre Präsentationen von Statistiken über sexualisierte Gewalt; apokalyptische Narrative von Vergewaltigung als einem Schicksal, das schlimmer sei als der Tod, und den fatalistischen Glauben, dass Gewalt dem Geschlechterunterschied inhärent sei.*[335]

Eine ähnlich dramatisierende und dadurch verAndernde Funktion nehmen bestimmte Redeweisen und Bezeichnungen an, die auch in der entsprechenden Fach- und/oder feministischen Literatur verwendet werden. Ein Beispiel dafür ist die Bezeichnung von Vergewaltigung als „sozialer Tod"[336] oder „Seelenmord",[337] was die Situation der Viktimisierung und Traumatisierung konserviert oder sogar idealisiert und Betroffenen letztlich die Fähigkeit zur Führung eines guten, gelingenden Lebens abspricht.[338] Ich kann zwar den Impuls nachvollziehen,

333 Lamb 1999, S. 131. Es ist wichtig festzuhalten, dass sich meine Kritik an dieser Stelle auf die Individualisierung, die VerAnderung und die Entpolitisierung bezieht, die durch dramatisierende Darstellungen sexualisierter Gewalt entstehen. Auf keinen Fall mache ich mich mit Positionen gemein, die zwar ebenfalls eine ,Dramatisierung' beklagen, argumentativ aber auf eine Verharmlosung sexualisierter Gewalt hinauslaufen.

334 news.de 2020.

335 „[T]he performative recurrence of horror secures a sense of rape's naturalness. Here I refer to: spectacular presentations of sexual violence statistics; apocalyptic narratives of rape as a fate worse than death; and the fatalistic belief that violence inheres in sexual difference." Hall 2004, S. 13; Übersetzung G. M., G. A. und L. S.

336 „social death" Winkler 1991, S. 14; Übersetzung L. S.

337 Mikkola 2012, S. 99ff.

338 Veselka 2006, S. 61.

sexualisierte Gewalt mit möglichst drastischen Worten zu verurteilen. Letztlich reflektiert diese Drastik jedoch auf die Betroffenen selbst zurück. Die Redeweise von Vergewaltigung als „sozialer Tod" (etc.) nimmt gerade die Missachtung und die sprachliche Gewalt vorweg, die Betroffene im Nachhinein häufig erfahren, und naturalisiert sie zugleich. Es liegt aber nicht in der ‚Natur der Sache', dass Betroffene von sexualisierter Gewalt soziale Ächtung erfahren, sondern andere Menschen üben diese Ächtung aus. Durch solche Verallgemeinerungen werden die Passivität sowie die Entstimmlichung und Pathologisierung Betroffener weiter fortgeschrieben.

Ein weiteres Problem des öffentlichen Sprechens entlang der Normen des Opfer*diskurses ist die dadurch suggerierte Einheitlichkeit der Geschichten bzw. die Authentizität der hörbaren Stimmen. Mediale Inszenierungen von Einzelschicksalen täuschen in ihrer Gleichförmigkeit eine diese widerspiegelnde Gleichförmigkeit der Erfahrungen mit sexualisierter Gewalt und deren Verarbeitung vor: eine Form der Authentizität, die so nicht existiert. Betroffenheit ist vielgestaltiger und komplexer als ihre mediale Repräsentation. Sharon Lamb analysiert daher, dass es lediglich eine bequeme Metapher sei, entstimmlichten Betroffenen zu ihrer ‚Stimme' zu verhelfen. Dadurch legitimieren sich vermeintliche oder tatsächliche Expert*innen im Feld selbst, wie etwa Therapeut*innen, aber auch Journalist*innen oder Politiker*innen.[339] Es muss im Blick behalten werden, dass die Erzählungen von und über Betroffene(n) meistens auf die eine oder andere Art und Weise entlang des Opfer*diskurses ausgerichtet bzw. darauf bezogen sind – und sei es nur in seiner Negation.

Der Opfer*diskurs wirkt also gleichzeitig produktiv in dem Sinne, dass Sprechen über sexualisierte Gewalt dadurch überhaupt möglich wird, und einschränkend, da er Existenzmöglichkeiten reduziert und Betroffene auf eine klar begrenzte Position festlegt: die Rolle der*s Verletzten, Gebrochenen, Traumatisierten, Zusammenbrechenden, Passiven.[340] Gerade mit Bezug auf Judith Butler lassen sich Möglichkeiten des subversiven, widerständigen Sprechens und des Unterlaufens dieser diskursiven Ordnung des Intelligiblen und des Unintelligiblen entwickeln (mehr dazu im fünften Kapitel), die nicht, wie oben angesprochen, Gefahr laufen, sie

339 Lamb 1999, S. 128ff.

340 Es kann daher sein, wie bereits im zweiten Kapitel angemerkt, dass Betroffene sich komplett weigern, über ihre Gewalterfahrungen zu sprechen, um nicht die antizipierte Opfer*identität annehmen zu müssen: „Solange eine Person die Identität Opfer nicht annimmt, muss sie diese auch nicht leben." Sanyal 2016, S. 84. Diese Strategie des Umgangs mit der eigenen Betroffenheit exploriert zum Beispiel der Spielfilm *Alles ist gut* von Eva Trobisch aus dem Jahr 2018.

schlicht zu reproduzieren. Wer bereits durch sexualisierte Gewalt verletzt wurde und daraufhin auch noch (bzw. notwendig und ausschließlich) als ein glaubwürdiges Opfer* performen und die eigene Verletztheit exponieren muss, um Anerkennung zu finden, ist sprachlicher Gewalt unterworfen: Sie resultiert aus dem Diskurs über sexualisierte Gewalt sowie dem Agieren von damit in Zusammenhang stehenden Institutionen und wirkt sich auf das Sprechen und das Verhalten der Betroffenen aus. Die erste Verletzung durch die sexualisierte Gewalt wird durch die sich wiederholende Ansprache als Opfer* erneut bestätigt und erhalten. Dieser verletzende Effekt von Sprache lässt sich, so Butler, zwar niemals vollständig regulieren.[341] Aber die rigiden diskursiven Normen, die Betroffenen auferlegt werden, wenn sie ihre Erlebnisse berichten wollen, lassen sich dennoch kritisieren. Eine Anpassung und Erweiterung der Möglichkeiten, über sexualisierte Gewalt zu sprechen, ist nötig, denn die Betonung des Opfer*status deckt sich nicht (mehr) mit dem Erleben und dem Selbstverständnis vieler Betroffener.[342] Renée Heberle sieht sogar die Gefahr, dass das Insistieren auf den Verletzungen und dem Opfer*status der Betroffenen die (zumeist) dahinter stehenden patriarchalen Machtstrukturen zementiert.[343] Spätestens seit den 1990er Jahren wird daher innerhalb der feministischen Bewegung versucht, die (Über-) Betonung des Opfer*status durch Verweise auf die Handlungsmacht der Betroffenen abzulösen.[344] Aber auch für Feminist*innen stellt dies eine Herausforderung dar, da das Bild der verletzten, versehrten Opfer* eine Legitimationsfunktion im Kampf gegen sexualisierte Gewalt einnimmt.[345] Dabei ist die Ablösung von der Konstruktion der vulnerablen Frau und vom Opfer*begriff keine Verharmlosung von sexualisierter Gewalt und ihrer Auswirkungen. Die Spannbreite des Betroffenseins und des Ausmaßes des jeweils erlebten Leids ist groß. Vielleicht kann, wie Teresa Mallt schreibt, das Wissen darum, dass manche Betroffene von dem damit verbundenen Schmerz nur gestreift werden, auch als tröstlich verstanden werden.[346]

Eine mögliche Strategie damit umzugehen, ist die positive Aneignung bzw. Wiedereinschreibung des Begriffs ‚Opfer*'. ‚Wiedereinschreibung' eines Begriffs bedeutet seine subversive Rekontextualisierung und Umdeutung.[347] Beispiele für umgedeutete Begriffe sind etwa die englischen

341 Butler 2006, S. 49.
342 Lamb 1999, S. 111.
343 Heberle 1996, S. 68.
344 Bourke 2007, S. 429; Thürmer-Rohr 1989, S. 22f.
345 Hall 2004, S. 12.
346 Mallt 2017, S. 167.
347 Butler 2006, S. 31.

Worte ‚queer' und ‚gay' sowie ‚schwul' im Deutschen. Diese haben durch die Aneignung als Selbstbezeichnung ihre negativen Konnotationen verloren. Die bereits erwähnten SlutWalks hatten das Ziel, ‚slut' bzw. ‚Schlampe' anzueignen, was als gescheitert gelten kann. Nicht jede positive Aneignung ist also erfolgreich. Der Erfolg hängt einerseits von den Beharrungskräften der entsprechenden Diskurse ab (sprich: wie tief die damit verknüpften negativen Vorstellungen verankert sind) und andererseits davon, ob die betroffenen Personengruppen mit dieser politischen Strategie einverstanden sind; also ob ihnen die Aneignung des jeweiligen Begriffs überhaupt lohnenswert oder möglich erscheint.

Ich halte es für fraglich, ob die Wiedereinschreibung des Opfer*begriffs möglich ist, ohne das beschriebene Viktimisierungsnarrativ dauerhaft zu reproduzieren. Die Philosophin Robin May Schott hingegen ist eine Verfechterin der Beibehaltung des Opfer*begriffs. Ihrer Auffassung nach ergibt es keinen Sinn, den Begriff nicht mehr zu verwenden, wenn sich dadurch nichts an politischen und gesellschaftlichen Gegebenheiten ändert. Sie argumentiert dafür, dass der Opfer*begriff in kritischer Absicht verwendet werden muss – mit dem Fokus auf der Feststellung, dass (sexualisierte) Gewalt eben kein ‚natürlicher', nicht zu eliminierender Teil des Zusammenlebens oder der Geschlechterdifferenz ist. Gewalt (im Gegensatz zu Verletzungsoffenheit) ist etwas Kontingentes, aber nichts Unverfügbares: Es kann beeinflusst und bekämpft werden.[348]

Ich selbst verwende den Opfer*begriff eher selten – außer natürlich, um ihn zu kritisieren, wie in diesem Kapitel geschehen. Um diese Distanz zusätzlich zu markieren, habe ich den Begriff im Verlauf dieses Textes stets mit einem Sternchen versehen. Auch im Titel unseres Podcasts *Not your Opfer* handelt es sich um eine kritische Verwendung des Begriffs, der sich nicht nur auf die erste Erfahrung sexualisierter Gewalt bezieht, sondern insbesondere auf unseren Widerspruch zur gesellschaftlichen Festschreibung Betroffener auf ihren Opfer*status.

Ich würde aber nicht so weit gehen zu fordern, dass auch andere das Wort ‚Opfer' nicht mehr verwenden sollten – schließlich beziehen sich manche Betroffene explizit positiv darauf,[349] und im Kontext anderer Verbrechen wird diese Bezeichnung ebenfalls ganz selbstverständlich gebraucht. Mir geht es um eine Kritik an der *Verwendung* des Begriffs: der nachhaltigen Festlegung Betroffener auf ihren Opfer*status *von außen* und allem, was damit einhergeht. Daher schließe ich eine positive Wiederaneignung des Begriffs im Sinne von Robin May Schott nicht grundsätzlich aus, sehe gleichzeitig aber momentan wenig Spielraum

348 Schott 2015, S. 190f.
349 Die Störenfriedas 2017.

dafür. Vielleicht kann dieser Raum dadurch eröffnet werden, dass sich Betroffene selbstbestimmt öffentlich zu Wort melden und ihre Positionen ungefiltert vertreten.

Exkurs: Triggerwarnungen

Bereits in der Einleitung wurde deutlich, dass ich Triggerwarnungen tendenziell problematisch finde und daher diesem Buch auch keine solche Warnung vorangestellt ist. Ich persönlich habe den Sinn – und damit meine ich den konkreten Nutzen *für Betroffene* – von Triggerwarnungen nie so richtig verstanden, auch wenn sie sicherlich von denjenigen, die sie aussprechen, in der Regel gut gemeint sind. Ich weiß, dass sie dem Schutz von Menschen dienen sollen, die ein Trauma erlebt haben. Diese Menschen sollen gewarnt werden und gegebenenfalls entscheiden können, sich mit dem Thema bzw. expliziten Gewaltdarstellungen nicht auseinanderzusetzen. Eine typische Triggerwarnung sieht so aus:

> *-- Triggerwarnung: Der Text thematisiert sexualisierte Gewalt. Falls Sie das Thema belastet, sollten Sie den Artikel nicht oder nicht alleine lesen.-- Wer als Kind sexuelle Gewalt erlebt, leidet meist jahrelang an den Folgen von Verrat und Entwürdigung. Eine Traumatherapeutin erzählt, wie sie versucht, den Opfern zu helfen.*[350]

Ich zitiere dieses Beispiel auch, um deutlich zu machen, wogegen ich mich nicht wenden möchte: Sogenannte Content Notes (CN), also kurze und schlichte Inhaltsangaben, die einem Text bzw. Beitrag mehr oder weniger unauffällig vorangestellt werden und die sich an *alle* Rezipient*innen richten.

Mit dem Aussprechen einer Triggerwarnung wie der eben angeführten sind mindestens drei Annahmen verknüpft, die bei weitem nicht selbstverständlich sind: erstens, dass Betroffene Inhalte, die ihre Traumatisierung berühren, tatsächlich aktiv vermeiden wollen; zweitens, dass es zudem auch *besser* für Betroffene ist, das zu tun; und drittens, dass Betroffene die Chance, entsprechende Inhalte zu vermeiden, auch nutzen (können). Ich denke, dass alle diese Annahmen falsch sind, und mittlerweile gibt es sogar Studien, die das belegen, auf die ich mich im Folgenden beziehe.

Zum ersten Punkt ist zu sagen, dass Betroffene von sexualisierter Gewalt meiner Erfahrung nach nicht *grundsätzlich* nicht mit dem Thema konfrontiert werden wollen; vielmehr ist primär das Wie entscheidend. Gerade Betroffene wünschen sich nicht, dass *weniger*, sondern gerade,

350 DER SPIEGEL 2021.

dass *mehr* über sexualisierte Gewalt gesprochen wird – auch wenn mittlerweile deutlich wurde, dass es für Einzelpersonen nicht eben einfach ist, *selbst* die Person zu sein, die sexualisierte Gewalt auf die Agenda setzt. Dass Triggerwarnungen so oft für sinnvoll gehalten werden, zeigt jedoch mit aller Schärfe auf: Sprechen über sexualisierte Gewalt bzw. deren Darstellung ist ihrerseits oft gewaltvoll und beeinflusst gerade diejenigen Menschen auf negative Art und Weise, die ohnedies bereits geschädigt wurden. Es ist eine tragische Ironie, dass gerade die Menschen, die vom Sprechen über sexualisierte Gewalt eigentlich am meisten profitieren müssten, davon oft am meisten verletzt werden. Aber natürlich wollen sich auch Betroffene nicht immer und vor allem nicht völlig unvermittelt mit sexualisierter Gewalt beschäftigen. Das ist aber kein Alleinstellungsmerkmal: Vielmehr denke ich, dass *alle* Menschen gerne wählen möchten, wo, wann und in welcher Verfassung sie sich mit solchen Themen beschäftigen wollen. Solange sich dahinter keine prinzipielle Vermeidungsstrategie von Unbeteiligten im Sinne des Nicht-wissen-Wollens verbirgt, ist das auch völlig in Ordnung.

Zweitens ist die Strategie der Vermeidung von Inhalten, die mit einem traumatischen Erlebnis zu tun haben bzw. daran erinnern könnten, der Verarbeitung eines Traumas langfristig gesehen abträglich.[351] Verdrängen ist keine Form der Verarbeitung, auch wenn das für manche eine funktionierende Art des Umgangs ist. Natürlich kann es in konkreten Situationen und Gemütszuständen besser sein, sich nicht mit dem Thema zu beschäftigen. Dann ist es auch gut, die Wahl zu haben. Aber allgemein gesprochen ist eine aktive Auseinandersetzung und Integration des traumatischen Ereignisses hilfreicher (mehr dazu in Kapitel zwei). Es gibt sogar Hinweise darauf, dass der Kontakt mit Triggerwarnungen dazu führt, dass traumatisierte Personen ihr Trauma als zentraler und bestimmender für ihr Leben betrachten als vorher, und dadurch ein Selbstbild als besonders verletzliche Person verstärkt wird.[352] Dies wird durch die Formulierung mancher Triggerwarnungen wie der oben zitierten noch gesteigert, die darauf verweisen, dass gerade traumatisierte Menschen besonders gefährdet seien, auf das Folgende verstört zu reagieren. Selbst wenn dieser explizite Verweis ausbleibt, wird durch eine Triggerwarnung dennoch zumindest implizit die Botschaft vermittelt, dass Menschen mit traumatischen Erfahrungen besonders verletzlich seien. Diese Formulierungen schreiben also das klassische Opfer*narrativ von den fragilen, traumatisierten Betroffenen fort.

351 Jones et al. 2020, S. 906.
352 Jones et al. 2020, S. 914.

Drittens führen Triggerwarnungen laut der Studie, auf die ich mich beziehe, nur selten dazu, dass Menschen es tatsächlich vermeiden, sich den entsprechenden Inhalten auszusetzen.[353] Sie verfehlen also auch in dieser Hinsicht ihren Zweck. Manchmal ist es gar nicht realistisch möglich, die Situation zu verlassen. Das gilt zum Beispiel, wenn das Verlassen eines Ortes (an dem ein Film gezeigt wird oder ein Vortrag stattfindet) zugleich bedeutet, sich als Gewaltbetroffene*r zu outen, was diese Menschen möglicherweise nicht wollen. Viele Trigger lassen sich auch gar nicht vermeiden bzw. sind entweder so individuell oder alltäglich, dass sich dafür kaum Triggerwarnungen aussprechen lassen, zum Beispiel bestimmte Gerüche, Lichtverhältnisse, Stimmlagen, Gegenstände oder Tiere. Wenn man also den Drang hat, vor einen Beitrag oder einen Vortrag (etc.) eine Triggerwarnung bzw. Content Note zu setzen, dann sollte man sich fragen, warum eigentlich, und darauf achten, dass diejenigen, an die sie gerichtet ist, ihre Entscheidung auch realistisch umsetzen können.

Triggerwarnungen können allerdings auch ganz gegenläufig zu ihrem ursprünglichen Hintergrund als besonders perfide Marketingstrategie verwendet werden und in Zeiten einer immer mehr auf Effekthascherei und Schock angelegten Medienlandschaft auf bestimmte Menschen eine besondere Anziehungskraft ausüben.[354]

Grundsätzlich problematisch finde ich außerdem die gegenläufige Entwicklung der *Banalisierung* der ursprünglich psychologischen Fachbegriffe ‚Trigger' bzw. ‚angetriggert sein'. Letzterer wird mittlerweile oft eher im Sinne von ‚sich aufregen' verwendet– was sicher auch durch die um sich greifende Verwendung von Triggerwarnungen verstärkt wurde.[355] Wenn auf einmal alle ständig ‚angetriggert' sind, ist es nichts Besonderes (und damit nicht mehr ‚besonders' problematisch), wenn traumatisierte Menschen tatsächlich ein Flashback erleben.

Kurz zusammengefasst: Klare Überschriften und Inhaltsangaben, die sich an *alle* Menschen richten, finde ich grundsätzlich gut und finde, sie sollten selbstverständlich sein – damit alle Menschen sich bewusst dafür entscheiden können, wann und wie sie sich mit welchen Themen beschäftigen. Ich denke aber, dass Betroffene aus den genannten Gründen von speziell an sie gerichteten Triggerwarnungen eher selten profitieren. Sie sind sogar latent problematisch, da sie das Narrativ der gebrochenen, verletzlichen Opfer* festschreiben. Durch explizite Aufforderungen an

353 Jones et al. 2020, S. 906.
354 Damour 2019.
355 Eisenhart Rothe 2019.

Betroffene, sich bestimmten Inhalten besser nicht auszusetzen, werden diese vielleicht sogar gerade von den Diskussionen *ausgeschlossen,* die sie am meisten betreffen. Es ist ein Irrtum, dass Betroffene sich nicht mit sexualisierter Gewalt auseinandersetzen wollen. Sexualisierte Gewalt *gehört bereits* zum Leben dieser Menschen. Sie wollen einfach nur nicht durch unsensible, effekthascherische, dramatisierende Darstellungen weiter verletzt und retraumatisiert werden. Da helfen jedoch keine Triggerwarnungen mit der Funktion eines Feigenblatts, denn die Urheber*innen eines Beitrags müssen *trotz* Triggerwarnung dafür sorgen, dessen Inhalte möglichst sensibel darzustellen. Daher müssen sich die Darstellung von und das Sprechen über sexualisierte Gewalt generell verändern.

5. Kapitel: Gelingend(er)es Sprechen – Politisierung des Zuhörens

Im Lichte der bisher angestellten Überlegungen stellt sich umso drängender die Frage, wie denn nun öffentlich über sexualisierte Gewalt gesprochen werden kann, ohne die bislang beschriebenen, sehr unterschiedlichen Formen sprachlicher Gewalt zu reproduzieren. Wie können Betroffene sicher sein, auch wenn sie sichtbar sind? In einer sozialen Gemeinschaft, die sich selbst als antisexistisch und gegen sexualisierte Gewalt eingestellt und engagiert versteht, sollten der Schutz der Betroffenen und Klarheit in der Ächtung sexualisierter Gewalt Selbstverständlichkeiten sein. Zwar teilen die meisten Gesellschaften, so auch die deutsche, zumindest oberflächlich den Konsens, sexualisierte Gewalt zu verurteilen – aber wie in den vorherigen Kapiteln gezeigt wurde, sind Diskurse über sexualisierte Gewalt dennoch von sprachlicher Gewalt durchzogen. Dadurch wird die scheinbar klare Haltung gegenüber sexualisierter Gewalt letztendlich als uneingelöstes Ideal entlarvt.

Dies gilt im Übrigen nicht nur für die *weiß*-männlich dominierte deutsche Mehrheitsgesellschaft. Gerade vermeintlich oder tatsächlich progressive Subgruppen wie linksradikale Szenen, die sich Antisexismus und auch den Kampf gegen andere Diskriminierungsformen auf die Fahnen geschrieben haben, tun sich besonders schwer damit, die eigenen gewaltvollen Strukturen zu sehen, einzugestehen, zu reflektieren und zu verändern. Der Bruch mit dem eigenen Selbstbild ist hier besonders groß.

Immer wieder höre ich die Forderung, dass *mehr* über sexualisierte Gewalt gesprochen werden müsse, um dadurch ein größeres Problembewusstsein zu erzeugen und sexualisierte Gewalt besser bekämpfen zu können. Mehr darüber zu sprechen, heißt aber nicht gleichzeitig, dass dieses Sprechen auch *produktiver* ist. Mir hat einmal eine Person, die ich darauf hingewiesen habe, dass die von ihr mitverantwortete Kampagne gegen häusliche Gewalt Täter*innenschaft verschleiert und häusliche Gewalt dadurch naturalisiert und verharmlost, sinngemäß geantwortet: „Wichtig ist doch, dass man überhaupt etwas tut." Dem würde ich grundsätzlich widersprechen. Eine Kampagne gegen häusliche Gewalt, die Täter*innen entschuldigt, ist nicht nur sinnlos, sondern schädlich.

Eine in diesem Zusammenhang (aber auch in anderen Kontexten) oft bemühte Formel ist die vom ‚Brechen des Schweigens'. Aus mehreren

Gründen halte ich sie jedoch für irreführend. Insbesondere finde ich daran problematisch, dass dieser Appell zumindest implizit meistens an Betroffene adressiert ist – als wäre es deren Zuständigkeit, soziale Missstände aufzuarbeiten und dafür Sorge zu tragen, dass in Zukunft die körperliche Selbstbestimmung und die Autonomie *aller* Menschen anerkannt werden. Das Herbeiführen dieser Veränderungen liegt aber nicht in der Hand der Betroffenen, sondern ist die Aufgabe ihrer Verbündeten und der vielen anderen, die übergriffiges Verhalten stillschweigend dulden, es verharmlosen oder gar rechtfertigen.

Gelingendes Sprechen über sexualisierte Gewalt ist dadurch bestimmt, dass es gehört wird und die gewünschten Wirkungen entfaltet, es ist sicheres und selbstbestimmtes Sprechen. All dies entsteht nicht einfach dadurch, dass schlicht *mehr* über dieses Thema gesprochen wird. Ich kann mir zwar grundsätzlich vorstellen, dass die reine Erhöhung der Quantität zur Folge hat, dass manche der derzeit immer noch realitätsfremd die Augen verschließenden Menschen die Allgegenwart sexualisierter Gewalt dadurch erfassen. Durch eine hohe Quantität an Wortmeldungen kann zum Beispiel das Einzelfallnarrativ in Bezug auf sexualisierte Gewalt ausgehebelt werden, wie es etwa durch #MeToo geglückt ist.[356]

Es besteht jedoch zugleich die Gefahr, dass die Erhöhung der Quantität medialer Berichterstattung lediglich zu einer *Aneinanderreihung* von Skandalerzählungen führt, die aber keine inhaltliche Weiterentwicklung mit sich bringen, sondern die Gleichgültigkeit sogar noch verstärken: Das öffentliche Interesse an sich ähnelnden Geschichten nutzt sich mit der Zeit ab.[357] Das Medieninteresse ist ohnehin von der Jagd nach dem Ungewöhnlichen geleitet.[358] Wenn aufgrund dessen nur noch über besonders schockierende Geschichten berichtet wird, die tendenziell dem stereotypen Vergewaltigungsskript entsprechen, trägt dies wiederum zur Sensationalisierung sexualisierter Gewalt bei und befeuert den Opfer*diskurs. Ich befürchte also, dass die reine Erhöhung der Quantität des Sprechens über das Thema sexualisierte Gewalt Gleichgültigkeit und realitätsverzerrende Selektionskriterien bei der Verteilung von Aufmerksamkeit zur Folge hat.

Kurz: Ich halte es nicht für zielführend, einfach nur *mehr* über sexualisierte Gewalt zu sprechen, sofern dies lediglich mehr vom gleichen (gewaltvollen) Sprechen bedeutet. Ich plädiere daher für eine Änderung des *Sprechmodus*. Wie das genau gemeint ist, erläutere ich nun.

356 Das hing zusätzlich auch von anderen Faktoren ab, wie ich im Unterkapitel über #MeToo ausführen werde.
357 Schwennigcke 2019, S. 353f.
358 Meyers 1997, S. 85ff.

Das Exponieren als Betroffene*r darf nicht die Infragestellung der eigenen Erlebnisse und abermals der eigenen Autonomie riskieren, sondern muss *mindestens* Unterstützung und Anerkennung zur Folge haben. Letztlich zielt politisches Sprechen über sexualisierte Gewalt jedoch auf strukturelle, politische und soziale Veränderungen und damit auf den Kampf gegen die Ermöglichungsbedingungen der Gewalt. Das geht über konkrete Einzelpersonen, ihre Geschichte und ihr Ringen um Anerkennung weit hinaus und bezieht sich auf übergeordnete Strukturen des Umgangs miteinander. Mit Christina Thürmer-Rohr lässt sich dies als ‚Politisierung des Zuhörens' bezeichnen.[359] Dieser Ausdruck passt deshalb besonders gut, weil es eben nicht die Gewaltbetroffenen sind, die sich verändern, sich anders verhalten oder sich vehementer durchsetzen sollen – sondern die anderen, die Zuhörer*innen, die ihnen Beachtung schenken und echte Konsequenzen daraus ziehen müssen. Gelingendes Sprechen erfordert solidarische Zuhörende: diejenigen, die Betroffene von sexualisierter Gewalt begleiten oder mit ihnen und ihren Geschichten konfrontiert werden. Diese Menschen können Unterstützer*innen, Unbeteiligte oder sogar Gewalt ermöglichende Personen sein.

Die Voraussetzungen und Bedingungen, denen gelingendes Sprechen über sexualisierte Gewalt in der Öffentlichkeit unterliegt, sind zum Teil situativ und schwer vorhersehbar. Ob widerständiges, die sprachliche Gewalt und die Normen des Opfer*diskurses unterlaufendes Sprechen ‚funktioniert', kann nicht vorhergesagt werden. Die Gefahr, dass das Gesagte ignoriert, abgewehrt oder ihm das Gewicht bzw. den Sprechenden ihre Betroffenheit aberkannt wird, besteht immer. Der Versuch der Subversion besteht in unautorisiertem Sprechen, das „die Möglichkeit zukünftiger Formen eröffnen kann".[360] Unautorisiertes Sprechen gliedert sich nicht in bestehende Rollenerwartungen ein und beruft sich nicht auf Vorbilder, sondern sucht sich neue Wege der diskursiven Repräsentation.

Da jedoch auch der Widerstand gegen den Opfer*diskurs und die emanzipative Kraft, die gelingendes Sprechen entfalten kann, zunächst einmal *innerhalb* des durch den Opfer*diskurs vorstrukturierten Raums des Sagbaren stattfindet bzw. *gegen* diesen gerichtet, also in jedem Fall *auf* ihn *bezogen* ist, ist das ‚Gelingen' dieses Sprechens stets nur relativ, nicht absolut zu verstehen. Gelingenderes Sprechen ist also gleichzeitig ein tastendes, suchendes Sprechen, das sich nicht auf Gewissheiten verlassen kann und ausprobieren muss, welche Sprechmodi tatsächlich empowernd wirken und welche womöglich Gefahr laufen, gewaltvolle

359 Thürmer-Rohr 1994; Hark und Villa 2017, S. 115.
360 Butler 2006, S. 230.

Muster zu reproduzieren. Das Ziel ist (möglichst) selbstbestimmtes Sprechen, aber der Weg dorthin ist alles andere als eindeutig. Im Folgenden mache ich eine Reihe von Vorschlägen, um die bestehenden Vergewaltigungsdiskurse zu entmachten. Die Darstellung ist gegliedert in erstens strukturelle, zweitens auf die Zuhörenden und drittens auf Betroffene bezogene Bedingungen für gelingenderes Sprechen.

Bedingungen gelingenden Sprechens über sexualisierte Gewalt

Strukturelle Bedingungen

Erstens: Sexualisierte Gewalt als strukturelles Problem begreifen

Öffentliches, politisches Sprechen über sexualisierte Gewalt zielt auf politische und soziale Veränderungen ab. Daher muss sexualisierte Gewalt sowohl von den Betroffenen selbst als auch von den Adressat*innen primär als strukturelles, nicht als individuelles Problem begriffen werden – auch wenn die Perspektive der einzelnen Betroffenen sowie deren Leid diesem Komplex inhärent sind und nicht eliminiert werden können.

Im vierten Kapitel wurde bereits festgehalten, dass die Individualisierung von Gewalterfahrungen ein Einfallstor öffnet für Beschämung, Schuldumkehr und Forderungen nach (ineffektiver) Prävention, die die Verantwortung für Gewalt und deren Verhinderung wiederum den potenziell bzw. tatsächlich betroffenen Personen aufbürdet. Hilkje Hänel betont daher die Wichtigkeit der Anerkennung der geteilten Verantwortung für Gewalt, je nachdem, auf welcher Ebene man sie betrachtet. Verantwortung bzw. Schuld ist auf individueller respektive kollektiver Ebene unterschiedlich verortet: Der*die Täter*in ist verantwortlich für das Leid, das er*sie *individuell* der betroffenen Person antut, aber die soziale Gemeinschaft ist *kollektiv* dafür verantwortlich, sexualisierte Gewalt zu verhindern.[361] Der scheinbare Abstand zwischen dem *Eigenen* und sexualisierter Gewalt, der unter anderem durch VerAnderung erzeugt wird, existiert nicht.

Alle Gesellschaftsmitglieder sind daher dazu angehalten, ihr eigenes Gewaltpotenzial, ihren Beitrag zu sexualisierter und sprachlicher

361 Hänel 2018, S. 230.

Gewalt, zu reflektieren. Es gibt fast immer Menschen, die etwas wissen (bzw. ahnen) und eingreifen können. Schweigende Mitwisser*innen gehören zu den Ermöglichungsbedingungen sexualisierter Gewalt. Außerdem reproduzieren so gut wie alle Menschen Elemente von Rape Culture, die durch Sozialisationsprozesse tief in Verhaltensmuster und Überzeugungen, Werte und Normen eingeschrieben wurde. Die meisten Menschen überschreiten zumindest gelegentlich, wissentlich oder unwissentlich, die Grenzen anderer. Da kann ich mich selbst auch gar nicht ausnehmen – niemand sollte das tun. Die eigenen Grenzen spüren und verteidigen zu können, geht nicht zwangsläufig damit einher, auch mit den Grenzen anderer Menschen respektvoll umzugehen. Durch Reflexion und Austausch über die eigene Rolle bei der Aufrechterhaltung gewaltvoller patriarchaler Verhältnisse kann die Position eines*r Außenstehenden bzw. vermeintlich Unbeteiligten zur Disposition gestellt und kollektive Verantwortung übernommen werden. Diese Forderung richtet sich besonders, aber explizit nicht ausschließlich an cis Männer.

Um den Fokus auf sexualisierte Gewalt als strukturelles Problem zu richten und zu bewahren, halte ich es in vielen Fällen für keine gute Strategie, konkrete Gewalterfahrungen öffentlich zu teilen – auch wenn das letztlich natürlich die Entscheidung der jeweils Betroffenen ist. Aber gerade dann, wenn Journalist*innen, die über sexualisierte Gewalt berichten, sich dafür entscheiden, das Geschehene genau zu beschreiben, sollten sie sich fragen, warum bzw. für wen sie das eigentlich tun. Es ist nicht nötig, Forderungen nach politischen und sozialen Veränderungen durch die Betonung individuellen Leids zu plausibilisieren, denn es sind bereits genug dieser Geschichten im Umlauf – man wird sie finden, auch und gerade im eigenen Umfeld, wenn man sich dafür interessiert und nachfragt. Das öffentliche Beschreiben konkreter Gewalterfahrungen kann von den strukturellen Ermöglichungsbedingungen sexualisierter Gewalt ablenken und verschiebt den Fokus auf die Konstellation des Einzelfalls – und damit allzu häufig auf das Verhalten der Betroffenen.

Explizite Schilderungen können also problematisch sein, wenn sie erstens die Neugierde und Sensationsgier eines Publikums bedienen und damit weiter von den Ursachen der Gewalt *ablenken*, statt politische Forderungen zu untermauern; und zweitens, wenn sie andere Betroffene antriggern und damit verletzen, statt sie zu bestärken.[362] Diese Bemerkungen sollen aber nicht die Selbstbestimmung Betroffener darüber aushebeln, wie und mit wem sie ihre Geschichte teilen. Natürlich ist

362 Wenn Betroffene von unsensibler, effekthascherischer Berichterstattung angetriggert werden, dann hilft auch eine Triggerwarnung nicht weiter. Vielmehr muss die Darstellung der Gewalt so gestaltet werden, dass Betroffene von sexualisierter Gewalt davon nicht verletzt werden.

es überhaupt nicht in Ordnung (vor allem nicht als Außenstehende*r), Betroffene unter dem Vorwand der Rücksichtnahme auf potenzielle andere Betroffene mundtot zu machen. Umso wichtiger finde ich es, beim Durchsprechen traumatischer Erfahrungen auf eine vertrauensvolle Gesprächsatmosphäre zu achten.

Zweitens: Benennbarkeit bzw. Verfügbarkeit klarer Worte

Ich habe bereits im dritten Kapitel erläutert, dass es zur Verschleierung von Gewalt führt, wenn potenziell traumatische Erfahrungen als ‚unsagbar' oder ‚unsprechbar' bezeichnet werden. Gibt es keine klaren Worte bzw. werden diese tabuisiert, verbannt dies sexualisierte Gewalt aus dem Bereich des Sagbaren und damit letztlich aus dem Bereich des Denkbaren. Die Existenz klarer und eindeutiger Begriffe ist daher erforderlich, um sich intersubjektiv auf Gewalterfahrungen beziehen zu können. Damit ist zunächst ganz grundsätzlich die Verfügbarkeit von Begriffen wie ‚sexuelle Belästigung', ‚sexuelle/sexualisierte Gewalt', ‚Vergewaltigung', ‚date rape', ‚acquaintance rape', ‚häusliche Gewalt', ‚teen dating violence' etc. gemeint.[363] Benennbarkeit ermöglicht intersubjektive Nachvollziehbarkeit und den Austausch mit anderen. Die Verwendung feststehender Begriffe statt unklarer oder personalisierender Beschreibungen erlaubt die Einordnung der jeweiligen Erfahrungen in übergreifende Zusammenhänge, was der Isolation Betroffener entgegenwirkt. Die Kreation entsprechender Begriffe ist daher eine revolutionäre Tat, so die Historikerin Joanna Bourke.[364]

Das Vokabular sollte umfassend und deutlich sein, zugleich aber nicht dramatisierend oder gar retraumatisierend. Es muss sensibel genug sein, um für die Betroffenen eine reale Option des Ausdrucks zu bieten und andere, gegebenenfalls (noch) unsichtbare Betroffene nicht zu belasten oder anzutriggern. Die entsprechenden Begriffe sollten zudem korrekt verwendet und nicht durch Vergewaltigungsmythen entstellt werden.[365] In Bezug auf den Begriff ‚Vergewaltigung' etwa wurde bereits deutlich, dass dieser die realitätsverzerrende Konnotation trägt, von einem unbekannten, gewalttätigen cis Mann verübt zu werden. Das kann zum einen dazu führen, dass Zuhörer*innen Instanzen von sexualisierter Gewalt, die von dieser engen Vorstellung abweichen, nicht als solche erkennen und den Betroffenen ihre Betroffenheit absprechen;

363 Es ist symptomatisch für die Tendenz von Vergewaltigungsdiskursen zur Verschleierung und Ver-Anderung, dass viele dieser im englischen Sprachraum geprägten, präzisen Begriffe (noch) nicht ins Deutsche übertragen wurden – oder nur äußerst holprig, wie etwa bei der Übertragung von ‚date rape' als ‚Rendezvous-Vergewaltigung'.

364 Bourke 2007, S. 47.

365 Hänel 2018, S. 30ff.

zum anderen aber auch dazu, dass Betroffene *selbst* sich nicht als solche identifizieren. Das wiederum hat unmittelbaren Einfluss darauf, ob Täter*innen zur Rechenschaft gezogen werden oder nicht.

Susan Brison merkt zudem an, dass angemessenes Vokabular nicht nur in Bezug auf die Benennbarkeit sexualisierter Gewalt nötig ist, sondern ebenso auch in der Reaktion auf die Offenbarung von Betroffenen, um ein offenes Gespräch darüber zu ermöglichen.[366] Ich verdächtige zum Beispiel Menschen, die sexualisierte Gewalt als ‚unsagbar', ‚unvorstellbar' oder ‚unglaublich' bezeichnen, dass sie lediglich (aus Selbstschutz, aus Bequemlichkeit, aus Naivität) die Auseinandersetzung mit ihren Dimensionen und Implikationen scheuen.

Zwei Einschränkungen möchte ich hier anfügen, um die Bedingung der Benennbarkeit nicht zum Nachteil von Betroffenen auszulegen. Erstens dürfen Betroffene keinesfalls unter Druck gesetzt werden, Details ihrer Gewalterfahrungen preiszugeben, sofern sie das nicht wollen. Betroffene dürfen nicht dazu gedrängt werden, öffentlich über ihre Gewalterfahrungen zu sprechen oder sie polizeilich anzuzeigen, denn dadurch würde ihnen abermals ihre Autonomie und Selbstbestimmung abgesprochen.[367] Die Anforderung der klaren Worte verlangt zudem gerade nicht, durch möglichst genaue Schilderungen *Glaubwürdigkeit* zu erzeugen. Genau solcher Druck wird häufig bei polizeilichen oder gerichtlichen Vernehmungen erzeugt – aber nicht nur dort. Die Verfügbarkeit klarer Worte soll der Verschleierung und Verharmlosung entgegenwirken, nicht die Preisgabe intimer Details erzwingen.

Zweitens wäre es falsch, Betroffenen die Verwendung *ganz bestimmter* Begriffe aufzuzwingen, statt sie ihre eigenen Worte wählen zu lassen. Viele tun sich zum Beispiel eben aufgrund der damit verknüpften Konnotationen mit dem Begriff ‚Vergewaltigung' schwer, auch wenn ihre Erfahrungen der aktuellen strafrechtlichen Definition eigentlich entsprechen. Alcoff betont zudem, dass die Verwendung klarer Worte nicht zu einer neuerlichen Vereinheitlichung bzw. Standardisierung von Geschichten führen darf.[368] Es wäre kontraproduktiv, das stereotype ‚echte' Opfer* durch ein anderes, neues Stereotyp zu ersetzen. Das Bedürfnis der Betroffenen zu übergehen, ihre eigenen Worte für das Erlebte zu verwenden, stellt eine erneute Missachtung ihrer Selbstbestimmung dar.[369] Es besteht zugleich die Gefahr, dass Betroffene ihre Erfahrungen überhaupt nicht teilen, wenn sie dies nicht auf eine Art tun können, mit

366 Brison 2004, S. 27.
367 Alcoff 2018, S. 43.
368 Alcoff 2018, S. 50.
369 Alcoff 2018, S. 115.

der sie sich wohlfühlen. Benennbarkeit muss daher immer heißen, dass die Gewalt *für* Betroffene benennbar ist.

Drittens: Offenheit statt Normierung von Diskursen

Intelligibles bzw. legitimes Sprechen über sexualisierte Gewalt ist stark reguliert, wie im vierten Kapitel erläutert wurde. Der Opfer*diskurs stellt eine Art der Normierung von Vergewaltigungsdiskursen dar, die Betroffenen zwar einerseits einen Möglichkeitsraum eröffnet, über Gewalterfahrungen zu berichten, sie aber andererseits auf die einschränkende Sprecher*innenposition des ‚echten' Opfers* festlegt. Das führt dazu, dass anderes, widerständiges Sprechen potenziell unverstanden bleibt und sanktioniert wird.

Wenn Sprechen über sexualisierte Gewalt gelingen soll, muss *jede* betroffene Person redeberechtigt sein, ganz egal, ob sie*er verstört oder versehrt wirkt oder nicht, welche Geschlechtsidentität oder soziale Stellung die Person hat, wie sie aussieht oder was die sonstigen Umstände sind. Offenheit bedeutet, weder stereotypisierende Opfer*- noch entsprechende Täter*innenbilder fortzuschreiben, Betroffene wie auch Täter*innen nicht zu pathologisieren und Formen des Benennens sexualisierter Gewalt zu wählen, die weder verharmlosen oder dem Einzelfallnarrativ auf den Leim gehen noch sexualisierte Gewalt naturalisieren oder sie pauschal auf Geschlechterdifferenzen zurückführen.[370]

Auch die Fetischisierung des Sprechens bzw. des ‚Brechens des Schweigens' an sich stellt eine problematische Normierung dar. Es sind nicht die Betroffenen, die ihr Schweigen brechen müssen, denn das tun sie vielfach bereits. Wendy Brown weist darauf hin, dass die Forderung, über sexualisierte Gewalt zu sprechen, auf die Aufforderung zum öffentlichen ‚Geständnis' der eigenen Verletzungen hinauslaufen kann.[371] Das geständnishafte, ritualisierte Sprechen bewegt sich jedoch nicht auf Augenhöhe: Die einen geben dabei den anderen die Erlaubnis dazu (oder sprechen sogar den Imperativ aus), ordnen das Gesagte ein und bestimmen, was getan werden muss. Im Grunde impliziert ein (zum Beispiel in der kirchlichen Beichte abgelegtes) Geständnis sogar die Übernahme eigener Verantwortung für das Geschehene. Letztlich, so erläutert Linda Martín Alcoff, führt die Normierung zugleich zur *Normalisierung* und Einebnung des Geschehenen.[372] Solidarität und Glaubwürdigkeit dürfen jedoch gerade nicht davon abhängen, ob Betroffene bestimmte Rituale einhalten oder Details preisgeben.[373] Wie im

370 Hall 2004, S. 13.
371 Brown 2005, S. 84.
372 Alcoff 2018, S. 115.
373 Benhabib 1994, S. 295f.

zweiten Kapitel dieses Buches deutlich wurde, gibt es für Betroffene viele gute Gründe dafür, überhaupt nicht über ihre Erlebnisse sprechen zu wollen. Dazu gehört auch, sich der Neugier eines Publikums zu verweigern, das sich nicht gleichzeitig für die Veränderung von Machtverhältnissen interessiert.

Die Problematik der Normierung betrifft unmittelbar auch die hier angestellten Überlegungen: Bedingungen gelingenden Sprechens festzuhalten darf nicht bedeuten, wiederum feste Normen zu etablieren. Auch die oben als zweite Bedingung geforderte Verfügbarkeit klarer Worte stellt eine Normierung dieser Diskurse dar; es ergibt sich also eine Spannung, die jeweils situativ gelöst werden muss. Daher habe ich bereits festgehalten, dass es falsch wäre, Betroffenen die Verwendung bestimmter Begriffe oder auch eine bestimmte Performance abzuverlangen, mit der sie sich nicht identifizieren.

Problematisch wird eine Normierung insbesondere dann, wenn (vermeintlich) Unbeteiligte oder unsichtbare Täter*innen über ihre Einhaltung wachen (wie es momentan der Fall ist). Die geforderte Offenheit herzustellen und dabei keine neuen, potenziell entstimmlichenden diskursiven Normen zu kreieren, ist eine Herausforderung. Mir zum Beispiel ist es sehr wichtig, die Stärke und Handlungsfähigkeit von Betroffenen von sexualisierter Gewalt zu betonen. Nicht umsonst ist das Logo des Podcasts *Not your Opfer* eine Faust mit Schlagring. Ich weiß aber, dass es auch Betroffene gibt, die sich mit diesem Ansatz und der kämpferischen Symbolik unwohl fühlen. Für manche stellen die Betonung des eigenen Opfer*status und die Einsicht, dass sie während ihrer Gewalterfahrung(en) radikal handlungsunfähig waren, eine echte Entlastung dar. Dies entspricht dann zwar nicht *meinem* politischen Ziel, neben dem Opfer*diskurs andere Sprecher*innenpositionen zu etablieren, ist für die jeweiligen Personen deswegen aber trotzdem richtig. Die Öffnung von Vergewaltigungsdiskursen ist eine notwendige Voraussetzung dafür, überhaupt die *Wahl* zu haben, sich mit dem eigenen Opfer*status zu identifizieren.

Viertens: Kein Import von Elementen aus anderen Diskursen

Vergewaltigungsdiskurse sind mit zahlreichen anderen Diskursen verflochten. Das ist zwar einerseits eine Binsenweisheit, bringt andererseits aber auch spezifische Probleme mit sich. Es ist daher wichtig, darauf zu achten, keine unpassenden Bewertungen oder Bezüge einzubringen und das Thema nicht irreführend zu kontextualisieren. Unangebrachte und zerstörerische Importe kommen aus den Bereichen Therapie, Sexualität und

Strafrecht, beziehen sich aber auch auf gemeinhin übliche Anforderungen an Erzählungen über eigene Erfahrungen:

An die Berichte von sexualisierter Gewalt Betroffener sollten keine unangemessenen Maßstäbe von Kohärenz oder Objektivität angelegt werden, die sie aus guten Gründen, die sich etwa aus den traumatischen Gewalterfahrungen als solchen ergeben, nicht erfüllen können.[374] Erinnerungslücken oder Schwierigkeiten, bestimmte Punkte in Worte zu fassen, sind *normal* und keine Belege für eine Falschaussage. Die Übertragung von Anforderungen, die etwa für wissenschaftliche Texte oder Sitzungsprotokolle gelten, ist deplatziert und attackiert die Position Betroffener als legitime Diskursteilnehmer*innen. Dass Betroffene Anforderungen an Objektivität und Distanz (aus guten Gründen) nicht erfüllen, ist nicht gleichbedeutend damit, dass sie nichts zu sagen hätten.

Öffentliches Sprechen über sexualisierte Gewalt sollte zudem nicht mit einer Therapie oder Selbsthilfegruppe verwechselt werden, denn darum handelt es sich definitiv nicht. Ein therapeutisches Setting wirkt (bestenfalls) heilsam, während die Konsequenzen öffentlichen Sprechens unabsehbar sind. Natürlich können die öffentliche Anerkennung erlebten Leids oder das Kämpfen für politische Veränderungen für die Aktivist*innen empowernd wirken und dadurch den Umgang mit den eigenen Gewalterfahrungen erleichtern; dies sind jedoch keine Automatismen. Die Fetischisierung des Brechens des Schweigens führt dazu, *jegliches* Sprechen zu forcieren, unabhängig davon, ob die Zuhörenden tatsächlich solidarisch sind und eine adäquate Unterstützung der Betroffenen geleistet werden kann. Es ist daher fatal, durch die Analogie mit Therapien eine bei öffentlichen Wortmeldungen faktisch nicht bestehende heilsame oder sichere Sprechsituation zu suggerieren. Aufgrund der bestehenden sprachlichen Gewalt muss dabei (derzeit) eher von einer Vertiefung der Verletzungen ausgegangen werden. Der primäre Zweck öffentlicher Wortmeldungen besteht darin, politische Konsequenzen einzufordern – nicht in der Heilung der Sprecher*innen.

Auch das Sprechen über Sex(ualität) und das über sexualisierte Gewalt dürfen nicht leichtfertig miteinander vermischt werden.[375] Das geschieht, indem vermeintliche ‚Graubereiche'[376] aufgerufen oder sexualisierte Gewalt als missglückter oder schlechter Sex aufgefasst werden, oder aber, wenn die Verwendung von Begriffen wie Geschlechts-, Anal- oder Oralverkehr die Gleichberechtigung der beteiligten Personen suggeriert.[377] Dadurch wird zwischen den Bereichen Gewalt und Sexualität eine Nähe bzw.

374 Emcke 2013, S. 79.

375 Fragner 2017, S. 52f.

376 Hassan und Sanchez-Lambert 2019, S. 12.

377 Enders 2003b, S. 304.

Ununterscheidbarkeit hergestellt, die die Gewalt verharmlost und verschleiert (mehr dazu in Kapitel drei).

Zuletzt: So wichtig die Möglichkeit der Strafverfolgung der Täter*innen für Betroffene ist, benötigt politisches Sprechen doch eine kritische Distanz zu den Prinzipien des formalen Rechts. Es sollte nicht der Fehler begangen werden, strafrechtliche Paradigmen wie den Grundsatz ‚In dubio pro reo', also ‚Im Zweifel für den*die Angeklagte*n', in alltägliche Diskurse über sexualisierte Gewalt zu übernehmen, wo zunächst einmal die *Anerkennung* von Gewalterfahrungen gefordert wird, *ohne* gleichzeitig eine Bestrafung der Täter*innen zu verlangen.[378] Strafen gehören zur Sphäre des Rechts und sind nicht Folgen öffentlicher Diskurse. Politisches Sprechen über sexualisierte Gewalt zielt nicht auf Strafe, sondern auf Anerkennung und politische Veränderungen. Täter*innen *können* und müssen in einem öffentlichen Diskurs nicht durch Unschuldsvermutungen vor Strafen geschützt werden. Solche Forderungen sind also nicht nur überflüssig, sondern sinnlos. Verkannt wird dabei zudem, dass sich das Leben der Betroffenen meist gerade durch ihre öffentliche Positionierung entschieden negativer verändert als das der Täter*innen. Rufe nach Unschuldsvermutungen in öffentlichen Debatten sind daher Täter*innenschutz.

Auf Zuhörende bezogene Bedingungen

Fünftens: Das Schweigen der Betroffenen hören

Eine grundlegende Voraussetzung gelingenden Sprechens ist es, als potenzielle*r Adressat*in das Schweigen der Betroffenen selbst und die Spuren ihrer Verletzungen zu hören und die sprachliche Gewalt zu erkennen, die das Sprechen über sexualisierte Gewalt durchzieht.[379] Das Sichtbarmachen der Dimensionen sprachlicher Gewalt in Vergewaltigungsdiskursen in diesem Buch soll ein Beitrag dazu sein, diese Voraussetzung zu schaffen. Nur wer begreift, dass es eine große Zahl sprachloser, nicht sicht- und hörbarer Betroffener gibt, wer also vermag, deren Schweigen wahrzunehmen, wird eine Veranlassung sehen, sich um das Vertrauen der Betroffenen zu bemühen und ihnen Aufmerksamkeit zu schenken. Potenzielle Zuhörer*innen müssen also selbst schweigen, um Betroffenen das Sprechen zu ermöglichen:

> *Der positive Aspekt besteht im aktiven, aufmerksamen Schweigen derjenigen, die zuhören, und die vielleicht versuchen, eine Stimme auszumachen, die selten gehört wird. Diese Art des Schweigens*

378 Gash und Harding 2018, S. 20.
379 Delhom 2007, S. 246.

gehört zu einer moralischen Haltung der Aufmerksamkeit für andere – eine Offenheit dafür, wer sie sind und was sie zu sagen haben.[380]

Das Schweigen der potenziellen Zuhörer*innen bedeutet also, dass sie sich selbst zurücknehmen und aufmerksam sind für das, was dadurch möglicherweise erst einen Raum bekommen kann. Christina Thürmer-Rohr bezeichnet diese Offenheit auch als „innere Gastfreundschaft".[381] Sich selbst zurücknehmen bedeutet eben nicht, Betroffene zum Sprechen aufzufordern, sondern vielmehr abzuwarten, ob sie sich zeigen wollen. Das Schweigen der Zuhörenden bedeutet auch, Betroffene weder mit eigenen Erwartungen noch mit eigenen Gefühlen zu erdrücken – auch nicht als Reaktion auf das Gehörte.

Ein solches Zuhören bezeichne ich als ‚solidarisch'. Es ist empathisch und mitfühlend und stellt die eigene Hilflosigkeit und Verwirrung darüber, dass eine andere, möglicherweise nahestehende Person Gewalt erfahren hat, nicht in den Vordergrund. Betroffene benötigen Unterstützung und sollten sich nicht zurückhalten, nur weil die Personen, denen sie sich anvertrauen möchten, womöglich überfordert oder verzweifelt sind. Auch Mitleid hilft Betroffenen eher nicht. Mitleid bestätigt die (vermeintlich oder tatsächlich) bedauernswerte Lage der Betroffenen, ohne wirksame Unterstützung oder Hilfe bereitzustellen. Mitleid verharrt darin, das dem*r Einzelnen Zugestoßene zu bedauern. Mitleid, das im Nachhinein für ein Einzelschicksal empfunden wird, reproduziert die Individualisierung von Gewalttaten sowie die Schwäche der Opfer*position und suggeriert eine Verschiedenheit zwischen Betroffenen und Nichtbetroffenen. Besser ist es, ihre Erfahrungen und ihr Leid empathisch anzuerkennen und nach Auswegen und Unterstützung zu suchen, ohne sich als Zuhörer*in selbst in den Zustand des Leidens hineinzubegeben.[382]

Zur Rolle der Zuhörenden gehört daher, belastbar sein zu wollen und nicht zurückzuschrecken vor dem, was in den Erzählungen ans Tageslicht kommen kann: „In der Rolle der Zuhörenden müssen wir vor allem den überlebenden Zeugen signalisieren, dass sie uns nicht schonen müssen, dass wir uns vorstellen wollen (und müssen), was unvorstellbar grausam war".[383] Solidarisches Zuhören ist kein passiver Akt, sondern die aktive Entscheidung, sich den Erzählungen auszusetzen, sich davon berühren zu lassen und die entsprechenden Konsequenzen daraus zu ziehen, auch wenn sie unbequem sind.

380 Fricker 2012, S. 63.
381 Thürmer-Rohr 1994, S. 111.
382 Faulseit et al. 2001, S. 25.
383 Emcke 2013, S. 98.

Sechstens: Parteilichkeit statt Schuldumkehr

Betroffene gehen ein Risiko ein, wenn sie nach Sichtbarkeit streben, während ihr Sprechen bzw. ihre Anklage für die Täter*innen häufig keine echte Bedrohung darstellt. Davon zeugen zum Beispiel die oft ohne Urteilsspruch endenden Gerichtsverfahren, die Erfahrungen mit Schuldumkehr und die Vorwürfe der Falschbeschuldigung, denen Betroffene ausgesetzt sind. Allein schon diese strukturelle Asymmetrie erfordert die unbedingte Parteilichkeit mit Betroffenen. Parteilichkeit bedeutet die Unterstützung Betroffener als „innere und aktiv nach außen gerichtete Haltung […]. Parteilichkeit bedeutet, dass eine benannte Grenzverletzung nicht in Frage gestellt, sondern als solche respektiert und akzeptiert wird."[384] Das heißt zum Beispiel nach außen hin, keine skeptischen Nachfragen zu stellen, aber auch, innerlich entschlossen zu unbedingter Solidarität mit Betroffenen zu sein.

Parteilichkeit impliziert jedoch nicht die *erkenntnistheoretische* Verpflichtung, die subjektive Erfahrung der Betroffenen als objektives Wissen anzuerkennen. Es geht nicht darum, zu ergründen, wie die beteiligten Personen im Einzelnen gehandelt haben, um daran anschließend von außen ein scheinbar unvoreingenommenes Urteil darüber zu fällen. Vielmehr soll die Wahrnehmung von Grenzüberschreitungen als solche akzeptiert werden – ganz egal, wie man selbst die Situation einordnet oder wie man meint, dass man die jeweilige Situation wahrgenommen oder sich in ihr verhalten hätte. Parteilichkeit ist eine *politische* Haltung, die Betroffenen aufgrund ihrer prekären Sprecher*innenposition einen Glaubwürdigkeitsvorschuss zugesteht. Das Kollektiv *Re.ACTion* betont daher auch, dass eine angeblich unparteiische Haltung in Bezug auf sexualisierte Gewalt ohnehin illusorisch ist:

> *Tatsächlich ist die Vorstellung von einer neutralen Haltung eine Illusion: Jeder Versuch einer neutralen Haltung bedeutet für die Betroffene einen Zwang zur Rechtfertigung. Dem Täter genügt ein Schweigen. Wenn du daher nicht parteilich mit der Betroffenen bist, bist du parteilich mit dem Täter. Es gibt keinen Weg dazwischen.*[385]

Parteilichkeit mit Betroffenen ist anstrengend, denn sie verlangt, selbst tätig zu werden, verlangt Engagement und Erinnerungsfähigkeit.[386] An die Unschuld der Täter*innen zu glauben ist leichter, als sich Betroffenen gegenüber parteilich zu zeigen: Durch die Vermeidung der

384 Re.ACTion 2010, S. 29.
385 Re.ACTion 2010, S. 30.
386 Herman 1993, S. 17f.

Auseinandersetzung mit der Gewalt, die Menschen einander antun, kann der Glaube an eine sinnvoll strukturierte Welt und die eigene Unverletzlichkeit aufrechterhalten werden (siehe Kapitel zwei). Parteilichkeit darf nicht nur dann zum Tragen kommen, wenn Berichte eindeutig erscheinen und gängigen Stereotypen entsprechen, sondern hat sich gerade in der Ambivalenz oder Uneindeutigkeit zu bewähren.

Siebtens: Mit Betroffenen sprechen statt über sie

Debatten über sexualisierte Gewalt, die ohne Betroffene geführt werden und an denen sich gegebenenfalls sogar (als solche unerkannte) Täter*innen beteiligen, laufen Gefahr, sich zu verselbständigen, in Paternalismus umzuschlagen oder Vergewaltigungsmythen und den Opfer*diskurs zu reproduzieren. Letztendlich kann so nur gemutmaßt werden, welche Forderungen und Bedürfnisse Betroffene haben, welche Formen der Unterstützung sie benötigen und welche Arten der Prävention sie für sinnvoll halten. Es ist wichtig, Vergewaltigungsmythen (allen voran dem Mythos vom Vergewaltiger* als gewalttätigen, cis männlichen Fremden) Statistiken entgegenzuhalten, aus denen etwa hervorgeht, dass die überwiegende Zahl von Vergewaltigungen im sozialen Nahraum bzw. innerhalb der Familie und keineswegs nur von cis Männern verübt wird.[387] Abstrakte Zahlen reichen dafür aber nicht aus – solche Geschichten müssen auch repräsentiert werden. Diese Geschichten dürfen eben nicht daran ausgerichtet sein, ob sie besonders ungewöhnlich und damit in einem aufmerksamkeitsökonomischen Sinne berichtenswert sind. Das Ziel sollte vielmehr sein, die Rezipient*innen für die Allgegenwart und bestürzende Alltäglichkeit sexualisierter Gewalt zu sensibilisieren. Ich wünsche mir zudem, dass es weniger Medienberichte gibt, in denen Geschichten von Betroffenen nur als Aufhänger verwendet werden, um daraufhin Expert*innen aus dem Feld zu Wort kommen zu lassen, die diese Erfahrungen dann aus ihrer Sicht ‚objektiv' einordnen. Denn dadurch wird ein Gegensatz zur vermeintlich subjektiven Sichtweise der Betroffenen konstruiert, die als zu persönlich involviert in das Thema gelten, um darüber auch als Expert*innen sprechen zu können.

Betroffene müssen mit ihrer ganzen Bandbreite an Erfahrungen, Ideen und Bedürfnissen als Gesprächspartner*innen ernst genommen bzw. als Expert*innen aus Erfahrung in öffentliche Diskurse eingebunden werden. Dadurch kann etwa Paternalismus gegenüber

387 Müller und Schröttle 2005, S. 12. Aus dieser Studie geht hervor, dass nur bei 14,5 Prozent Betroffenen die Täter*innen unbekannt und bei 22,3 Prozent die Täter*innen flüchtig bekannt sind. Bei 49,3 Prozent der Betroffenen waren (Ex-)Partner*innen die Täter*innen.

Betroffenen oder der Instrumentalisierung der Gewalterfahrungen für sexistische oder rassistische Diskurse (Kapitel vier) vorgebeugt werden.

Auf Betroffene bezogene Bedingungen

Achtens: Gelingendes Sprechen im Privaten

Betroffene können in ihrem privaten Umfeld, im Rahmen einer Therapie oder im Gespräch mit Vertrauten, bereits Erfahrungen damit sammeln, ihre Gewalterlebnisse und Verletzungen zu benennen.[388] In solchen Gesprächen sowie in einer Therapie stehen „von Anfang an die Wiederherstellung der Handlungsfähigkeit und die Vermeidung von neuen Situationen des Ausgeliefertseins im Mittelpunkt".[389] Durch sensibles Sprechen im Privaten können Betroffene die Kontrolle über die jeweilige Sprechsituation behalten, wenn sie ihre Verletztheit offenbaren, ohne dadurch weitere Verletzungen oder sogar eine Retraumatisierung hervorzurufen. Betroffenen wird dadurch ein Raum eröffnet, um erstens ihre Erfahrungen zu verarbeiten und emotionalen Abstand zu finden und um zweitens auszuprobieren, wie viel und was genau sie preisgeben wollen und können, ohne wieder von einer selbstbestimmten in eine ohnmächtige Sprechposition zu geraten.

Durch öffentliches Sprechen über die eigenen Gewalterfahrungen entsteht hingegen potenziell zunächst eine Situation oder ein Gefühl des Ausgeliefertseins. Das Sprechen über tabuisierte Themen ist gefährlich und wird, wie gezeigt, sanktioniert. Bloß *mehr* Sprechen, ohne auf die Gegebenheiten zu achten, ist nicht das Ziel. Daher ist es zum Selbstschutz Betroffener empfehlenswert, dass sie sich nur dann sicht- und hörbar öffentlich äußern und gesellschaftliche Veränderungen einfordern, wenn sie über die entsprechenden Ressourcen und die entsprechende Stabilität verfügen, um mit dieser Konfrontation umzugehen. Das Schweigen von Betroffenen in der Öffentlichkeit muss also nicht zwangsläufig als paralysiert oder als Stillstand verstanden werden. Dieser ‚Ort des Schweigens' kann auch ein Ort des Nachdenkens, des Kräftesammelns sein oder ein Ort, an dem Widerständigkeit erst entsteht bzw. entwickelt

388 Bei der Beschäftigung mit Bedingungen gelingenden Sprechens über sexualisierte Gewalt fällt auf, dass zum Thema Sprechen im Privaten schon wesentlich mehr gearbeitet wurde als zum Thema öffentliches Sprechen – ein Indiz dafür, dass eben dort, im Privaten, am ehesten der Ort für das Sprechen über sexualisierte Gewalt gesehen wird. Dies ist, so denke ich, ein Symptom der Individualisierung von sexualisierter Gewalt. Im privaten Raum kann jedoch, wie insbesondere aus den Kapiteln zwei und vier hervorgeht, nur eingeschränkt gegen sexualisierte Gewalt gearbeitet werden – man kann zwar ‚im Nachhinein' für Betroffene sorgen; Veränderungen auf politischer bzw. sozialer Ebene werden dort jedoch nicht erreicht. Faulseit et al. 2001, S. 24f.

389 Arbeitsgruppe bkA 2006, S. 6f.

wird.[390] Ich kann nur immer wieder betonen, dass die Aufforderung von außen an Betroffene gerichtet, ihr Schweigen zu brechen, völlig am Problem vorbeigeht. Gleichzeitig ist es eine gesellschaftliche Aufgabe, Betroffenen die benötigte Hilfe und Unterstützung zum Aufbau entsprechender Ressourcen zur Verfügung zu stellen.

Neuntens: Kollektivität statt Isolation

Wenn öffentliche Debatten über sexualisierte Gewalt, Sexismus und andere Formen der Diskriminierung nicht von einzelnen Stimmen geprägt werden, sondern die Betroffenen einen vielstimmigen Chor bilden, kann die strukturelle Dimension sexualisierter Gewalt deutlicher hervortreten. Der Zusammenschluss zu Gruppen oder Kollektiven wirkt Leugnung, Infragestellung, Pathologisierung, Schuldumkehr und dem Vorwurf der Falschbeschuldigung entgegen, denn es ist einfacher, eine Einzelperson zu diskreditieren, als eine Vielzahl an Personen. Eine große Zahl unterschiedlicher Erfahrungen durch unterschiedlich positionierte Sprecher*innen belegt, dass sexualisierte Gewalt kein individuelles Problem ist, sondern mit der sie ermöglichenden, verharmlosenden und legitimierenden Kultur zusammenhängt, in der wir leben.

Das Sprechen im Kollektiv mindert den Druck auf einzelne Personen, Glaubwürdigkeit zu kreieren, indem Erfahrungen möglichst genau geschildert werden, und Aufmerksamkeit zu generieren, indem diese Schilderungen möglichst drastisch ausfallen. Stattdessen genügt es, sich als Angehörige*r dieser Gruppe einzuordnen („Ich auch"). Die Einzelnen sind beim kollektiven Sprechen jeweils sicherer als allein. Schutz entsteht dabei auf zweierlei Art: einerseits durch die Solidarität innerhalb der Gruppe sowie andererseits durch die relative Anonymität, die das Kollektiv trotz seiner öffentlichen Sichtbarkeit herstellt.

Wenn Betroffene als Gruppe auftreten, können sie daher mächtigere Positionen besetzen als allein. Eine solches Kollektiv kann ganz unterschiedlich beschaffen sein: sei es im Rahmen einer Demonstration, durch die Bildung einer politisch oder künstlerisch engagierten Gruppe, in Betroffenenverbänden oder online durch die Organisierung in Foren oder unter einem Twitter-Hashtag wie #MeToo oder #Aufschrei. Kollektivierung kann auch bedeuten, sich Allianzen und Verbündete zu suchen, wie etwa Journalist*innen, die bereit sind, über das Thema sensibel und verantwortlich zu berichten. Wie sich auch anhand der folgenden Beispiele zeigen wird, ist die Kollektivität aus meiner Sicht die zentrale Bedingung für gelingendes Sprechen über sexualisierte Gewalt.

390 Congdon 2016, S. 823.

Beispiele für gelingendes Sprechen

DefMa

Unter dem Kürzel ‚DefMa' lassen sich Unterstützer*innengruppen zusammenfassen, die Betroffenen von sexualisierter Gewalt zur Seite stehen und ihnen helfen, innerhalb bestimmter Szenen Täter*innen zu outen und Forderungen zu platzieren, normalerweise innerhalb (queer-) feministischer Szenen oder der radikalen Linken.[391] Diese Gruppen agieren gemäß dem Konzept ‚Definitionsmacht'. ‚Definitionsmacht' meint die Macht einer Person, bestimmte Ereignisse oder Erlebnisse auf eine bestimmte Art und Weise zu bestimmen, zu beschreiben und diese Deutung auch (öffentlich) durchzusetzen. Das Konzept ‚Definitionsmacht' zielt darauf ab, dass die Betroffenen sich durch die Benennung und eigene Definition der erlebten Gewalt selbst ermächtigen. Das feministische Umfeld bzw. die Unterstützer*innengruppe folgt dabei der Benennung bzw. Einschätzung der Betroffenen bedingungslos.

Im Unterschied zur oben als sechster Bedingung geforderten Parteilichkeit als *politischer* Haltung schließt DefMa demnach die erkenntnistheoretische Privilegierung der Position der Betroffenen mit ein und erkennt deren subjektives Erleben als objektives Wissen an. DefMa-Gruppen agieren also in dieser Hinsicht radikaler, als es das Prinzip der Parteilichkeit verlangt. Allerdings wird durch diese bedingungslose Anerkennung der Position der Betroffenen auch besondere Wucht erzeugt. Die Perspektive und die Bedürfnisse der Betroffenen stehen absolut im Zentrum. Nach der Ohnmachtserfahrung durch die sexualisierte Gewalt gibt diese Unterstützung den Betroffenen Handlungsfähigkeit, Selbstbestimmung und die Kontrolle über ihre Geschichten und Erlebnisse zurück, die ihnen durch die erste(n) Gewalttat(en) entrissen wurden.[392]

DefMa stellt eine alternative Form des Umgangs mit sexualisierter Gewalt und Machtmissbrauch dar. Die Gruppen sind in der Regel in Zusammenhängen angesiedelt, wo Anzeigen bei der Polizei und Gerichtsverfahren aus politischen Gründen abgelehnt werden oder als zu gefährlich erscheinen. Das betrifft besonders diskriminierte oder von staatlicher bzw. Polizeigewalt betroffene Menschen und Gemeinschaften. Wenn in diesem Räumen oder Gruppen sexualisierte (oder andere) Gewalt ausgeübt wird, kommt es daher vor, dass Betroffene

391 UG DEFMA 2016.
392 Wiesental 2017, S. 88ff.

damit innerhalb ihrer Gemeinschaften umgehen, anstatt externe staatliche Behörden oder Strafverfolgungsinstanzen einzuschalten.[393]

Bei den Forderungen zum Schutz der Betroffenen geht es in der Regel darum, dass die Täter*innen sich mit der ausgeübten Gewalt auseinandersetzen und die Verantwortung dafür übernehmen, bestimmte Orte (Wohnungen, Häuser, Kneipen …) nicht aufsuchen bzw. (Polit-)Gruppen oder (Haus-)Projekte verlassen, keine Substanzen wie Drogen oder Alkohol konsumieren, eine Therapie machen, zukünftigen Partner*innen oder dem Umfeld von der ausgeübten Gewalt erzählen sollen etc. Die Methoden der DefMa-Gruppen erstrecken sich von Gesprächen mit dem Umfeld des*r Täter*in über Outing-Flyer in Szenelokalen oder die Verbreitung der entsprechenden Informationen über soziale Medien bis hin zur Erwirkung von Hausverboten. DefMa-Gruppen werden bei der Durchsetzung ihrer Forderungen häufig als kompromisslos, ‚herrisch' oder rabiat wahrgenommen, wobei fraglich ist, ob sanftere Ansätze angesichts der nach wie vor verbreiteten Ignoranz und der täter*innenschützenden Strukturen in den entsprechenden Szenen überhaupt erfolgreich wären.[394]

393 Unter dem Stichwort ‚Community Accountability' (CA) wird ein verwandter Ansatz zusammengefasst, der ebenfalls eine Alternative zum Rechtssystem bildet. Community Accountability ist innerhalb von Rassismus betroffener Gemeinschaften in den USA entstanden. Dabei kommen vier Handlungsbereiche zum Tragen: die Unterstützung der Betroffenen, die Aufklärung des Umfeldes, Transformative Täter*innenarbeit (TTA) sowie politische Arbeit, die auf gesellschaftliche Veränderungen zielt. Dieses Vorgehen soll die soziale Gruppe als ganze vor weiterer Stigmatisierung schützen und vermeiden, dass die innerhalb der Gruppe geschehene Gewalt als Rechtfertigung für Diskriminierung oder (staatliche) Repression fungiert. Wenn der Ansatz aufgeht, handelt es sich dabei um einen emanzipierenden und verantwortlichen Umgang mit sexualisierter Gewalt, der die Instrumentalisierung für rassistische oder andere Unterdrückung und Diskriminierung unterläuft. Community Accountability ist natürlich (siehe Teilbereich eins) darauf angewiesen, dass die Betroffenen mit allen weiteren Schritten und dieser Art des Vorgehens einverstanden sind. TTA ohne Einverständnis der Betroffenen bedeutet deren abermalige Entmündigung und wirkt letztlich täter*innenschützend. Wiesental 2017, S. 99; Hänel 2018, S. 226. Ich beobachte allerdings, dass Community Accountability bzw. transformative Täter*innenarbeit oft nicht funktionieren: Täter*innen missachten Absprachen und Auflagen und Prozesse scheitern auch nach Jahren, in denen Aktivist*innen Energie hineingesteckt haben, während die Bedürfnisse der Betroffenen aus dem Blick geraten. Letztlich sind diese Prozesse von denselben Machtverhältnissen geprägt, die gesellschaftlich ohnehin und eben auch in den jeweiligen Communities bestehen. Hinter CA bzw. TTA steht die Idee, das nicht funktionierende System aus Strafe und Gefängnis durch gemeinschaftliche Prozesse zu ersetzen. Wenn dies jedoch dazu führt, den gesellschaftlichen Umgang mit Betroffenen bzw. sexualisierter Gewalt (missachten, verharmlosen etc.) einfach zu *wiederholen*, dann sollte man es (zumindest im Umgang mit sexualisierter Gewalt) lieber lassen.

394 Die Kritik bezieht sich auf die angewendeten Methoden oder auf die Ablehnung von Objektivität in dem Sinne, dass die Gruppen die Sichtweise der unterstützten Person voll und ganz übernehmen. Zur Kritik aus (vermeintlich) linker Perspektive: les madeleines 2010. In diesem Artikel werden sämtliche Methoden der Verharmlosung und Infragestellung von Gewalterfahrungen mit einem verletzten cis männlichen Ego gepaart, was seinerseits bereits eine Rechtfertigung für die Anwendung von Definitionsmacht darstellt. Eine erkenntnistheoretische Kritik an der Privilegierung der Position der Betroffenen vor der des*r Täter*in bietet Hänel 2018, S. 241. Letztlich unterscheidet sich DefMa in ihren *Effekten* jedoch kaum von Hänels Alternativvorschlag, ‚emanzipatorische Solidarität' mit Betroffenen zu zeigen. Hänel 2018, S. 243.

DefMa erfüllt alle Bedingungen für gelingendes Sprechen über sexualisierte Gewalt; lediglich die Bedingung, die sich auf die Offenheit statt Normierung der Diskurse bezieht, wird nur zum Teil erfüllt. Das liegt an der absoluten Bezogenheit auf die betroffene Person und ihre Perspektive. DefMa gewinnt insbesondere durch die bedingungslose Solidarität, die Parteilichkeit und die Kollektivierung durch die Gruppenstruktur ihre Kraft. Es lässt sich allerdings beobachten, dass sich Täter*innen aufgrund der harschen Konfrontation nicht, wie eigentlich gewünscht, eigenständig und kritisch mit der von ihnen ausgeübten Gewalt auseinandersetzen, sondern dies umso vehementer ablehnen. Aufgrund der ausgeübten Gegenmacht sind DefMa-Gruppen innerhalb der Szenen, in denen sie operieren, nicht sonderlich beliebt und rufen regelmäßig Kontroversen hervor – bis dahin, dass sich Menschen aufgrund vermeintlich unangebrachter Härte mit den als solchen geouteten Täter*innen solidarisieren. Dies belegt meines Erachtens einerseits ihren Einfluss und die Wichtigkeit ihrer Arbeit, stellt andererseits jedoch ein Problem für ihre Akzeptanz und die Erweiterung dieser Herangehensweise auf den Rest der Gesellschaft dar.

#MeToo

#MeToo war zunächst ein Hashtag in sozialen Medien wie Twitter und facebook, unter dem ab Herbst 2017 Betroffene ihre Erfahrungen mit sexualisierter Gewalt, Belästigung und Alltagssexismus teilten. #MeToo war durch globale Reichweite, Schnelligkeit, Unmittelbarkeit, Dialog, Sichtbarkeit, Engagement, Verbindung, Kollektivität und ein geteiltes Verständnis der gemachten Erfahrungen gekennzeichnet.[395] Seitdem wurde der Hashtag in den sozialen Netzwerken (Stand 2018) über 18 Millionen Mal verwendet und führte dazu, dass zahlreiche Personen ihre Erfahrungen mit sexualisierter Gewalt und Belästigung veröffentlichten.[396] Zudem entstand in vielen Ländern eine lebhafte Diskussion über das Ausmaß sexualisierter Gewalt und deren Ermöglichungsbedingungen. Sie wurde medial, politisch, künstlerisch und auch im Privaten ausgetragen, führte zu einigen Gesetzesänderungen sowie – bezeichnenderweise – zu einem erheblichen Backlash.[397]

395 Mendes et al. 2018, S. 240.

396 Hanack 2018. Leider habe ich keine Zahlen gefunden, die aktueller sind. Wahrscheinlich sind seitdem noch ein paar Millionen dazugekommen.

397 Dazu gehören unter anderen die Verweise auf die angeblich zahlreichen Falschbeschuldigungen und die negativen Folgen für die beschuldigten Täter*innen, die alberne Frage, ob Komplimente nun ‚noch erlaubt' seien, das Verspotten von Gesetzesentwürfen wie in Schweden, die das Prinzip ‚Ja heißt Ja' ernst nehmen oder auch der Vorwurf, #MeToo zementiere ein patriarchales Bild von Frauen,

Eine der Besonderheiten von #MeToo und damit meines Erachtens der Hauptgrund für den Erfolg dieser Bewegung besteht in der Übererfüllung der neunten oben genannten Bedingung: das kollektive Sprechen der Betroffenen. Die schiere Masse derjenigen, die sich unter #MeToo zu Wort meldeten, führte zum Schutz der einzelnen Betroffenen, da sie jeweils nicht allein im Fokus standen und kritischen Prüfungen ausgesetzt waren. So äußerten sich auch Menschen, denen für mehr als die kurze Botschaft ‚Ich auch' der nötige Mut oder die Ressourcen fehlten (oder die sich aus anderen Gründen, zum Beispiel aufgrund drohender Verleumdungsklagen, nicht ausführlicher zu Wort melden wollten oder konnten). Da sich die einander mehr oder weniger ähnlichen Geschichten gegenseitig stützen, mussten Einzelne sich und die erlebte Demütigung nicht so stark exponieren. Gleichzeitig trat durch die Masse der Wortmeldungen die strukturelle Dimension und Allgegenwart sexualisierter Gewalt radikal in den Vordergrund, denn Schuldumkehr und Individualisierung widerlegten sich so quasi von selbst.

Was #MeToo zusätzlich erfolgreich machte: Einige der Akteur*innen sind bekannte Künstler*innen und Vorbilder wie etwa Schauspieler*innen, also Menschen, die ohnehin über große Sichtbarkeit und damit soziale Macht verfügen. Diesen Personen war es aufgrund ihrer bereits vorhandenen, machtvollen Sprecher*innenposition möglich, den Opfer*diskurs zu unterlaufen. Diese starken, profilierten Persönlichkeiten unglaubwürdig oder lächerlich zu machen ist ungleich schwieriger, als dies mit anderen Betroffenen zu tun, die nicht denselben Bekanntheitsgrad und Vertrauensvorschuss genießen.[398] Die Prominenz mancher der geouteten Täter*innen eröffnete zudem die Gelegenheit für eine Diskussion und Neuverhandlung sozial akzeptierten Verhaltens.[399] Interessant an #MeToo ist zudem, dass manche der prominenten Betroffenen im Laufe der Zeit ebenfalls als Täter*innen benannt wurden,[400] was aus meiner Sicht umso mehr zu einer durchaus konstruktiven Verwirrung und Verschiebung stereotyper Täter*innen- und Opfer*bilder geführt hat.

---

die sich ‚hinterher' beschweren, statt in übergriffigen Situationen Widerstand zu leisten. Siehe etwa Yaghoobifarah 2017; Flaßpöhler 2018.

398 Diese Stärke von #MeToo offenbart gleichzeitig eine durch die dahinter stehende Aufmerksamkeitsökonomie bedingte Schwäche: Der Hashtag #MeToo stammt nicht aus dem Jahr 2017, sondern wurde ursprünglich im Jahr 2006 von Tarana Burke geschöpft, einer Schwarzen Menschenrechtsaktivistin aus den USA. Sie bekam damals als eher unbekannte Einzelperson vergleichsweise wenig Aufmerksamkeit für ihre Bemühungen, Betroffene zu unterstützen, während die ohnehin privilegierten Prominenten wenig Probleme hatten, ihr Anliegen einer Weltöffentlichkeit publik zu machen. Jaffe 2018, S. 80.

399 Frevert 2018.

400 Hanack 2018.

Durch #MeToo entstand so ein Möglichkeitsraum anderen Sprechens, der von zahlreichen Personen genutzt wurde, um ihre eigenen Gewalterfahrungen in diesen Rahmen einzuordnen. Dabei kamen Betroffene zu Wort, die sich kraftlos und verletzt zeigten, aber auch andere, die die gesellschaftlichen Vorstellungen über Betroffene nicht erfüllten. All dies betrachte ich als das Sprechen von selbstbestimmten, handlungsmächtigen Subjekten mit Gewalterfahrungen. #MeToo sorgte dafür, dass sich diese Stimmen gegenseitig stützen und schützen konnten und Betroffenheit in einer großen Bandbreite an Erfahrungen und Umgangsweisen damit sichtbar werden konnte. Zusammenfassend würde ich sagen, dass #MeToo als Bezugspunkt nach wie vor kraftvoll und der dadurch entstandene Gegenentwurf zum Opfer*diskurs prinzipiell erhalten geblieben ist, auch wenn die öffentliche Debatte um sexualisierte Gewalt mittlerweile weitgehend abgeflaut ist.

Mit der vielfältigen reaktionären und antifeministischen Kritik an #MeToo, die von außen an die Bewegung herangetragen wurde, möchte ich mich nicht beschäftigen. Eine innerfeministische Kritik aber finde ich interessant: Manche Aktivist*innen bzw. Betroffene von sexualisierter Gewalt finden, dass unter dem Schlagwort #MeToo *zu viele* unterschiedliche Erfahrungen verhandelt wurden, die eben nicht miteinander vergleichbar seien – was das Problem sexualisierter Gewalt verwässere: „Denn das relativiert den Schmerz, den all die Frauen aushalten müssen, die wirklich vergewaltigt wurden. […] Wenn alles Vergewaltigung ist, dann ist gar nichts mehr Vergewaltigung, dann muss man die, die beispielsweise eine anzeigen, nicht mehr ernst nehmen.“[401] Die Beobachtung, auf die dieses Urteil zurückgeht, stimmt zunächst natürlich: Viele der unter #MeToo geteilten Geschichten fallen in die Bereiche Alltagssexismus bzw. Belästigung. Aber viele auch nicht, und bei wieder anderen kann man es nicht wissen. Ich sehe darin kein grundsätzliches Problem und auch keine Verharmlosung von Vergewaltigungen. Durch die große Bandbreite der unzähligen veröffentlichten Geschichten zeigt sich aus meiner Sicht vielmehr, dass Rape Culture nicht nur einige wenige (und diese dann eben besonders stark) betrifft, sondern tief im sozialen Miteinander verankert ist und auf ganz unterschiedliche Weise ausgespielt wird. Unterschiedliche Erfahrungen auf diese gemeinsame Ursache zurückzuführen, einander beizustehen und die erlebte Gewalt gemeinsam anzuprangern, bedeutet nicht, diese Erfahrungen gleichzusetzen. Ich wundere mich darüber, dass manche Aktivist*innen oder Betroffene denken, sie würden nicht mehr ernst genommen oder ihnen werde etwas weggenommen, wenn sich andere Menschen mit ihnen

401 Sigel 2017.

solidarisch zeigen, indem sie auf die Vielgestaltigkeit und Allgegenwart sexualisierter Gewalt hinweisen.

An den geäußerten Befürchtungen zeigt sich ein Problem des kollektiven Sprechens über sexualisierte Gewalt, das ich, vielleicht überenthusiastisch, als *zukunftsweisend* betrachte: Vielleicht findet man sich als Sprecher*in in einem Kollektiv wieder, dessen Teil man nicht sein möchte; oder andere Betroffene sprechen auf eine Art und Weise über sexualisierte Gewalt, die man selbst ablehnt. Gemessen daran, wie normiert und vor allem limitiert Vergewaltigungsdiskurse und die Möglichkeiten derzeit sind, überhaupt intelligibel als Betroffene zu sprechen, finde ich diese Vielstimmigkeit allemal begrüßenswert. Wahrscheinlich gibt es auch andere Betroffene, die nicht mit *meinen* Thesen und Konklusionen übereinstimmen: Das ist, vor allem gemessen daran, wie kompliziert das Thema und wie groß und heterogen die Gruppe der Betroffenen ist, nicht überraschend. Anderen Betroffenen das Rederecht über dieses Thema abzusprechen, ist aus meiner Sicht auf jeden Fall kein Beitrag zu emanzipatorischem Sprechen über sexualisierte Gewalt.

Schluss: Ein Plädoyer für Kollektivität und Selbstbestimmung

Erfreulicherweise ist es heutzutage – zumindest auf allgemeiner, nicht auf konkrete Personen und Ereignisse bezogener Ebene – geradezu gesellschaftlich erwünscht, über sexualisierte Gewalt zu sprechen und sie zu verurteilen. In der Öffentlichkeit stehende Menschen wie Politiker*innen oder Künstler*innen, aber auch Privatpersonen müssen als Reaktion auf sexistische oder übergriffige Äußerungen oder Verhaltensweisen mit teilweise erheblichem Gegenwind rechnen (auffällig häufig geschieht dies allerdings im Nachhinein in Form eines Shitstorms statt in den konkreten Situationen selbst). Das gesellschaftliche Selbstbild als gegen sexualisierte Gewalt positioniert und engagiert strahlt damit so stark wie nie zuvor – und beschert den Einzelnen das gute Gefühl, über die richtigen moralischen Einstellungen zu verfügen, ergo: das Richtige zu tun.

Davon seltsam unberührt besteht jedoch das Stigma fort, mit dem Betroffene weiterhin belegt werden. Die sprachliche Gewalt, die sie erfahren, wiederholt dabei ihre erste, die sexualisierte Gewalterfahrung, insofern beide einen Angriff auf ihren Subjektstatus darstellen: Betroffene werden unter anderem durch Entstimmlichung zum Schweigen gebracht, und ihre Geschichten und Reaktionen werden weiterhin an der verzerrten Konstruktion des ‚echten' Opfers* gemessen. Dadurch stehen ihnen zur glaubwürdigen Vermittlung ihrer Betroffenheit nur sehr limitierte Möglichkeiten offen – kein Zufall, denn jede*r einzelne*r Betroffene entlarvt die Anstrengungen im Kampf gegen sexualisierte Gewalt als unzureichend.

Es reicht offensichtlich nicht aus, sexualisierte Gewalt abstrakt zu verurteilen und sich gegenseitig für die eigene Progressivität zu beklatschen. Was zählt, ist die *Praxis,* nicht die Rhetorik. Je eindringlicher die *rhetorische* Modernisierung in Bezug auf sexualisierte Gewalt beschworen wird, desto schwieriger wird der Nachweis, dass unter dieser Oberfläche die alten Vorurteile und Vergewaltigungsmythen, grenzüberschreitenden Verhaltensweisen und Verharmlosungen fortbestehen.[402] Sexualisierte Gewalt und Rape Culture verschwinden nicht, indem sie weggewünscht oder weggeredet werden. Eloquente Worte und

402 Den Begriff der ‚rhetorischen Modernisierung' übernehme ich von Angelika Wetterer, die ihn auf die Widersprüche zwischen dem diskursiven Fortschritt und der realen Stagnation von Geschlechtergerechtigkeit bezieht. Wetterer 2003.

überzeugende Forderungen müssen in entsprechende Handlungen übersetzt werden, sprich: Sexualisierte Gewalt muss in ihren alltäglichen Ausprägungen vehement (und eben nicht nur rhetorisch) bekämpft werden – auch wenn es anstrengend ist, nervt, schmerzt, überfordert und wenn Menschen sich selbst und ihr Verhalten grundlegend hinterfragen müssen.

Auch selbstbestimmtes Sprechen über sexualisierte Gewalt ist ein ganz konkreter Teil dieses Kampfes und damit eine Form der *Prävention*, die sich unmittelbar in Alltagshandlungen umsetzen lässt. Das meine ich nicht nur in dem vermittelten Sinne, dass durch öffentliches Sprechen politische und soziale Veränderungen eingefordert werden. Der beschriebene und kritisierte Komplex aus Schweigen, Entstimmlichung und reglementiertem Sprechen gehört zu sexualisierter Gewalt dazu, erhält das damit verknüpfte Stigma aufrecht und wird von Täter*innen *mit eingeplant*. Bereits im zweiten Kapitel habe ich hervorgehoben, dass das Schweigen über sexualisierte Gewalt, auch wenn es individuell gute Gründe dafür gibt, Täter*innen in die Hände spielt und sie schützt. Täter*innen wissen, dass Betroffene sich oft nur wenigen, ausgewählten Menschen offenbaren und dass sie zudem auf Achtlosigkeit des Umfeldes in Bezug auf Warnsignale bis hin zu schierem Unwillen bauen können, sexualisierte Gewalt wahrzunehmen. Dieses Schweigen und das Nicht-wissen-Wollen der Unbeteiligten, manchmal sogar offene Solidarität, werden von vielen Täter*innen einkalkuliert und machen sexualisierte Gewalt zu einem Verbrechen mit geringem Risiko.[403]

Ich leite aus den vielen Geschichten über sexualisierte Gewalt, die mir anvertraut wurden, ab, dass viele Täter*innen Serientäter*innen sind. Damit meine ich nicht den stereotypen (brutalen, fremden, pathologischen …) Serienvergewaltiger*, über den gerne in Krimis geschrieben wird. Eher denke ich, dass Personen, die sich respektlos und grenzüberschreitend verhalten, die sexualisierte Übergriffe begehen und vergewaltigen, dies wahrscheinlich schon in der Vergangenheit getan haben und/oder wieder tun werden – entweder immer wieder bei derselben Person oder bei anderen Menschen, manchmal zahlreichen anderen. Dies gilt gerade dann, wenn sie wissen oder merken, dass ihnen keine ernsthaften Konsequenzen drohen (also sehr häufig).

Daraus folgen zwei Dinge. Erstens *kann* das Anprangern, Anzeigen und Öffentlichmachen von Gewalt unter Nennung der Namen des*r Täter*in zukünftige Übergriffe auf die sprechende(n) Betroffene(n) selbst oder auf andere Menschen verhindern. Das gilt aber nur dann, wenn das Sprechen der Betroffenen *gelingt*, was wiederum wesentlich von

403 Rommelspacher 1996, S. 26.

den Zuhörer*innen und deren Reaktionen abhängt: Eine Vorbedingung dafür ist das solidarische Zuhören, also das Schweigen und Sich-Zurücknehmen der Zuhörer*innen, um den Betroffenen die Möglichkeit bzw. den Raum zu geben, sich zu zeigen. Das Anprangern von Gewalt kann nur dann *präventive* Wirkung entfalten, wenn den Betroffenen zugehört und geglaubt wird und in der Folge tatsächlich adäquate praktische Maßnahmen getroffen werden, um weitere Taten zu verhindern. Diese umfassenden Veränderungen zu erwirken, liegt nicht der Hand der Betroffenen. Zweitens denke ich, dass es zumindest einige Täter*innen von der Ausübung von Gewalt abhielte, wenn sie sich nicht mehr durch das Schweigen über sexualisierte Gewalt vor der Offenlegung ihrer Tat und ihres Namens geschützt wüssten. Ein Ende des Verschweigens und der sprachlichen Gewalt könnte also zur Abschreckung einer erheblichen Zahl von Täter*innen führen. Selbstbestimmtes Sprechen und das Abschaffen der Stigmatisierung Betroffener verändern den ganzen Hintergrund, vor dem sich sexualisierte Gewalt abspielt.

Gelingendes, selbstbestimmtes Sprechen unterläuft die beschriebenen Mechanismen sprachlicher Gewalt und zielt auf die Anerkennung Betroffener mitsamt ihrer Verletzung, aber gleichzeitig als ‚ganze Menschen'. Ich habe aufgezeigt, dass Betroffenen durch sexualisierte und sprachliche Gewalt auf doppelte Weise ihr Status als autonomes, selbstbestimmtes Subjekt aberkannt wird: Sexualisierte Gewalt verletzt, objektifiziert und demütigt Betroffene, das heißt, ihre Autonomie, ihre Wünsche und ihr Wille werden auf brutale Weise übergangen. Im Ringen darum, ihre Anerkennung als autonome Subjekte nicht zu verlieren, führt das allzu oft dazu, dass Betroffene ihre Gewalterfahrungen verdrängen oder verschweigen. Im ersten Kapitel wurde festgehalten, dass Subjektivität fragil und von der Anerkennung durch andere abhängig ist. Für Betroffene von sexualisierter Gewalt ist es *gerade* aufgrund ihrer Erlebnisse besonders wichtig, dass sie von anderen – trotz allem – als wertvolle, handlungsmächtige Personen angesehen werden. Diese Anerkennung durch andere muss die sexualisierte Gewalt und deren Spuren mit einschließen, statt sie zu ignorieren oder zu verdrängen. Betroffene sollten nicht vor die Wahl gestellt werden, sich *entweder* als resilient und stark zu präsentieren und damit die Gewalt und ihre Folgen zu unterdrücken *oder* sich gemäß den Normen des Opfer*diskurses verletzt und traumatisiert zu zeigen, um der Gewalt in der eigenen Biographie Raum geben zu können. Ich plädiere für die Anerkennung von Betroffenheit, die das individuelle Leiden erfasst und unbedingte

Unterstützung anbietet, ohne Betroffene für das zu stigmatisieren, was ihnen von außen aufgezwungen wurde.

Selbstbestimmung bedeutet auch, mehr Verantwortung im Sinne von Handlungsmöglichkeiten in die Hände Betroffener zu legen. Damit ist neben dem Respekt für Wünsche und Forderungen zum Beispiel auch Verantwortung für die eigene Selbstrepräsentation gemeint, wie es durch die Berufung von Betroffenenräten in gewissem Umfang schon praktiziert wird.[404] Um Betroffenen das Mitgestalten zum Beispiel von politischen Maßnahmen und von medialer Repräsentation zu ermöglichen, müssen diejenigen einen Teil ihrer Macht abgeben, die derzeit über sie verfügen.

Gelingendes Sprechen bedeutet auch, den bestehenden Erzählungen von erlebter Gewalt und Traumata andere Narrative, andere Existenzmöglichkeiten an die Seite zu stellen: Geschichten des Widerstands oder vom Wiederaufstehen nach einer Demütigung.[405] Ich würde darüber hinaus das Veruneindeutigen bestimmter Emotionen begrüßen. Schuld, Scham, Zorn und Rachlust sind innerhalb der gängigen Narrative über sexualisierte Gewalt jeweils feste Plätze zugewiesen: Scham und Schuldgefühle gelten als normal und nachvollziehbar (und auch der oft wiederholte Hinweis an Betroffene: *„Du bist nicht schuld!“* zeigt, so richtig und wichtig er auch ist, doch die Erwartung von Schuldgefühlen an).[406] Zorn (vor allem auf andere bezogen) und Rachlust hingegen gelten entweder als lächerlich – was sich am Klischee der nicht ernstzunehmenden, wütenden Feministin ablesen lässt – oder als irrational und überzogen. Vielleicht gilt auch eine Therapie als der einzige Raum, in dem es erlaubt ist, sie zu fühlen und abzureagieren. So oder so sind diese beiden Emotionen mit dem Klischee des schwachen, handlungsunfähigen Opfers* unvereinbar. Wenn Betroffene ihre mannigfaltigen Geschichten erzählen, entstehen neue, den Opfer*diskurs ergänzende Bilder. Dies können auch Geschichten von starken, kämpferischen Frauen und Mädchen, trans*, inter* und queeren Personen sein, die Gewalt nicht nur *aus*gesetzt sind, sondern mit ihr umgehen und ihr etwas *entgegen*setzen – eine neue Vielstimmigkeit.

Wie sich im fünften Kapitel in der Auseinandersetzung mit der #MeToo-Bewegung und der Vorgehensweise von DefMa-Gruppen ergeben hat, ist

404 Diese Gremien gehören zwar in dem Sinne nicht zur politischen *Selbst*organisation Betroffener, insofern sie meines Wissens in der Regel ‚von oben‘ eingesetzt bzw. berufen werden. Sie können aber einen gestaltenden Einfluss auf politische Prozesse haben und Aufarbeitungsprozesse sexualisierter Gewalt etwa in den Kirchen und anderen Institutionen kritisch begleiten.

405 Mallt 2017, S. 168.

406 Ansichtssache 2016.

eine entscheidende Bedingung für gelingend(er)es Sprechen über sexualisierte Gewalt die *Kollektivierung* Betroffener. Ein Kollektiv kann sowohl nach innen als auch nach außen etwas verändern. Es gewinnt seine Kraft unter anderem durch die Solidarität untereinander und den Schutz durch die relative Anonymität, die die Gruppenstruktur gewährt. Wenn Betroffene sich zusammenschließen – egal, ob in Form einer Selbsthilfe- oder einer Politgruppe oder etwas anderem –, dann entsteht (im besten Fall) nach innen zunächst ein besonderes Verständnis füreinander. Andere Betroffene wissen um die Alltäglichkeit und Allgegenwart sexualisierter Gewalt, um deren Auswirkungen auf ganz unterschiedliche Teilbereiche des Lebens oder auch darum, dass sich die eigene Betroffenheit je nach Tagesform oder Lebenssituation verschieden anfühlen kann: Manchmal fühlt man sich vielleicht sehr verletzlich und an anderen Tagen wie ein*e Superheld*in. Im Austausch mit anderen Betroffenen können die Gewalterfahrungen verarbeitet und in das eigene Selbstverständnis integriert werden. Betroffene können im Kollektiv zudem ausprobieren, wie es ist, von anderen Unterstützung anzunehmen und einzufordern. Das Sprechen über sexualisierte Gewalt untereinander gewinnt so eine Normalität, die es außerhalb der kollektiven Struktur (noch) nicht besitzt. Kollektivität kann also die Vereinzelung Betroffener durchbrechen, die durch sprachliche Gewalt entsteht. Ich denke, dass dieses Sprechen innerhalb der Gruppe für die Einzelnen schon viel verändern kann – gerade auch in Bezug darauf, den Mut zu sammeln, mit Außenstehenden über die eigene Betroffenheit zu sprechen und das Einfordern von Unterstützung zu erproben.

Besonders interessant wird es dann, wenn sich die Betroffenen *als* Kollektiv an die Öffentlichkeit wenden. Das Sprechen im Kollektiv verhindert manche Formen sprachlicher Gewalt: Es ist ungleich schwieriger, einer Gruppe von Menschen die Glaubwürdigkeit abzusprechen als einer Einzelperson. Auch Phänomene wie Pathologisierung, Verharmlosung und Schuldumkehr verlieren je nach Größe und Vielfalt der Gruppe ihre Kraft. #MeToo und andere Bewegungen dieser Art wie #Aufschrei oder die sich 2020 global verbreitenden Flashmobs *Un violador en tu camino/Der Vergewaltiger bist du*, die auf die chilenische Gruppe *LASTESIS* zurückgehen, haben gezeigt, dass sich Kollektive spontan bilden, wachsen und eine immense Eigendynamik entfalten können, ohne dass von vorneherein eine politische Agenda feststeht. Ich finde es aber auch wichtig, dass sich Betroffene als Kollektive bewusst zusammenschließen und zielgerichtet(er) intervenieren. Durch das gemeinsame Sprechen im Kollektiv kann der *Effekt* diskursiver Autorität entstehen, ohne dass man auf vorgängige Macht zurückgreifen muss.[407] Dadurch können zum Beispiel die Normen des Opfer*diskurses sichtbar gemacht, enteignet und umgedeutet werden. Die sich entfaltende Eigendynamik kollektiver Interventionen lässt sich nicht durch den politischen Einfluss der beteiligten Einzelpersonen erklären – auch wenn prominente Unterstützung, siehe #MeToo, sicherlich hilfreich ist.

Das Ziel ist letztendlich natürlich, nicht nur rhetorische, sondern echte politische und gesellschaftliche Veränderungen durchzusetzen.[408] Dann wird sexualisierte Gewalt grundsätzlich (und nicht nur im Ausnahmefall) zum *Skandal*, ihre Benennung zur *Normalität* und die Verantwortungsübernahme sowohl der Täter*innen als auch des Umfelds zur *Pflicht*. Die Selbstbestimmung der Betroffenen in Form gelingend(er)en, politischen Sprechens ist dafür notwendig. Kollektivität ist in diesem Sinne kein Zweck an sich, aber ein wesentlicher Schritt auf dem Weg dorthin.

407 Butler 2006, S. 247.

408 Diese gesellschaftspolitischen Veränderungen müssen sehr umfassend sein, haben aber nicht unmittelbar mit dem Hauptthema dieses Buches zu tun, das nun einmal Sprechen und Schweigen über sexualisierte Gewalt ist. Daher folgt noch ein Postskriptum mit einigen weitreichenderen Anmerkungen zu diesem Thema.

Postskriptum: Was ich zum Thema Prävention noch sagen möchte

Was bedeutet eigentlich ‚Prävention sexualisierter Gewalt'? Diese Frage habe ich mir beim Schreiben immer wieder gestellt, obwohl sie in dieser Allgemeinheit kein zentraler Gegenstand meines Nachdenkens war. Die These aus dem ersten Kapitel ernst zu nehmen, dass sexualisierte Gewalt auf das Ausüben bzw. den Missbrauch von *Macht* zurückgeht, bedeutet, bei der Prävention sexualisierter Gewalt sehr grundlegend anzusetzen. Die erforderlichen strukturellen, gesellschaftspolitischen Veränderungen gehen über den konkreten Umgang mit Betroffenen und auch über die vorgeschlagenen diskursiven Eingriffe weit hinaus und liegen außerhalb des Einflussbereiches von Einzelpersonen oder auch Kollektiven. Prävention ist ein vielschichtiges, tiefgreifendes und nicht durch simple Wenn-dann-Relationen beschreibbares Thema. Was nun folgt, sind daher *Visionen* und nicht konkrete Forderungen oder Handlungsanleitungen. Allerdings, und das ist mir wichtig: Auch wenn ich den Weg nicht klar skizzieren kann, handelt sich nicht um eine *Utopie*. Eine Gesellschaft, in der sexualisierte Gewalt und sprachliche Gewalt nicht zum Alltag gehören, ist kein Wunschtraum. Sie ist ein Zukunftsentwurf, auf den es sich lohnt, hinzuarbeiten.

Mir ist aufgefallen, dass es nur verhältnismäßig wenige Präventionskonzepte im eigentlichen Wortsinn gibt. Das lateinische Verb ‚praevenire' bedeutet so viel wie ‚zuvorkommen' oder ‚verhüten'. Echte Präventionsmaßnahmen ‚zeigen' ihre Wirkung also dadurch, dass es gar nicht erst zu sexualisierter Gewalt kommt. Dadurch sind sie schwer messbar, und die Wahrnehmung ihrer Relevanz sinkt ausgerechnet im Falle ihres Erfolges. Die Unterstützung Betroffener durch Anlaufs- und Beratungsstellen, Telefonhotlines, Frauenhäuser und Therapieangebote – so essenziell wichtig all diese auch sind, darüber darf keine Diskussion bestehen – sind somit streng genommen keine direkten Präventionsmaßnahmen, sondern lediglich ein Umgang mit der Gewalt *im Nachhinein*. Allerdings lassen sich Prävention und Nachsorge insofern nicht hinreichend scharf voneinander trennen, als Unterstützung und Stabilisierung Betroffener dazu beitragen, dass diese gewaltvollen Situationen entfliehen und Täter*innen zur Verantwortung ziehen können, was wiederum zukünftige Gewalt verhindern kann.

Manch andere präventiv gedachte Maßnahme hingegen ist so gut wie wirkungslos, wie etwa das Einholen polizeilicher Führungszeugnisse bei der Einstellung von Mitarbeiter*innen im sozialen Bereich bzw. in der Kinder- und Jugendarbeit. Angesichts skandalös niedriger Verurteilungsraten (die sich ja wiederum nur auf den geringen Anteil überhaupt angezeigter Taten beziehen) täuscht dies Kontrolle über sexualisierte Gewalt im Grunde nur vor.[409] Schlimmer noch: Es erlaubt Täter*innen, sich vor Entdeckung in Sicherheit zu wiegen. Es muss also zusätzlich auf anderem Wege sichergestellt werden, dass Menschen, die im sozialen Bereich bzw. mit Kindern arbeiten, das Selbstbestimmungsrecht anderer unbedingt achten.

Wieder andere Präventionsmaßnahmen werden massiv von Betroffenen kritisiert, insbesondere solche aus dem Bereich Täter*innenarbeit. Dem expandierenden Netzwerk *Kein Täter werden* etwa wird vorgeworfen, Täter* durch das Framing von Pädophilie als Krankheit zu entschuldigen und sexualisierte Gewalt damit zu naturalisieren, zu verharmlosen und aus ihrem gesellschaftspolitischen Zusammenhang herauszureißen.[410] Diese Kritik sollte ernst genommen und nicht aufgrund der wahrgenommenen Relevanz von Täter*innenarbeit leichtfertig abgetan werden. Grundsätzlich ist es natürlich richtig, dass ein gesellschaftlicher Umgang mit Täter*innen gefunden werden muss, der über deren Entschuldigung, Pathologisierung oder Ausgrenzung hinausgeht – allein schon deswegen, weil es so viele von ihnen gibt. Ich kann an dieser Stelle keine gute Lösung anbieten, aber ich finde es ziemlich problematisch, dass ein Projekt zur Prävention sexualisierter Gewalt eine solche Eigendynamik annehmen kann und Kritik durch Betroffene (und auch Therapeut*innen)[411] nicht zu Veränderungen der Herangehensweise führt.

Dass ich Prävention, die wiederum primär potenziell Betroffene in die Pflicht nimmt, ebenfalls problematisch finde, ist bereits im vierten Kapitel deutlich geworden. Solche Maßnahmen laufen Gefahr, das Narrativ von verletzlichen FLINTA zu reproduzieren, die für das Risikomanagement bezüglich ihrer eigenen Sicherheit selbst verantwortlich sind. Diese Verantwortungsverschiebung adressiert weder die eigentlichen Täter*innen noch die strukturellen Ursachen sexualisierter Gewalt.

409 Kindler 2014, S. 86.
410 Ansichtssache 2014.
411 netzwerkBplus 2014.

Sinnvolle Prävention, wie ich sie verstehe, fokussiert sich daher verstärkt auf scheinbar Unbeteiligte. Eine Komponente ist es, über Vergewaltigungsmythen und Dynamiken sexualisierter Gewalt aufzuklären, um sexualisierte Gewalt als solche zu erkennen. Es gibt zum Beispiel kein besonderes Täter*innenprofil, das deren Pathologisierung oder eine Charakterisierung als Ausnahme (VerAnderung) rechtfertigen würde. Täter*innen sind durchschnittlich wirkende, angepasste, sogar sympathische Personen, die aus allen sozialen Schichten kommen, sozial gut integriert und an bürgerlichen Wertvorstellungen orientiert sind.[412] Auch (selbsternannte) Feminist*innen können Täter*innen sein. Es ist daher zwar menschlich nachvollziehbar, aber völlig unangemessen, wenn ein soziales Umfeld eine Anschuldigung unter Verweis auf persönliche Sympathie, Freund*innenschaft oder das eigene ‚Bauchgefühl' zurückweist. Der eigenen Urteilskraft ist in diesem Bereich nicht zu trauen. Parteilichkeit mit Betroffenen als *politische Entscheidung* ist eine Strategie, diese Fehlbarkeit auszugleichen.

Täter*innen, gerade wenn sie aus dem sozialen Nahraum stammen, testen und weiten zumeist erst Grenzen aus, bevor sie Übergriffe begehen, und sind häufig Mehrfach- und Wiederholungstäter*innen. Das bedeutet, dass auch vermeintlich harmlose, kleine, latent übergriffige Situationen, die man als sogenannte*r Unbeteiligte*r erlebt oder mitbekommt, bedeutsam sind, denn sie gehören zu dieser Struktur. Es ist daher sowohl für Betroffene als auch für Außenstehende nicht übertrieben, sondern angemessen, auch vermeintliche Kleinigkeiten anzusprechen und ihnen nachzugehen. Situationen, die von Machtmissbrauch und Abhängigkeit geprägt sind, sollte man unerschrocken als solche kennzeichnen und den Verdacht auf Übergriffe offen ansprechen, ohne sich durch Sorge um die Reputation einer Institution oder den reflexhaften Ruf nach der Unschuldsvermutung ausbremsen zu lassen.[413] Aus diesem Grund können sich übrigens auch ‚unbeteiligte' Menschen mit einem Verdacht an Beratungsstellen oder an das Jugendamt wenden.

Sexualisierte Gewalt als strukturelles Problem zu kennzeichnen und die *kollektive* Verantwortung für ihr Vorkommen zu betonen, bedeutet nicht, die Täter*innen aus ihrer individuellen Verantwortung zu entlassen. Vielmehr werden die Bedingungen hinterfragt, die die Taten des Individuums ermöglichen.[414] Sogenannten ‚Unbeteiligten' muss klar

412 Heiliger 1996, S. 204f.

413 Ein interessanter Vorschlag, um dieser Forderung mehr Nachdruck zu verleihen, ist etwa die Haftbarkeit von Menschen, die in Abhängigkeitsverhältnissen verantwortliche Positionen einnehmen, auch wenn sie selbst nicht Täter*innen sind. In Arbeitskontexten sind das etwa Arbeitgeber*innen, die zur Umsetzung von Präventionsmaßnahmen verpflichtet und bei Übergriffen ihrer Angestellten andernfalls mit in die Verantwortung genommen werden könnten. Riese 2019.

414 Butler 2005, S. 32f.

sein oder werden, dass ihre Ignoranz (im Sinne von Nicht-wissen-*Wollen*) sexualisierte Gewalt ermöglicht. Vermeintlich ‚Unbeteiligte' sind jene, die wegschauen und passiv bleiben, wo gewaltvolle Situationen vorbereitet oder offensichtlich werden – sie sind also durchaus in gewaltvolle Verhältnisse verstrickt. Die Einsicht in die eigene Rolle bei der Aufrechterhaltung gewaltvoller Verhältnisse ist besonders unangenehm für diejenigen, die sich als liberal, gleichstellungsorientiert, feministisch oder antisexistisch verstehen.

Wie gesagt: Es muss bei der Prävention sexualisierter Gewalt darum gehen, an grundlegenden gesellschaftlichen Machtstrukturen anzusetzen. Voraussetzungen für die Abschaffung sexualisierter Gewalt sind also das Aufbrechen von (unter anderem) patriarchalen gesellschaftlichen Machtstrukturen und die Umverteilung von Entscheidungsmacht, Ressourcen (finanzieller Art, aber auch von Bildung, Gesundheit etc.), Zugänglichkeit von Räumen sowie die Anerkennung von Kompetenzen. Sexualisierte Gewalt basiert auf Machtungleichgewichten und stabilisiert diese gleichzeitig. Überall dort, wo Menschen Macht über andere Menschen haben und keine echten Kontrollinstanzen existieren, kann sexualisierte Gewalt aufblühen: in Internaten, Sportvereinen, Sekten, hierarchisch strukturierten und/oder extrem abgeschlossenen Szenen und Gruppierungen, bürgerlichen Kleinfamilien etc.

Umverteilung von Macht und Ressourcen bedeutet etwa, den Gender-Pay-Gap zu schließen, denn mangelhafte finanzielle Absicherung ist eine Ursache für Abhängigkeit. Es bedeutet auch, Kindern mehr Macht zu geben, die heterosexuelle Kleinfamilie nicht mehr als vermeintlich unantastbares Grundelement des Sozialen zu betrachten und andere Konstellationen des Zusammenlebens (die ja durchaus existieren) auch juristisch anzuerkennen bzw. aufzuwerten. Damit meine ich nicht nur queere Familienkonstellationen, sondern all die vielen Varianten des Zusammenlebens, von Wahlfamilien und Füreinander-Sorge-Tragen in größeren Wohnzusammenhängen, die im Vergleich zur bürgerlichen Kleinfamilie häufig als defizitär angesehen werden. Die immer noch patriarchal strukturierte, nach außen hin abgeschlossene Kleinfamilie begünstigt sexualisierte Gewalt bereits der Form nach. Es ist daher nicht zielführend, *einzelne* Familien zu stigmatisieren oder nur ganz bestimmte Konstellationen (klischeemäßig etwa materiell arme Familien) als ‚gefährdend' anzusehen. Vielmehr muss es prinzipiell darum gehen, die Kleinfamilie als strukturierendes Prinzip abzulösen. Davon erhoffe ich mir insbesondere drei Auswirkungen: Erstens müsste die Illusion der harmonischen Kleinfamilie nicht um jeden Preis nach außen hin aufrechterhalten werden, wenn es innen zu Brüchen oder zu Gewalt kommt. Dies erleichtert Benennbarkeit. Zweitens gäbe es ernsthafte Optionen für ein Leben außerhalb dieser Familienstruktur und damit weniger Zwänge, darin zu verbleiben, wenn manche Beteiligte sich nicht mehr wohlfühlen oder leiden. Drittens würde die Aufteilung der Verantwortung für ein Kind unter mehr Menschen als zwei miteinander verpartnerten Elternteilen dazu führen, dass diese beiden durch weniger exklusives Wissen und mehr Bezugspersonen als potenziellen Mitwisser*innen entmachtet werden.

Mehr Macht für marginalisierte Gruppen muss sich aber auch in anderen gesellschaftlichen Teilbereichen niederschlagen. Erstens müsste das Aufenthaltsrecht für Ausländer*innen dahingehend reformiert werden, dass Menschen nicht in ihrem Aufenthaltsstatus von anderen Menschen abhängen. Zweitens dürften geflüchtete oder auch be_hinderte Menschen nicht in Heimen oder Lagern untergebracht werden, wo sie vom Rest der Gesellschaft abgeschottet sind und sich im Zuge dessen Macht- und Abhängigkeitsstrukturen leicht verselbständigen können. Auch Gefängnisse sind solche abgeschlossenen, Gewalt begünstigenden Orte. Drittens müssten bestimmte Instanzen und Institutionen entzaubert werden – insbesondere natürlich Vertreter*innen der katholischen und evangelischen Kirche, denen merkwürdigerweise immer noch eine moralische Integrität und Autorität zugeschrieben wird, die sie offensichtlich nicht automatisch besitzen. All das ist natürlich sehr unbequem, anstrengend und erfordert einen extrem langen Atem. Aber wenn sich sexualisierte Gewalt durch ein paar einfache Maßnahmen abschaffen ließe, wäre dies schon längt geschehen.

Danksagung

Auch wenn vorne auf dem Cover nur (m)ein Name steht, ist dieses Buch ein Produkt eines kollektiven (Denk-)Prozesses, an dem zahlreiche Menschen Anteil hatten – viele inhaltlich, manche organisatorisch, einige kulinarisch, manche finanziell.

Ich danke insbesondere Judith Neubauer und Birte Opitz und allen weiteren Personen, die es betrifft (also sehr vielen), für die vielen spannenden, inspirierenden Diskussionen und dafür, dass sie ihre Gedanken und Erfahrungen mit mir geteilt haben.

Ich danke Judith Neubauer für die vielen lustigen und sehr *freundlichen* Textfeedbacksitzungen.

Ich danke Gudrun Altfeld für das gleichermaßen enthusiastische wie gründliche und sehr hilfreiche Lektorat.

Ich danke Dora Busch, Julia Daldrop, Carlotta Hack, Bianca Hüsing, Christian Keitel, Susi Rosenbohm, Katharina van Stein und Marius Wolf dafür, dass sie Teile des Textes in unterschiedlichen Stadien Korrektur gelesen und mir einerseits tolles Feedback und andererseits Sicherheit gegeben haben.

Ich danke Gabriel Mehmel für die Übersetzung der englischen Zitate.

Prof. Hilge Landweer hat von Anfang an an die Masterarbeit geglaubt, auf der dieses Buch basiert.

L. hatte als erstes die Vision, dass aus meinen Gedanken mal ein Buch werden könnte.

Ich danke Birte und Jule für die unglaublich empowernde *Praxis* im selbstbestimmten Sprechen über sexualisierte Gewalt.

Vielen Dank auch an das Team von *edition assemblage* und insbesondere Carla für die nette und unkomplizierte Betreuung.

Meinem verstorbenen Onkel Bernhard Schwerdtner verdanke ich die Möglichkeit, meinen Gedanken so lange nachzuhängen, bis sie fertig gedacht waren (falls es so etwas gibt).

Ich danke meinem Vater Alfred Schwerdtner dafür, dass er mich immer dabei unterstützt hat, zu tun, was ich wirklich will.

Literaturverzeichnis

Ahrens, Courtney E. (2006): Being silenced: the impact of negative social reactions on the disclosure of rape. In: *American Journal of Community Psychology* 38 (3-4), S. 263–274. DOI: 10.1007/s10464-006-9069-9.

Alcoff, Linda; Gray, Laura (1993): Survivor Discourse. Transgression or Recuperation? In: *Signs: Journal of Women in Culture and Society* 18 (2), S. 260–290.

Alcoff, Linda Martín (2012): Then and Now. In: *The Journal of Speculative Philosophy* 26 (2), S. 268–278.

Alcoff, Linda Martín (2018): Rape and Resistance. Understanding the Complexities of Sexual Violation. Cambridge, Medford, MA: Polity.

Amesberger, Helga; Auer, Katrin; Halbmayr, Brigitte (2004): Sexualisierte Gewalt. Weibliche Erfahrungen in NS-Konzentrationslagern. Wien: Mandelbaum.

Ansichtssache (2014): Über die aktuelle Richtung des Diskurses in den Medien, 21.10.2014. Online verfügbar unter http://ansichtssache.blogsport.eu/2014/10/21/ueber-die-aktuelle-richtung-des-diskurses-in-den-medien/, zuletzt geprüft am 06.01.2021.

Ansichtssache (2016): Schuld, 13.03.2016. Online verfügbar unter http://ansichtssache.blogsport.eu/2016/03/13/schuld/, zuletzt geprüft am 11.01.2021.

Antmann, Debora (2019): Es geht nicht um euch. In: *Missy Magazine*, 18.06.2019. Online verfügbar unter https://missy-magazine.de/blog/2019/06/18/es-geht-nicht-um-euch/, zuletzt geprüft am 13.12.2020.

Antons, Daniela Christina; Busch, Eva (2017): Die (Un-)Möglichkeit ‚nach Köln' über sexualisierte Gewalt zu sprechen. Bericht aus der Kampagne #NeinHeisstNein. In: Sina Holst und Johanna Montanari (Hg.): Wege zum Nein. Emanzipative Sexualitäten und queerfeministische Visionen; Beiträge für eine radikale Debatte nach der

Sexualstrafrechtsreform in Deutschland 2016. Münster: edition assemblage, S. 67–86.

Arbeitsgruppe bkA (2006): Der betroffenenkontrollierte Ansatz. In: *Prävention. Zeitschrift des Bundesvereins zur Prävention von sexuellem Mißbrauch* (4), S. 4–9. Online verfügbar unter https://www.dgfpi.de/tl_files/bundesverein/praevention/2006_03.pdf, zuletzt geprüft am 07.05.2018.

Athanasiou, Athena; Butler, Judith (2014): Die Macht der Enteigneten. Das Performative im Politischen. Zürich: Diaphanes.

Aufstehn (2020): #Verharmlosungsradar. Online verfügbar unter https://www.aufstehn.at/verharmlosungsradar/, zuletzt geprüft am 15.11.2020.

Baker, Katie J.M. (2016): The Famous Ethics Professor And The Women Who Accused Him. In: *BuzzFeedNews*, 20.05.2016. Online verfügbar unter https://www.buzzfeednews.com/article/katiejmbaker/yale-ethics-professor, zuletzt geprüft am 08.07.2019.

Bart, Pauline B.; O'Brien, Patricia H. (1985): Stopping Rape. Successful Survival Strategies. New York, NY: Pergamon Press (The Athene series).

Benhabib, Seyla (1994): Feministische Theorie und Hannah Arendts Theorie des öffentlichen Raums. In: Margrit Brückner und Birgit Meyer (Hg.): Die sichtbare Frau. Die Aneignung der gesellschaftlichen Räume. Freiburg im Breisgau: Kore, S. 270–299.

Black Women's Blueprint (2011): An Open Letter from Black Women to the SlutWalk. Online verfügbar unter https://whgbetc.com/bw-sw.pdf, zuletzt geprüft am 31.08.2020.

Bourdieu, Pierre (1990): Was heißt sprechen? Die Ökonomie des sprachlichen Tausches. Wien: Braumüller.

Bourke, Joanna (2007): Rape. Sex, Violence, History. Emeryville, CA: Shoemaker & Hoard.

Brachmann, Jens (2019a): Einleitung. In: Jens Brachmann (Hg.): Tatort Odenwaldschule. Das Tätersystem und die diskursive Praxis der Aufarbeitung von Vorkommnissen sexualisierter Gewalt. Bad Heilbrunn: Julius Klinkhardt, S. 7–17.

Brachmann, Jens (2019b): Täter, Tätersysteme, Ermöglichungsbedingungen sexualisierter Gewalt. In: Jens Brachmann (Hg.): Tatort Odenwaldschule. Das Tätersystem und die diskursive Praxis der Aufarbeitung von Vorkommnissen sexualisierter Gewalt. Bad Heilbrunn: Julius Klinkhardt, S. 27–311.

Bracke, Sarah (2016): Bouncing Back. Vulnerability and Resistance in Times of Resilience. In: Judith Butler, Zeynep Gambetti und Leticia Sabsay (Hg.): Vulnerability in Resistance. Durham, London: Duke University Press, S. 52–75.

Brenssell, Ariane (2014): Traumaverstehen. In: Ariane Brenssell und Klaus Weber (Hg.): Störungen. texte kritische psychologie 4. Hamburg: Argument, S. 123–150.

Brison, Susan J. (2004): Vergewaltigt. Ich und die Zeit danach. Trauma und Erinnerung. München: Beck.

Brown, Wendy (2005): Freedom‘s Silences. In: Wendy Brown (Hg.): Edgework. Critical essays on knowledge and politics. Princeton, NJ, Oxford: Princeton University Press, S. 83–97.

Brownmiller, Susan (1994): Gegen unseren Willen. Vergewaltigung und Männerherrschaft. Frankfurt am Main: Fischer.

Bundesfachverband feministische Selbstbehauptung und Selbstverteidigung (o. J.): Qualitätsstandards von Angeboten. Bundesfachverband feministische Selbstbehauptung und Selbstverteidigung. Online verfügbar unter https://bvfest.de/Qualiätsstandards.html, zuletzt geprüft am 29.08.2020.

Bundesjugendministerium; Bundeszentrale für gesundheitliche Aufklärung (2019a): Die wichtigsten Kinderrechte: Lass dir nicht alles gefallen! Online verfügbar unter https://www.trau-dich.de/deine-rechte/, zuletzt aktualisiert am 12.11.2020.000Z, zuletzt geprüft am 12.11.2020.

Bundesjugendministerium; Bundeszentrale für gesundheitliche Aufklärung (2019b): Trau dich! Das Informationsportal zum Thema sexueller Missbrauch für Kinder und Jugendliche. Online verfügbar unter https://www.trau-dich.de/, zuletzt geprüft am 12.11.2020.

Butler, Judith (1993): Kontingente Grundlagen: Der Feminismus und die Frage der ‚Postmoderne'. In: Seyla Benhabib, Judith Butler, Drucilla Cornell und Nancy Fraser (Hg.): Der Streit um Differenz. Feminismus und Postmoderne in der Gegenwart. Frankfurt am Main: Fischer, S. 31–58.

Butler, Judith (1997): Körper von Gewicht. Die diskursiven Grenzen des Geschlechts. Frankfurt am Main: Suhrkamp.

Butler, Judith (2005): Gefährdetes Leben. Politische Essays. Frankfurt am Main: Suhrkamp.

Butler, Judith (2006): Haß spricht. Zur Politik des Performativen. Frankfurt am Main: Suhrkamp.

Butler, Judith (2009): Die Macht der Geschlechternormen und die Grenzen des Menschlichen. Frankfurt am Main: Suhrkamp.

Butler, Judith (2015): Psyche der Macht. Das Subjekt der Unterwerfung. Frankfurt am Main: Suhrkamp (Edition suhrkamp).

Cahill, Ann J. (2009): Sexual Violence and Objectification. In: Renée Heberle und Victoria Grace (Hg.): Theorizing Sexual Violence. Abingdon, New York, NY: Routledge, S. 14–30.

Congdon, Matthew (2016): Wronged beyond words. In: *Philosophy & Social Criticism* 42 (8), S. 815–834.

Cooper, Sally; Lutter, Yvonne; Phelps, Cathy (1985): Strategies for free children. A leader's guide to child assault prevention. Columbus, Ohio: Child Assault Prevention Project.

Damour, Lisa (2019): We Know It Harms Kids to See Smoking on TV. What About Rape? In: *The New York Times*, 12.09.2019. Online verfügbar unter https://www.nytimes.com/2019/09/12/well/family/

we-know-it-harms-kids-to-see-smoking-on-tv-what-about-rape.html, zuletzt geprüft am 08.11.2020.

Davies, Alex (2014): How to Silence Content with Porn, Context and Loaded Questions. In: *European Journal of Philosophy* 24 (2), S. 498–522.

Davis, Angela (1982): Rassismus und Sexismus. Schwarze Frauen und Klassenkampf in den USA. Berlin: Elefanten Press.

Deines, Stefan (2007): Verletzende Anerkennung. Über das Verhältnis von Anerkennung, Subjektkonstitution und ‚sozialer Gewalt'. In: Steffen K. Herrmann, Sybille Krämer und Hannes Kuch (Hg.): Verletzende Worte. Die Grammatik sprachlicher Missachtung. Bielefeld: transcript, S. 275–293.

Delhom, Pascal (2007): Die geraubte Stimme. In: Steffen K. Herrmann, Sybille Krämer und Hannes Kuch (Hg.): Verletzende Worte. Die Grammatik sprachlicher Missachtung. Bielefeld: transcript, S. 229–248.

Demmerling, Christoph; Landweer, Hilge (2007): Philosophie der Gefühle. Von Achtung bis Zorn. Stuttgart: Metzler.

DER SPIEGEL (2021): Missbrauch in der Familie: Wie können wir Menschen helfen, mit ihrem Trauma klarzukommen? (Spiegel+). Online verfügbar unter https://www.facebook.com/derspiegel/posts/10159623029614869, zuletzt geprüft am 02.03.2021.

Die Störenfriedas (2017): Offener Brief gegen die sprachliche Verharmlosung sexueller Gewalt. Online verfügbar unter https://diestoerenfriedas.de/offener-brief-gegen-die-sprachliche-verharmlosung-sexueller-gewalt/, zuletzt geprüft am 31.08.2020.

Dietze, Gabriele (2016): Das ‚Ereignis Köln'. In: *Femina Politica – Zeitschrift für feministische Politikwissenschaft* 25 (1), S. 93–102.

Dippel, Carsten (2020): Versteckte Jüdinnen in der NS-Zeit – Nicht jeder half uneigennützig. Deutschlandfunk, 11.11.2020. Online verfügbar unter https://www.deutschlandfunk.de/versteckte-juedinnen-in-der-ns-zeit-nicht-jeder-half.2540.de.html?dram:article_id=487202, zuletzt geprüft am 19.02.2021.

Drobinski, Matthias (2020): Das alte System hat gesiegt. In: *Süddeutsche Zeitung*, 01.11.2020. Online verfügbar unter https://www.sueddeutsche.de/meinung/katholische-kirche-missbrauch-gutachten-1.5101263, zuletzt geprüft am 02.12.2020.

Eisenhart Rothe, Yannick von (2019): Getriggert? Ein Psychologe erklärt, warum Trigger nicht bloß ein Meme sind. In: *DER SPIEGEL*, 19.03.2019. Online verfügbar unter https://www.spiegel.de/psychologie/trigger-warnungen-psychologe-erklaert-wann-und-inwiefern-sie-sinnvoll-sind-a-39b38eab-e1d3-42a4-b501-75637bbb343f, zuletzt geprüft am 02.03.2021.

Emcke, Carolin (2013): Weil es sagbar ist. Über Zeugenschaft und Gerechtigkeit. Frankfurt am Main: S. Fischer.

Enders, Ursula (2003a): „Dein Körper ist mein Körper“. Sexueller Missbrauch durch Frauen. In: Ursula Enders (Hg.): Zart war ich, bitter war‘s. Handbuch gegen sexuellen Missbrauch. Köln: Kiepenheuer & Witsch, S. 105–115.

Enders, Ursula (2003b): „Im Zweifelsfalle für…“. Sexueller Missbrauch vor Gericht. In: Ursula Enders (Hg.): Zart war ich, bitter war‘s. Handbuch gegen sexuellen Missbrauch. Köln: Kiepenheuer & Witsch, S. 296–340.

Enders, Ursula (2003c): Nicht der sexuelle Missbrauch ist ein Tabu, sondern die Hilfe für die Opfer. In: Ursula Enders (Hg.): Zart war ich, bitter war‘s. Handbuch gegen sexuellen Missbrauch. Köln: Kiepenheuer & Witsch, S. 11–19.

Enders, Ursula (2003d): Und dann hat er mir erzählt… Das Gespräch mit dem Täter (der Täterin). In: Ursula Enders (Hg.): Zart war ich, bitter war‘s. Handbuch gegen sexuellen Missbrauch. Köln: Kiepenheuer & Witsch, S. 228–237.

Enders, Ursula (2003e): Zart war ich, bitter war‘s. Psychodynamik des Opfers. In: Ursula Enders (Hg.): Zart war ich, bitter war‘s. Handbuch gegen sexuellen Missbrauch. Köln: Kiepenheuer & Witsch, S. 129–158.

Farris, Sara (2011): Die politische Ökonomie des Femonationalismus. In: *Feministische Studien* 29 (2), S. 321–334.

FaulenzA (2017): Support your sisters not your cisters. Über Diskriminierung von trans*Weiblichkeiten. Münster: edition assemblage.

Faulseit, Andrea; Müller, Karin; Ohms, Constance; Soine, Stefanie (2001): Anregungen zur Entwicklung eines lesbisch-feministischen Gewaltbegriffs als Grundlage für politisches Handeln. In: *Beiträge zur feministischen Theorie und Praxis* (56/57), S. 13–30.

Flaßpöhler, Svenja (2018): Die potente Frau. Für eine neue Weiblichkeit. Berlin: Ullstein.

Fragner, Nello (2017): Notizen zu m_einem Nein. In: Sina Holst und Johanna Montanari (Hg.): Wege zum Nein. Emanzipative Sexualitäten und queer-feministische Visionen; Beiträge für eine radikale Debatte nach der Sexualstrafrechtsreform in Deutschland 2016. Münster: edition assemblage, S. 49–64.

Frevert, Ute (2018): Die Scham ist Komplizin der Männer. Sexuelle Übergriffe. In: *FAZ*, 26.01.2018.

Fricker, Miranda (2007): Epistemic Injustice. Power and the Ethics of Knowing. Oxford: Oxford University Press.

Fricker, Miranda (2012): Schweigen und institutionelle Vorurteile. In: Hilge Landweer, Catherine Newmark, Christine Kley und Simone Miller (Hg.): Philosophie und die Potenziale der Gender Studies. Peripherie und Zentrum im Feld der Theorie. Bielefeld: transcript, S. 63–86.

Friess, Delia (2021): AfD in Rheinland-Pfalz: Mangelnde Distanz zum Rechtsradikalismus und rassistische Wahl-Slogans. In: *Frankfurter Rundschau*, 04.02.2021. Online verfügbar unter https://www.fr.de/politik/afd-landtagswahlen-rheinland-pfalz-2021-rechtsradikalismus-provozierende-wahlslogans-90191695.html, zuletzt geprüft am 22.03.2021.

Frizelle, Kerry (2009): ‚Corrective' rape in South Africa should be made a hate crime. In: *The Guardian*, 13.03.2009. Online verfügbar unter https://www.theguardian.com/commentisfree/2009/mar/13/south-africa-corrective-rape, zuletzt geprüft am 02.03.2021.

Gash, Alison; Harding, Ryan (2018): #MeToo? Legal Discourse and Everyday Responses to Sexual Violence. In: *Laws* 7 (2), S. 1–24.

Gavey, Nicola (1999): „I wasn‘t raped, but…“. Revisiting Definitional Problems in Sexual Victimization. In: Sharon Lamb (Hg.): New Versions of Victims. Feminists Struggle with the Concept. New York, NY: New York University Press, S. 57–81.

Gerstendörfer, Monika (2007): Der verlorene Kampf um die Wörter. Opferfeindliche Sprache bei sexualisierter Gewalt; Ein Plädoyer für eine angemessene Sprachführung. Paderborn: Junfermann.

Grah, Dieter (2015): Engagement von Betroffenen und deren Organisationen. In: Jörg M. Fegert und Mechthild Wolff (Hg.): Kompendium „Sexueller Missbrauch in Institutionen“. Entstehungsbedingungen, Prävention und Intervention. Weinheim, Basel: Beltz Juventa, S. 140–147.

Haag, Pamela (1996): „Putting your body on the line“: the question of violence, victims, and the legacies of second-wave feminism. In: *differences: A Journal of Feminist Cultural Studies* 8 (2), 23ff.

Hagemann-White, Carol (1992): Strategien gegen Gewalt im Geschlechterverhältnis. Bestandsanalyse und Perspektiven. Pfaffenweiler: Centaurus.

Hall, Rachel (2004): “It Can Happen to You”: Rape Prevention in the Age of Risk Management. In: *Hypatia* 19 (3), S. 1–18.

Hanack, Jessica (2018): Ein Jahr „MeToo“: Diese Folgen hatte die Bewegung weltweit. In: *Berliner Morgenpost*, 04.10.2018. Online verfügbar unter https://www.morgenpost.de/vermischtes/article215479245/Ein-Jahr-MeToo-Diese-Folgen-hatte-die-Bewegung-weltweit.html, zuletzt geprüft am 17.04.2019.

Hänel, Hilkje Charlotte (2018): What is Rape? Social Theory and Conceptual Analysis. Bielefeld: transcript.

Hark, Sabine; Villa, Paula-Irene (2017): Unterscheiden und herrschen. Ein Essay zu den ambivalenten Verflechtungen von Rassismus, Sexismus und Feminismus in der Gegenwart. Bielefeld: transcript.

Hassan, Sara; Sanchez-Lambert, Juliette (2019): It‘s not that grey. How to identify the grey area. a practical guide for the twilight zone of sexual harassment. Hg. v. Period. Brüssel. Online verfügbar unter https://periodbrussels.eu/wp-content/uploads/2019/04/Its-not-that-Grey_Period_Guide_2019_online.pdf, zuletzt geprüft am 24.04.2019.

Heberle, Renée (1996): Deconstructive Strategies and the Movement against Sexual Violence. In: *Hypatia* 11 (4), S. 63–76.

Hecht, Patricia (2019): Frauenrechte sind Weltpolitik. Kommentar Julian Assange. In: *taz*, 13.05.2019. Online verfügbar unter https://www.taz.de/Kommentar-Julian-Assange/!5591494/, zuletzt geprüft am 28.05.2019.

Heiliger, Anita (1996): Jeder Mann ein potentieller Täter? Männliche Sozialisation und sexuelle Übergriffe auf Mädchen und Frauen. In: Gitti Hentschel (Hg.): Skandal und Alltag. Sexueller Missbrauch und Gegenstrategien. Berlin: Orlanda Frauenverlag, S. 203–219.

Herman, Judith Lewis (1993): Die Narben der Gewalt. Traumatische Erfahrungen verstehen und überwinden. München: Kindler.

Herrmann, Steffen K.; Krämer, Sybille; Kuch, Hannes (Hg.) (2007): Verletzende Worte. Die Grammatik sprachlicher Missachtung. Bielefeld: transcript.

Holst, Sina (2017): Sprechende Bilder, Widerstand und Spucke. Eine poetisch-aktivistische Auseinandersetzung mit der Debatte um die Sexualstrafrechtsreform 2016. In: Sina Holst und Johanna Montanari (Hg.): Wege zum Nein. Emanzipative Sexualitäten und queer-feministische Visionen; Beiträge für eine radikale Debatte nach der Sexualstrafrechtsreform in Deutschland 2016. Münster: edition assemblage, S. 191–215.

Jaffe, Sarah (2018): The Collective Power of #MeToo. In: *Dissent* 65 (2), S. 80–87.

Janoff-Bulman, Ronnie; Frieze, Irene Hanson (1983): A Theoretical Perspective for Understanding Reactions to Victimization. In: *Journal of Social Issues* 39 (2), S. 1–17.

Jones, Payton J.; Bellet, Benjamin W.; McNally, Richard J. (2020): Helping or Harming? The Effect of Trigger Warnings on Individuals With Trauma Histories. In: *Clinical Psychological Science* 8 (5), S. 905–917. DOI: 10.1177/2167702620921341.

Kant, Immanuel (1999): Grundlegung zur Metaphysik der Sitten. Hamburg: Felix Meiner.

Kappeler, Manfred (2014): Anvertraut und ausgeliefert – Sexuelle Gewalt in pädagogischen Institutionen. In: Karin Böllert und Martin Wazlawik (Hg.): Sexualisierte Gewalt. Institutionelle und professionelle Herausforderungen. Wiesbaden: Springer VS, S. 7–19.

Kavanagh, Adalena (2015): A Stubborn Lack of Redemption, an interview with Hanya Yanagihara, author of A Little Life. In: *Electric Literature*, 21.05.2015. Online verfügbar unter https://electricliterature.com/a-stubborn-lack-of-redemption-an-interview-with-hanya-yanagihara-author-of-a-little-life/, zuletzt geprüft am 15.08.2020.

Kavemann, Barbara (1996): Täterinnen. Frauen, die Mädchen und Jungen sexuell mißbrauchen. In: Gitti Hentschel (Hg.): Skandal und Alltag. Sexueller Missbrauch und Gegenstrategien. Berlin: Orlanda Frauenverlag, S. 246–261.

Kindler, Heinz (2014): Wirkungen, Nebenwirkungen und ungelöste Probleme bei der Prävention sexueller Gewalt gegen Kinder und Jugendliche. In: Karin Böllert und Martin Wazlawik (Hg.): Sexualisierte Gewalt. Institutionelle und professionelle Herausforderungen. Wiesbaden: Springer VS, S. 77–94.

Kiper, Hanna (1994): Sexueller Missbrauch im Diskurs. Eine Reflexion literarischer und pädagogischer Traditionen. Weinheim: Deutscher Studien Verlag.

Krämer, Sybille (2007): Sprache als Gewalt oder: Warum verletzen Worte? In: Steffen K. Herrmann, Sybille Krämer und Hannes Kuch

(Hg.): Verletzende Worte. Die Grammatik sprachlicher Missachtung. Bielefeld: transcript, S. 31–48.

Krämer, Sybille; Koch, Elke (Hg.) (2010): Gewalt in der Sprache. Rhetoriken verletzenden Sprechens. München, Paderborn: Fink.

Kromm, Nina (2017): Richtige Reform aus falschem Anlass. Eine geschichtliche und juristische Einordnung der Reform des Sexualstrafrechts 2016 in Deutschland. In: Sina Holst und Johanna Montanari (Hg.): Wege zum Nein. Emanzipative Sexualitäten und queer-feministische Visionen; Beiträge für eine radikale Debatte nach der Sexualstrafrechtsreform in Deutschland 2016. Münster: edition assemblage, S. 21–29.

Lamb, Sharon (1999): Constructing the Victim. Popular Images and Lasting Labels. In: Sharon Lamb (Hg.): New Versions of Victims. Feminists Struggle with the Concept. New York, NY: New York University Press, S. 108–138.

Langfeld, Andreas (2019): Sozialökologische Faktoren der Ermöglichung und Legitimation von sexualisierter Gewalt an der Odenwaldschule. In: Jens Brachmann (Hg.): Tatort Odenwaldschule. Das Tätersystem und die diskursive Praxis der Aufarbeitung von Vorkommnissen sexualisierter Gewalt. Bad Heilbrunn: Julius Klinkhardt, S. 313–343.

Langton, Rae (2007): Sprechakte und unsprechbare Akte. In: Steffen K. Herrmann, Sybille Krämer und Hannes Kuch (Hg.): Verletzende Worte. Die Grammatik sprachlicher Missachtung. Bielefeld: transcript, S. 107–146.

LARA, Krisen- und Beratungszentrum für vergewaltigte und sexuell belästigte Frauen (o. J.): Mythen über Vergewaltigung. Online verfügbar unter https://www.lara-berlin.de/fileadmin/Downloads/LARA_Mythen_DE.pdf, zuletzt geprüft am 07.09.2020.

Law, Ian (2015): Women Raping Men. In: Heather Widdows, Herjeet Marway und Hanna Pickard (Hg.): Women and Violence. The Agency of Victims and Perpetrators. Basingstoke: Palgrave Macmillan, S. 129–141.

Le, Nhi (2020): In Filmen werden Vergewaltigungen banalisiert. In: *Jetzt*, 20.10.2020. Online verfügbar unter https://www.jetzt.de/

the-female-gaze/the-female-gaze-in-filmen-werden-vergewaltigungen-zu-oft-banalisiert, zuletzt geprüft am 04.11.2020.

les madeleines (2010): Kein Kavaliersdelikt. Warum Definitionsmacht frauenverachtend und anti-feministisch ist. In: *Jungle World*, 12.08.2010 (2010/32). Online verfügbar unter https://jungle.world/artikel/2010/32/kein-kavaliersdelikt, zuletzt geprüft am 25.04.2019.

Lonsway, Kimberly A.; Archambault, Joanne (2019): Dynamics of Sexual Assault: What Does Sexual Assault Really Look Like? Unter Mitarbeit von Alison Jones-Lockwood. End Violence Against Women International. Online verfügbar unter http://www.evawintl.org/Library/DocumentLibraryHandler.ashx?id=42, zuletzt geprüft am 16.08.2020.

Lücker, Markus (2019): Charlotte Roche ruft zum Boykott von True Fruits auf. Wegen sexistischer Werbung. In: *Tagesspiegel*, 05.09.2019. Online verfügbar unter https://www.tagesspiegel.de/kultur/wegen-sexistischer-werbung-charlotte-roche-ruft-zum-boykott-von-true-fruits-auf/24984094.html, zuletzt geprüft am 25.08.2020.

MacKinnon, Catherine A. (1987): Feminism Unmodified. Discourses on Life and Law. Cambridge, MA: Harvard University Press.

Madigan, Lee; Gamble, Nancy C. (1991): The second rape. Society's continued betrayal of the victim. New York, NY: Lexington Books.

Maitra, Ishani (2009): Silencing Speech. In: *Canadian Journal of Philosophy* 39 (2), S. 309–338.

Mallt, Teresa (2017): Fragile Frauen. Über die Vorstellung von Betroffenheit durch sexuelle Gewalt. In: Sina Holst und Johanna Montanari (Hg.): Wege zum Nein. Emanzipative Sexualitäten und queer-feministische Visionen; Beiträge für eine radikale Debatte nach der Sexualstrafrechtsreform in Deutschland 2016. Münster: edition assemblage, S. 161–169.

Marcus, Sharon (1992): Fighting Bodies, Fighting Words: A Theory and Politics of Rape Prevention. In: Judith Butler (Hg.): Feminists Theorize the Political. Abingdon, New York, NY: Routledge, S. 385–403.

Mardorossian, Carine M. (2002): Toward a New Feminist Theory of Rape. In: *Signs: Journal of Women in Culture and Society* 27 (3), S. 743–775.

McGowan, Mary Kate; Adelman, Alexandra; Helmers, Sara; Stolzenberg, Jacqueline (2011): A Partial Defense of Illocutionary Silencing. In: *Hypatia* 26 (1), S. 132–149.

Mendes, Kaitlynn; Ringrose, Jessica; Keller, Jessalynn (2018): #MeToo and the promise and pitfalls of challenging rape culture through digital feminist activism. In: *European Journal of Women's Studies* 25 (2), S. 236–246.

Meyers, Marian (1997): News Coverage of Violence Against Women. Engendering Blame. Thousand Oaks, CA: Sage.

Mikkola, Mari (2011): Illocution, Silencing and the Act of Refusal. In: *Pacific Philosophical Quarterly* 92 (3), S. 415–437.

Mikkola, Mari (2012): Der Begriff der Entmenschlichung und seine Rolle in der feministischen Philosophie. In: Hilge Landweer, Catherine Newmark, Christine Kley und Simone Miller (Hg.): Philosophie und die Potenziale der Gender Studies. Peripherie und Zentrum im Feld der Theorie. Bielefeld: transcript, S. 87–115.

Müller, Ursula; Schröttle, Monika (2005): Lebenssituation, Sicherheit und Gesundheit von Frauen in Deutschland. Eine repräsentative Untersuchung von Gewalt gegen Frauen in Deutschland. Zusammenfassung zentraler Studienergebnisse. Unter Mitarbeit von Sandra Glammeier und Christa Oppenheimer. Bundesministerium für Familie, Senioren, Frauen und Jugend. Online verfügbar unter https://www.bmfsfj.de/blob/84316/10574a0dff2039e15a9d3dd6f9eb2dff/kurzfassung-gewalt-frauen-data.pdf, zuletzt geprüft am 30.04.2018.

National Coalition of Anti-Violence Programs (2011): Hate Violence Against Lesbian, Gay, Bisexual, Transgender, Queer and HIV-Affected Communities in the United States in 2010. A Report from the National Coalition of Anti-Violence Programs. Unter Mitarbeit von Ejeris Dixon, Somjen Frazer, Maryse Mitchel-Brody, Chloe Mirzayi und Meredith Slopen. New York, NY. Online verfügbar unter https://avp.org/

wp-content/uploads/2017/04/2011_NCAVP_HV_Reports.pdf, zuletzt geprüft am 26.08.2020.

Neocleous, Marc (2013): Resisting Resilience. In: *Radical Philosophy* (178), S. 2–7. Online verfügbar unter https://www.radicalphilosophy.com/commentary/resisting-resilience, zuletzt geprüft am 08.06.2020.

netzwerkBplus (2014): Präventionsprojekt “Kein Täter werden” - Pädophile Impulse nachhaltig stoppen!, 07.11.2014. Online verfügbar unter https://netzwerkb.de/2014/11/07/praventionsprojekt-kein-taterwerden-padophile-impulse-nachhaltig-stoppen/, zuletzt geprüft am 08.01.2021.

news.de (2020): Gruppenvergewaltigung im Hotel: Sechs Vergewaltiger schänden Teenagerin (16) - Festnahme! In: *news.de*, 31.08.2020. Online verfügbar unter https://www.news.de/panorama/855867574/jugendliche-16-in-liverpool-england-opfer-von-gruppenvergewaltigung-6-mutmassliche-vergewaltiger-nach-sex-verbrechen-in-hotel-festgenommen/1/, zuletzt geprüft am 31.08.2020.

Notz, Gisela (2015): Kritik des Familismus. Theorie und soziale Realität eines ideologischen Gemäldes. Stuttgart: Schmetterling Verlag.

Philipose, Elizabeth (2009): Feminism, International Law, and the Spectacular Violence of the ‚Other‘. Decolonizing the Laws of War. In: Renée Heberle und Victoria Grace (Hg.): Theorizing Sexual Violence. Abingdon, New York, NY: Routledge, S. 176–204.

Popitz, Heinrich (2009): Phänomene der Macht. Tübingen: Mohr.

Prasad, Nivedita (1996): Schwarze/migrierte Frauen und sexueller Mißbrauch. In: Gitti Hentschel (Hg.): Skandal und Alltag. Sexueller Missbrauch und Gegenstrategien. Berlin: Orlanda Frauenverlag, S. 183–191.

Raine, Nancy Venable (2000): Jenseits des Schweigens. Mein Weg zurück ins Leben nach einer Vergewaltigung. München: Goldmann.

Re.ACTion (2010): Antisexismus_reloaded. Zum Umgang mit sexualisierter Gewalt - ein Handbuch für die antisexistische Praxis. Münster: Unrast.

Redecker, Eva von (2011): Zur Aktualität von Judith Butler. Einleitung in ihr Werk. Wiesbaden: VS Verlag für Sozialwissenschaften.

RESPONS (2018): Was tun bei sexualisierter Gewalt? Handbuch für die Transformative Arbeit mit gewaltausübenden Personen. Münster: Unrast.

Riese, Dinah (2019): Arbeitgeber sind Mittäter. Kommentar Sexuelle Belästigung. In: *taz*, 23.04.2019. Online verfügbar unter http://www.taz.de/Kommentar-Sexuelle-Belaestigung/!5586278/, zuletzt geprüft am 23.04.2019.

Rommelspacher, Birgit (1996): Kontroverse Diskurse. Der sexuelle Mißbrauch und seine Ideologisierungen. In: Gitti Hentschel (Hg.): Skandal und Alltag. Sexueller Missbrauch und Gegenstrategien. Berlin: Orlanda Frauenverlag, S. 17–34.

Rönicke, Katrin (2012): Safe Spaces – Auf der richtigen Seite? In: *der Freitag*, 30.05.2012. Online verfügbar unter https://www.freitag.de/autoren/katrin/auf-der-richtigen-seite, zuletzt geprüft am 02.12.2020.

Sanyal, Mithu M. (2016): Vergewaltigung. Aspekte eines Verbrechens. Hamburg: Edition Nautilus.

Sauer, Birgit (2011): Migration, Geschlecht, Gewalt. Überlegungen zu einem intersektionellen Gewaltbegriff. In: *GENDER* (2), S. 44–60.

Sauer, Birgit (2016): Veranderung, Ausschluss und Selbstvergewisserung. In: *MO Magazin für Menschenrechte*, 2016 (43), S. 8–9.

Schmacht, Christian (2017): Das Elend mit den SWERFs. In: *Missy Magazine*, 12.12.2017. Online verfügbar unter https://missy-magazine.de/blog/2017/12/12/das-elend-mit-den-swerfs/, zuletzt geprüft am 13.11.2020.

Schott, Robin May (2015): ‚Not Just Victims… But': Toward a Critical Theory of the Victim. In: Heather Widdows, Herjeet Marway und

Hanna Pickard (Hg.): Women and Violence. The Agency of Victims and Perpetrators. Basingstoke: Palgrave Macmillan, S. 178–194.

Schröttle, Monika; Hornberg, Claudia (2012): Lebenssituationen und Belastungen von Frauen mit Beeinträchtigungen und Behinderungen in Deutschland. Kurzfassung. Unter Mitarbeit von Sandra Glammeier, Brigitte Sellach, Barbara Kavemann, Henry Puhe und Julia Zinsmeister. Bundesministerium für Familie, Senioren, Frauen und Jugend. Online verfügbar unter https://www.bmfsfj.de/blob/jump/94204/lebenssituation-und-belastungen-von-frauen-mit-behinderungen-kurzfassung-data.pdf, zuletzt geprüft am 05.12.2018.

Schwennigcke, Bastian (2019): Die Odenwaldschule im Kontext der öffentlichen Aufklärungskampagne. In: Jens Brachmann (Hg.): Tatort Odenwaldschule. Das Tätersystem und die diskursive Praxis der Aufarbeitung von Vorkommnissen sexualisierter Gewalt. Bad Heilbrunn: Julius Klinkhardt, S. 345–388.

Sigel, Mira (2017): Hört auf, Vergewaltigung mit schlechtem Sex gleichzusetzen! Hg. v. Die Störenfridas. Online verfügbar unter https://diestoerenfriedas.de/hoert-auf-vergewaltigung-mit-schlechtem-sex-gleichzusetzen/, zuletzt geprüft am 14.10.2020.

SlutWalk TO (2017): What is SlutWalk? Online verfügbar unter https://slutwalkyyz.wixsite.com/slutwalkto/history, zuletzt geprüft am 31.08.2020.

Solnit, Rebecca (2016): Rebecca Solnit: The Case of the Missing Perpetrator. On Mysterious Pregnancies, the Passive Voice, and Disappearing Men. In: *Literary Hub*, 11.02.2016. Online verfügbar unter https://lithub.com/rebecca-solnit-the-case-of-the-missing-perpetrator/, zuletzt geprüft am 24.06.2019.

Solnit, Rebecca (2017): The Mother of all Questions. Chicago, Illinois: Haymarket Books.

Strothmann, Luise (2019): Schmeißt diese Bücher weg! Kinderbücher, die vor Fremden warnen. In: *taz*, 14.03.2019. Online verfügbar unter http://taz.de/Kinderbuecher-die-vor-Fremden-warnen/!5576212/, zuletzt geprüft am 15.03.2019.

Tabak, Hüseyin (2020): Tatort: Borowski und der Fluch der weißen Möwe. Deutschland. Das Erste, 10.05.2020.

Tedeschi, Richard G.; Calhoun, Lawrence G. (2004): TARGET ARTICLE: „Posttraumatic Growth: Conceptual Foundations and Empirical Evidence“. In: *Psychological Inquiry* 15 (1), S. 1–18. DOI: 10.1207/s15327965pli1501_01.

Terre des Femmes (o. J.a): Begriffsdefinitionen: Frauenhandel und Prostitution. Online verfügbar unter https://www.frauenrechte.de/unsere-arbeit/themen/frauenhandel/begriffsdefinition, zuletzt geprüft am 13.11.2020.

Terre des Femmes (o. J.b): Forderungen zum Thema sexualisierte Gewalt. Online verfügbar unter https://www.frauenrechte.de/unsere-arbeit/themen/haeusliche-und-sexualisierte-gewalt/forderungen/1191-forderungen-zum-thema-sexualisierte-gewalt, zuletzt geprüft am 13.11.2020.

Thürmer-Rohr, Christina (1989): Frauen in Gewaltverhältnissen. Zur Generalisierung des Opferbegriffs. In: Studienschwerpunkt „Frauenforschung“ am Institut für Sozialpädagogik der TU Berlin (Hg.): Mittäterschaft und Entdeckungslust: Orlanda Frauenverlag, S. 22–36.

Thürmer-Rohr, Christina (1994): Achtlose Ohren. Zur Politisierung des Zuhörens. In: Christina Thürmer-Rohr (Hg.): Verlorene Narrenfreiheit. Essays. Berlin: Orlanda Frauenverlag, S. 111–129.

Torenz, Rona (2019): Ja heißt Ja? Feministische Debatten um einvernehmlichen Sex. Stuttgart: Schmetterling Verlag.

Trube-Becker, Elisabeth (1996): Glaubwürdigkeit und Begutachtung von mißbrauchten Kindern und Jugendlichen. In: Gitti Hentschel (Hg.): Skandal und Alltag. Sexueller Missbrauch und Gegenstrategien. Berlin: Orlanda Frauenverlag, S. 324–331.

Tuana, Nancy (2006): The Speculum of Ignorance: The Women‘s Health Movement and Epistemologies of Ignorance. In: *Hypatia* 21 (3), S. 1–19.

UG DEFMA (2016): Die UnterstützerInnengruppe DEFMA stellt sich vor!! DEFMA steht für: DIY - Emanzipatorisch - Feministisch - Militant - Autonom. In: Fiona Sara Schmidt, Jonas Engelmann und Thorsten Nagel (Hg.): Play Gender. Linke Praxis - Feminismus - Kulturarbeit. Mainz: Ventil, S. 245–247.

Ussher, Jane M. (1991): Women's Madness. Misogyny or Mental Illness? New York, NY, London, Toronto, Sydney, Tokyo, Singapore: Harvester Wheatsheaf.

Veselka, Vanessa (2006): The Collapsible Woman. Cultural Response to Rape and Sexual Abuse. In: Lisa Miya-Jervis und Andi Zeisler (Hg.): Bitchfest. Ten years of cultural criticism from the pages of Bitch magazine. New York, NY: Farrar Straus and Giroux, S. 56–61.

Villa, Paula-Irene (2011): Symbolische Gewalt und ihr potenzielles Scheitern. Eine Annäherung zwischen Butler und Bourdieu. In: Österreichische Zeitschrift für Soziologie 36 (4), S. 51–69.

Waldenfels, Bernhard (2016): Grundmotive einer Phänomenologie des Fremden. Frankfurt am Main: Suhrkamp.

Wanna, Carly (2019): Three Disturbing Results. Investigating the culture within Yale's Philosophy Department. In: *Yale Daily News*, 20.09.2019. Online verfügbar unter https://yaledailynews.com/blog/2019/09/20/three-disturbing-results/, zuletzt geprüft am 14.11.2020.

Werthschulte, Christian (2017): „Nach" Köln ist wie „vor" Köln. Die Silvesternacht und ihre Folgen. In: *Aus Politik und Zeitgeschichte – APuZ*, 06.01.2017. Online verfügbar unter https://www.bpb.de/apuz/239696/die-silvesternacht-und-ihre-folgen?p=all, zuletzt geprüft am 05.03.2021.

Wetterer, Angelika (2003): Rhetorische Modernisierung: Das Verschwinden der Ungleichheit aus dem zeitgenössischen Differenzwissen. In: Gudrun-Axeli Knapp und Angelika Wetterer (Hg.): Achsen der Differenz. Gesellschaftstheorie und feministische Kritik II. Münster: Westfälisches Dampfboot, S. 286–319.

Wiesental, Ann (2016): Unterstützung auf Augenhöhe. Warum es mehr feministische und ermächtigende Angebote für Betroffene sexualisierter Gewalt braucht. Hg. v. LuXemburg Online. Online verfügbar unter https://www.zeitschrift-luxemburg.de/unterstuetzung-auf-augenhoehe-warum-es-mehr-feministische-und-ermaechtigende-angebote-fuer-betroffene-sexualisierter-gewalt-braucht/, zuletzt geprüft am 07.05.2018.

Wiesental, Ann (2017): Antisexistische Awareness. Ein Handbuch. Münster: Unrast.

Wilpert, Bettina (2018): Nichts, was uns passiert. Roman. Berlin: Verbrecher.

Winkler, Cathy (1991): Rape as Social Murder. In: *Anthropology Today* 7 (3), S. 12–14.

Yaghoobifarah, Hengameh (2017): Faktencheck ist sexy. Berichte zu Sexualstrafrecht in Schweden. In: *taz*, 20.12.2017. Online verfügbar unter http://taz.de/!5472672/, zuletzt geprüft am 17.04.2019.

Yanagihara, Hanya (2015): A Little Life. A Novel. New York, London, Toronto: Doubleday.

Taschenbuch | 256 Seiten | 14,00€

„Wege zum Nein“ betrachtet die Reform des Sexualstrafrechts 2016 im gesellschaftlichen Kontext sexueller Gewalt, sexueller Selbstbestimmung und Emanzipation.
Antirassistische queer-feministische Perspektiven beziehen klare Positionen, machen sich angreifbar und treten in Austausch miteinander.

H. C. Rosenblatt

aufgeschrieben

Hardcover | 96 Seiten | 15.00€

Ein sprachlich feines und präzises Kammerspiel über Eltern_Liebe, Zugehörigkeit, Loyalitätskonflikte, Verrat, Aggression und aus dem eigenen autistischen Er_Leben aller, die Rosenblatt ist.

Trauma | sexualisierte Gewalt | own voice | Autismus

Taschenbuch | 110 Seiten | 10,00€

Christian Schmacht schreibt in seiner autobiografisch inspirierten Novelle über einen jungen transgender Mann, der als Frau verkleidet in den Bordellen Berlins anschafft. Er sehnt sich nach Freundschaft, Abenteuer und einer besseren Welt, aber anstatt eines dieser Projekte anzugehen, liegt er mit Depressionen zuhause und grübelt.

erscheint August 2021 | ca. 15,00€

Sie waren eigensinnig und verletzlich. Sie rebellierten gegen ihr Schicksal und gegen die engen Grenzen, die ihnen gesetzt waren. Sie wurden krank durch erlittene Gewalt, Diskriminierung oder Armut – und in der früheren Heil- und Pflegeanstalt Pirna-Sonnenstein vergast. Das Stück geht den Biografien von sieben Frauen und Mädchen nach, die als Opfer der sogenannten NS-Krankenmorde jahrzehntelang verschwiegen wurden.